시편과 기독교 예배

시편과 기독교 예배
다양한 자료들의 개괄적 고찰과 안내

2021년 3월 10일 초판 1쇄 인쇄
2021년 3월 15일 초판 1쇄 발행

지은이 | 존 윗트빌릿
옮긴이 | 주종훈
펴낸이 | 박영호
펴낸곳 | 도서출판 솔로몬

주소 | 서울시 동작구 사당로 143
전화 | 599-1482
팩스 | 592-2104
직영서점 | 596-5225

등록일 | 1990년 7월 31일
등록번호 | 제 16-24호
E-mail | solcp1990@gmail.com

ISBN 978-89-8255-590-9 03230

Copyright © 2007 by John D. Witvliet
Originally published in English under the title
The Biblical Psalms in Christian Worship by W. B. Eerdmans,
2140 Oak Industrial Drive N.E., Grand Rapids, Michigan 49505, U.S.A.
All rights reserved.
Used and translated by the permission of W. B. Eerdmans Publishing Company
through rMaeng2, Seoul, Korea
This Korean edition copyright ©2021 by Solomon Publishing Co.

본서의 한국어판 저작권은 알맹2 에이전시를 통하여 W. B. Eerdmans와 독점 계약한 도서출판 솔로몬에 있습니다. 저작권법에 의하여 한국 내에서 보호를 받는 저작물이므로 무단전재와 복제를 금합니다.

PSALMS

The Biblical Psalms in Christian Worship

시편과 기독교 예배

| 다양한 자료들의 개괄적 고찰과 안내 |

존 윗트빌릿 지음 | 주종훈 옮김

WORSHIP

솔로몬

실라 그레이스Sheila Grace 캐서린Katherine, 매들린Madeline,
그리고 누가Luke에게 이 책을 바칩니다.
하나님의 영이 시편으로 기도하는 일생 동안
이들 모두에게 은혜로 가득하길 소망합니다.

(시 145:4)

한국 독자들을 위한 서문

무엇보다도 저는 이 책이 주종훈 박사의 수고를 통해서 한국어로 번역 출판되는 것에 대해 진심으로 감사를 드립니다. 저는 교수로서 한국에서 온 많은 대학원 학생들을 가르쳐왔습니다. 그들은 매우 훌륭하고 헌신된 기독교 신앙을 지닌 학생들이었습니다. 그들은 저에게 우리가 함께 공유하는 기독교 신앙에 대해서 많은 것을 가르쳐주었습니다. 이제 저는 제가 연구한 내용을 한국의 독자들과 함께 나눌 수 있게 되어 진심으로 기쁩니다.

저는 여러분이 단지 시편들을 연구하고 그것들에 대해서 고찰할 뿐만 아니라 그것들을 직접 기도하고 예배에서 사용할 수 있는 법도 배울 수 있기를 기도합니다. 시편들은 신앙 생활에 있어서 우리의 스승입니다. 우리로 하여금 인간 경험의 모든 측면에 대해서 정직하게 함께 기도할 수 있도록 가르쳐줍니다. 찬양, 감사, 탄식, 고백, 그리고 소망을 표현할 수 있는 우리의 능력을 확대시키는 방법을 가르쳐줍니다. 어떤 시편들은 매우 어렵고 또한 우리로 하여금 기독교인의 삶에 대해서 잠시 멈추고 깊이 고찰하도록 요구하기도 합니다. 복수를 표현하는 시편들조차 궁극적으로는 정의의 보응이 우리 손이 아니라 하나님에게 있다는 것을 가르쳐줍니다.

지난 3000여 년간 시편들은 예배 갱신을 위한 안목을 제공해주는 귀중한 자료가 되어왔습니다. 아다나시우(Athanasius)와 어거스틴(Augustine)

그리고 칼빈(Calvin)과 루터(Luther)와 같은 하나님을 경외하는 신학자들은 시편 노래를 기독교 예배 실천의 중심으로 회복하고 새롭게 하는데 노력했습니다. 오늘날 너무도 많은 예배 노래들이 개인주의적이고 주관적인 측면을 드러내고 있는데 이것은 유명한 작곡가들과 노래 판매를 통해서 이윤을 추구하는 거대한 규모의 음반 제작자들에 의해서 주어진 결과입니다. 이러한 상황에서 저는 성경의 시편들을 음악적으로 새롭게 구성하고 시편들을 공동 예배에서 사려 깊게 활용할 수 있는 방법들을 추구하는 다양한 예배 스타일과 교단의 배경에서 애쓰는 음악가들과 예배 인도자들을 진심으로 존경합니다. 특별히 매 예배마다 각 시편의 전체 또는 매우 긴 시편의 경우 적절한 단락을 사용하고 나아가 개인 기도와 경건에서까지 그렇게 시편을 사용하도록 애쓰는 여러 회중들을 깊이 존경합니다.

우리 모두가 시와 찬양과 신령한 노래를 하나님께 불러드림으로써 하나님의 말씀이 우리 안에 풍성히 거할 수 있도록(골 3:16) 새롭게 참신한 방법들을 찾아낼 수 있기를 소망합니다. 하나님께서 여러분 모두를 축복하시고 지켜주시길 바랍니다.

존 윗트빌릿(John D. Witvliet)
칼빈 기독교 예배 연구소(Calvin Institute of Christian Worship) 소장
칼빈 대학과 칼빈신학교(Calvin University and Calvin Theological Seminary) 교수

추천의 글

"실천 신학의 정점! 윗트빌릿의 작품은 건전하고 비평적인 연구와 교회 전통의 가르침에 깊이 근거하고 있습니다. 하지만 그의 안목은 시편들이 각각 새로운 실천을 통해서 살아있는 모습으로 드러나는 회중들을 향해 있습니다. 또한 본문과 상황을 자유롭게 오가며 기도와 찬양을 인도하는 자들을 염두하고 있습니다. 이 책은 교회의 예배와 기도의 실천을 위한 풍부한 자료를 제공해주는 보화입니다."
● 월터 브루그만 교수 콜롬비아 신학대학원

"시편은 구약 이스라엘뿐 아니라 신약 교회공동체가 사용한 권위 있는 기도와 찬양집입니다. 더욱이 시편은 정경 안에 포함된 하나님의 말씀이기도 합니다. 그러나 시편은 기독교회 안에서 정당한 대우를 받지 못해왔습니다. 특별히 한국교회에서는 더더욱 그렇습니다. 이 책은 기독교의 예전에서 바라본 시편의 중요성을 다양한 각도에서 살피고 실제적인 제안까지 해주는 매우 유용한 책입니다. 예배라는 커다란 맥락에서 시편을 다루는 저자의 해박함이 묻어나는 예배 예전적 시편 사용 안내서라 할 수 있습니다. 한국의 목회자들과 예배인도자들에겐 필독서이어야 합니다."
● 류호준 교수 백석대학교 신학대학원, 구약학

"이 책은 이스라엘 민족의 찬송가라고 할 수 있는 시편 연구를 위한 지침서와 같은 책입니다. 시편에 대한 초기 기독교 교부들, 종교개혁자들, 그리고 현대 학자들의 견해들을 소개하면서, 시편의 이해와 활용과 관련된 중요한 요소들에 대해 간략한 설명을 제공합니다. 특히 시편 연구에 필요한 중요하고 다양한 문헌적 자료들을 제시하고 있는 점은 이 책의 커다란 매력입니다. 주종훈 교수가 원문에 매우 충실하게 번역한 이 책은 시편에 관심 있는 모든 이들에게 커다란 도움이 될 것입니다."
● **하재송 교수** 총신대학교 교회음악과

"본서는 시편을 시편답게 회복하기 위한 신학적, 목회적 제안으로 성도들의 삶과 예배 가운데 시편을 올바르게 사용할 수 있는 신학적 토대와 목회적 적용을 제공하고 있습니다. 시편에 대한 역사적 고찰과 더불어 예배시 올바른 시편 사용에 대한 다양한 접근은 진정한 예배 정신을 잃어가는 현대 교회들에게 꼭 필요한 조언이라 생각합니다. 무엇보다도 시편의 문학적, 신학적 특성을 연구하여 이를 공식적인 예배 뿐만 아니라 다양한 형태의 기도와 찬양 가운데 적용할 수 있는 실천적 원리를 제공한 것은 본서의 가장 큰 공헌이라 생각합니다. 이러한 점에서 본서는 예배의 회복을 꿈꾸는 이 시대의 성도들에게, 예배를 섬기는 집례자들에게, 성경적 예배를 연구하는 학자들에게 모두 필요한 예배 지침서라 생각합니다."
● **김성진 교수** 아세아연합신학대학교 구약학

차례

한국 독자들을 위한 서문 6
추천의 글 8
서문 13

- 서곡 : 초대 교회 교부들의 증언들 23

1부 시편과 기독교 예배의 기본 정석 35
1. 인격적 표현과 대화의 구조 43
2. 비유 그리고 역사적 회고를 통한 하나님의 성품 규정 45
3. 찬양과 간구, 감사와 탄식의 조화로운 배합 54
4. 개인의 화법과 공동의 화법 58
5. 기도의 구성과 보편성 61
6. 감정적인 참여와 범위 64
7. 기독교 언어에서의 이미지와 시적 요소 67

- 간주곡 : 루터와 칼빈의 종교 개혁 시대의 증언들 73

2부 기독교 예배에서의 시편 기도 85
1. 시편 선택 92
   예전적 기준들 93
   설교와 관련한 기준들 102
   목회적 기준들 108

2. 번역본 선택 110
   시편들의 번역본들과 바꿔 쓰기 표현들 114

3. 예배에서 시편의 자리매김 116

4. 회중의 참여 방식을 설정 118

　시편의 유형들 120

　관조(Contemplation) 또는 기도(Prayer) 122

　시편 본문들의 기독론적 구성들 125

　시편들과 신약 성경의 배경 127

5. 시편 연구 128

　어조 130

　구조 131

　원고 133

　시의 행(poetic lines) 135

　대구법 136

6. 시편의 구체적 표현: 노래 또는 말하는 방식들 140

　개인 읽기 141

　함께하는 낭독 142

　교독 또는 교창 방식의 읽기 147

　음악의 후렴구와 함께 읽기 149

　노래(Chant) 151

　시편의 음률과 음악적 부호를 포함한 본문 155

　성공회 Chant 157

　젤리노 시편가(Gelineau Psalmody) 159

　단율 성가(Plainchant) 160

　화답의 시편가(또는 회중의 후렴 또는 교창을 포함한 시편곡) 161

　운율 시편가(Metrical Psalmody) 169

　시편에 기초한 개인과 찬양대의 찬양, 오르간과 악기로 연주하는 음악 181

현대의 새로운 예배에서의 시편들, 시편에 근거한 성경의 노래들,
   그리고 대중음악 표현 방식에서의 시편들 183

즉흥 기도(Improvised Prayer)를 위한 기초 189

시각적 이미지, 어린이들을 위한 책들, 캘리그라피 193

시편곡에 관한 종합 안내서들 195

간 세대(intergenerational) 예배에서 어린이들과 청소년들 197

이러한 방법들 가운데서 필요한 것들을 선택하는 법 201

자료들 찾기 202

- **목회적 후기** 203

- **후주곡 : 현대의 증언들** 209

부록 1 교실에서 사용할 수 있는 간략한 실천 방식들 218

부록 2 예배 갱신에 관한 창의적인 제안 220

종합 도서 목록 224

감사의 글 237

판권 허락 241

옮긴이의 글 244

서문

이 간결한 책은 아래와 같은 세 가지 주목할 만한 관찰들로부터 주어진 것이다.

첫째로, 시편은 공동 기도와 개인 기도 생활에서 모두 우리에게 영감, 격려, 그리고 깊은 가르침을 제공해주는 마르지 않는 샘이다. 바질Basil에서 본회퍼Bonhoeffer 그리고 보노Bono에 이르기까지 역사의 각 시점마다 지혜로운 기독교 저자들의 저술들이 담고 있는 열정은 우리에게 시편이 예배 실천을 위한 가장 풍요로운 지혜의 원천이라는 것을 보여준다. 이 책을 통해서 발견하게 되는 역사적 증언들은 오늘날 시편 기도의 실천을 회복해야 한다는 강력한 요청이다.

둘째로, 북 아메리카 기독교 전반에 걸쳐서 오늘날 예배 가운데 시편에 대한 열정이 상대적으로 시들어가고 있다. 이것은 그리 좋은 소식이 아니다. 필자는 여러 교단들의 다양한 회중들과 예배를 위한 모임들에 참여할 때 종종 시편과 관련한 특정한 음악적 또는 공연적 장치들에 대한 열정을 지닌 모습을 보곤 한다. 하지만 비록 일부 예외적인 경우가 있으나 대부분 시편 자체를 사용해서 기도하는 지속적인 시도들에 대해서는 별로 관심을 갖고 있지 않다. 많은 교회들이 렉셔너리를 따라 시편을 매주 사용하지만 그것조차 종종 열정이나 분명한 이해 없이 이루어지는 경우가 많다.

흔히 시편을 간과하는 자들은 그것을 마치 그들이 싫어하는 음악과 연관시킨다. 곧 시편을 담은 찬양들은 반드시 과도하게 화려한 빅토리아 합주, 애도가, 감상적 토속 음악, 또는 난해한 성가들과 연결된 것이라는 잘못된 생각으로 제한시킨다. 이 책이 다양한 언어들, 음악들, 그리고 시각적 표현들을 통해서 주어진 시편과 관련한 수많은 예배 자료들을 정리할 수 있다는 것은 좋은 소식이다. 거의 모든 사람들이 좋아하거나 또는 싫어하는 모든 자료들까지 이 책을 통해서 발견할 수 있을 것이다. 지난 30여 년 동안 창조성의 산물이 부각되었다. 문제는 이러한 자료들이 너무도 자주 예배에 더욱 깊이 참여하도록 고무시켜주는 좀 더 일관된 방식으로 사용되지 못하는 것이다. 우리는 예배 실천에 있어서, 특별히 예배에서의 시편의 역할에 대해서는 새로운 필요와 동시에 기회의 시대를 살아가고 있다.

셋째로, 우리는 이전과는 달리 예배에서의 시편 사용과 관련한 엄청난 자료들과 함께 시편에 대한 홍수 같은 정보들을 접하고 있다. 이미 주어진 많은 주석들, 개론서들, 경건서적들, 음악 자료들, 교육 관련 자료들, 그리고 역사적 연구들을 모두 살펴볼 때 문헌으로 주어진 시편에 대한 저술들은 3,000개가 넘고 이외에도 수천 개에 달하는 웹사이트들이 있다. 이 책이 지닌 하나의 목적은 이 방대한 자료들에 대한 안내를 제공하는 것이다. 이러한 자료들을 다루고 있는 내용들은 이미 상당한 수준에 있다. 다만 이 자료들을 교회를 위해서 가장 적합하게 사용하도록 노력하는 일이 우리에게 주어진 도전이다.

1. 책의 목표와 겨냥하는 독자

위에서 언급한 세 가지 관찰을 견지하면서 이 책이 의도하는 것은 공동 예배의 맥락에서 시편을 새롭게 활용하기 위한 촉매제가 되는 것이다. 필자가 궁극적으로 의도하는 목적은 우리가 공동체 안에서 시편을 기도할 수 있도록 이끌어 주는 창조성을 개발하고 훈련시키는 것이다. 이러한 목적을 염두에 두면서 필자는 이 책을 통해서 시편과 관련한 모든 주제들을 단지 요약해서 제공하지는 않을 것이다. 오히려 특별히 예배 안에서 시편을 사용할 수 있는 내용을 담고 있는 주제들만을 선명히 부각시키려 한다. 특별히 종종 서로 단절된 다음과 같은 네 개의 문학 양식들로부터 얻어낸 안목들을 한 데 모으고 그와 관련한 기본적인 안내를 제시할 것이다.

- 구약과 히브리어 성경에 대한 성경적 학문
- 예배, 예전 그리고 설교의 역사, 신학, 그리고 목회적 실천에 대한 저술들
- 교회 음악의 역사와 실천에 대한 저술들, 그리고
- 현재 사용 가능한 예배와 음악에 관한 자료들

각각의 내용에 담긴 복잡성 가운데서, 특별히 이와 같이 비교적 짧은 하나의 책에 모든 내용을 분명하고 균형 있게 제시하는 일이 얼마나 어려운지 잘 알고 있다. 그래서 독자의 피드백에 따라 이 책을 개정할 수 있는 기회가 주어질 것과 앞으로 몇 년 안에 출판될 새로운 자료들까지도 이미 기대하고 있다.

필자가 주로 염두에 둔 독자들은 위에서 언급한 네 개의 부류들 가운데 적어도 어느 하나에 이끌리는 자들이다. 곧 다음과 같은 부류에 속한 자들이다.

- 구약/히브리어 성경, 예전 또는 예배, 설교, 그리고 교회 음악 과목들을 듣는 학생들 (필자는 이 책이 이러한 여러 과목에서 보충적인 교재로서 기능을 수행하기에 간결하고도 충분한 자료가 될 것을 기대한다. 이와 아울러 바라건 대 신학교나 교회와 연관된 대학 내에서 이러한 영역들을 다루는 과목에서 사용될 수도 있을 것이다.);

- 목회자들, 설교자들, 음악인도자들, 예술가들, 예배 기획자들과 인도자들 그리고 교회 교육을 담당하는 자들을 포함한 지역 교회 회중에 속한 여러 실천가들;
- 위의 네 영역들 가운데 한 곳에서 활동하며 특별히 다른 영역들에 대한 새로운 안내를 찾아보기를 원하는 학자들과 교수들;
- 가능한 폭넓은 범위의 자료들을 접하고 동시에 회중들이 시편을 사용해서 기도할 수 있도록 돕고자 하는 구체적인 전략을 추구하는 음악가들, 예술가들, 드라마작가들, 찬양 및 사역 자료 위원회들, 그리고 출판 관련 사역자들;
- 사서들 (독자들이 이 책을 가지고 자신이 속한 학교나 회중의 도서관 사서들과 함께 여기서 기술한 여러 자료들에 대해서 함께 이야기를 나누는 것은 좋은 출발점이 될 수 있다. 위에서 제시한 네 개의 영역들에 속한 각각의 책들을 모두 충분히 지니고 있는 도서관은 그리 많지 않다).

    이들 독자들은 각각 시편에 대한 다양한 서로 다른 책들을 읽을 뿐만 아니라 동시에 매우 다른 방식들로 시편을 접한다. 이 책은 각각의 그룹들이 서로 교차적으로 접할 수 있는 내용을 제공한다. 이와 같이 다양한 독자들을 겨냥하기 때문에 각각의 독자들은 이 책에서 나름대로 자신이 더 관심을 갖게 되는 영역을 발견하게 될 것이다. 필자는 독자들이 자신이 평소에 잘 읽지 않는 문헌들로부터 도움이 될 만한 안목들을 발견할 수 있기를 기대한다. 이 책은 이른바 서로를 이어주는 "가교서"passageway book가 될 수 있다. 곧 독자들에게 다른 영역의 좋은 자료들로 인도해줄 수 있다면 매우 적절하게 잘 사용하게 되는 것이다.

    또한 필자는 짧은 개론서에서 각주를 다는 것에 대한 편견에도 불구하고 필요한대로 포함시켰다. 필자가 각주를 통해서 의도한 것은 더 깊은 연구를 위한 안내를 제공하는 것이다. 이 책의 마지막에 담아 놓은 참고문헌 목록은 각주들에 대한 보충 자료의 역할을 한다. 이 모든 자료들을 하나의 압축된 간결한 방식으로 제공하는 것은 필자가 원래 이 책을 통해서 바랐던 것보다는 좀 덜 서술적인 면을 드러낸다는 것을 알고 있다. 하지만 그것이 독자들을 이 책에서 인용한 좀 더 훌륭한 학문적, 경건적, 예술적 자료들로 인도해줄 수 있다면 그 정도의 희생은 가치 있는 일일 것이다.

이 책이 지닌 좀 더 서술적 측면은 시편에 관한 의미 있는 역사적 연구 내용을 중간 중간에 간주곡처럼 소개함으로써 더욱 강화될 것이다. 여기서 소개되는 각각의 내용들은 모두 높은 칭송의 표현 곧 찬사 encomium를 받기에 충분한 것들이다. 이러한 자료들을 준비하는 과정에서 필자는 교회사에서 매우 중요한 목회적 신학적 인물들 가운데 굉장히 많은 이들이 시편에 대한 매우 강렬한 찬사의 표현들을 남겨 놓았다는 것을 확인하게 되었고 그로 인해서 놀라지 않을 수 없었다. 이 자료들은 단지 이 책 전체의 서사적 어조만 제공하는 것이 아니라 더 나아가 수업을 위한 강의 계획표, 회중들에게 전하는 소식지 또는 이메일의 서명란에 인용해서 사용할 수도 있는 경구들이 될 것이다.

2. 에큐메니칼 독자

필자는 또한 로마 가톨릭, 성공회, 루터교, 감리교, 그리고 장로교의 자료들에서 찾아 볼 수 있는 렉셔너리에 근거한 시편가, 장로교와 개혁교회에서 사용하는 시편 찬양집, 그리고 복음주의, 오순절, 은사주의 및 새롭게 떠오르는 여러 예배 전통에서 점점 더 사용하고 있는 시편곡들을 포함한 넓은 범위의 에큐메니칼 실천들을 염두에 두면서 이 책을 쓴다. 칼빈 기독교 예배 연구소Calvin Institute of Christian Worship에서 우리가 하는 일은 거의 모든 기독교 전통의 회중들을 다루는 것이다. 우리는 우리의 개혁주의 정체성에 의해서 형성된 확실한 신앙 고백적 확신 뿐만 아니라 많은 전통들에 속해 있는 여러 기독교인들과 대화하고자 하는 열정을 갖고 그렇게 하기 위해 애쓴다.

필자는 이러한 기독교의 다양한 범위들에 속한 독자들이 예배에서의 시편에 대해서 생각할 때 명백히 서로 다른 실천들이 그들의 마음에 떠오른다는 것을 분명히 인지하고 이 글을 시작한다. 자신의 예배와 음악이 매우 고정된 방식으로 예전적이며 매우 잘 규정화 된 방식으로 진행되는 교회들에 속한 독자들이 있을 것이다. 이러한 그룹에 속한 교회들은 종종 렉셔너리가 안내하는 시편들의 음악적 활용에만 제한시키곤 하며 동시에 그들이 이용하는 시편 사용 방식은 잘 알려진 음악 제작자에 의해서 만들어진 곡만을 사용하는 것으로 한정시키곤 한다. 필자는 이러한 전통에 속한 독자들에게 이 책의 내용을 통해서 역사적 실천에서 주어진 새로운 이해를 갖게 하는 것뿐만 아니라 참여를 고취시키고 고양시키는 예배의 새로운 창조적 반응을 제안하는 질문들에 대해서도 새로운 이해를 갖는데 도움을 얻기를 소망한다.

또 다른 독자들은 정규적으로 창조적인 예배 표현들, 새로운 노래 제작, 드라마의 각본들, 비디오 클립들, 그리고 다른 예배 요소들을 실천하는데 엄청난 자원들을 사용하는 회중들 가운데 있을 것이다. 이러한 회중들 가운데 있는 독자들에게는 옛 시편을 예배에서 창조성을 드러내기 위한 가장 가치 있는 자료일 뿐만 아니라 그것의 모델이 될 수 있다는 생각을 다시 갖게 되기를 소망한다.

아마도 대부분의 독자들은 예배를 위해서 준비하는 시간, 음악이나 예술적 재능, 그리고 통합적인 계획 과정과 관련해서 상당히 제한된 여건에 있는 회중들일 것이다. 이러한 독자들은 여기서 자신이 속한 회중들을 위해서 즉시 사용 가능할 뿐만 아니라 적절하게 도전을 제시하는 시편 사용 방식 또는 자료들을 발견하게 되기를 소망한다.

또한 필자는 거의 모든 독자들이 이 책의 내용에서 다소 당황하게 하는 부분을 접하게 될 경험을 할 것이라 생각한다. 렉셔너리를 전혀 사용하지 않거나 그것을 모르는 설교자들은 그것을 사용하는 것이 지닌 가치에 대해서 전혀 알지 못할 것이다. 렉셔너리를 사용하는 자들은 시편 가운데 얼마나 많은 부분들을 예배에서 간과하고 있는지 깨닫지 못할 것이다. 시편을 성가로 실천하는 회중들은 회중 찬양에 대한 자료들을 종종 간과한다. 이머징 교회의 지도자들은 서로 주고받는 방식으로 진행하는 시편 찬양과 관련한 복합적인 음악 스타일이 최근에 얼마나 많이 쏟아지고 있는지 잘 모를 것이다. 비교적 고정된 형식의 예배를 드리는 회중들은 이른 바 "찬양대"와 함께 대원들을 말로 선포하고 고백하는 활용에 대해서 거의 생각해 보지 못했을 것이다. 형식에 메이지 않는 예배의 회중들은 시편을 예배에서 사용하기 전에 분석하고 연구하는 것의 가치를 생각해 보지 못했을 것이다. 이 모든 것들은 독자들이 자신을 폭넓은 기독교 세계에서 스스로를 어디에 위치시키는지에 따라 엄청나게 서로 다른 방식으로 시편을 사용하게 된다는 것을 뜻한다.

이와 같이 의도한 폭넓은 독자 대상으로 인해서 필자는 이 주제를 다루는 일부 저서들과는 다른 방법으로 접근했다. 예배에서 시편을 다룬 초기 저서들 이를 테면 램J.A. Lamb과 메시 쉐퍼드Massey H. Shepherd Jr.의 저술들은 로마 가톨릭, 루터교, 성공회, 감리교, 그리고 개혁 교회 회중들을 대상으로 쓰여진 것들이며 서구에서의 예배 발전 역사를 주로 개괄한 것들이다. 이들 전통들이 필자의 독자에 포함된다. 하지만 이들 뿐만 아니라 복음주의, 자유 교회 전통, 비예전적 교회, 현대 그리고 이머징 교회로 불리는 회중들도 필자의 독자 대상에 포함된다. 이러한 조건에서 간간히 필요에 따라 역사적 예를 제시하면서 좀 더 주제적으로 접근하는 방식이 지혜로운 과정으로 여겨진다.

또한 어떤 경우이든 에큐메니칼 범위를 지닌 책에는 불가피한 한계도 있다. 예를 들어, 이 책은 정교회 예배, 수도원 예배, 남반구에 속한 공동체들의 예배와 동방 예배에서의 시편가의 역할에 대해서는 상세히 언급하지 않는다. 이러한 또 다른 그리스도의 지체들에 대해서 좀 더 풍성히 다룰 수 있는 기회가 다음에 꼭 주어지길 바란다.

더 나아가 이 책은 매주 예배의 방식을 통해 규칙적으로 실천하는 회중들의 모임을 주된 대상으로 삼는다. 필자는 많은 기독교 전통에서 시편가 사용과 관련해서 매우 분명한 환경을 제시해주고 있는 매일 공동기도daily public prayer 전통을 잘 알고 있고 또 그것을 기린다. 필자는 많은 시편 노래들과 함께 매일 공동 기도의 회복을 발전시키기를 열망한다.[1] 하지만 북 아메리카 대부분의 회중들에게 있어서 예배 갱신의 주된 초점은 주로 주일에 이루어지는 교회 모임에 집중하고 있다.

이러한 에큐메니칼 입장에서의 접근은 일부 취약점을 지니기도 한다. 이와 같이 간결한 책의 제한된 분량에서는 어느 특정한 전통에서 시편을 예배 안에서 어떻게 사용할 것인지에 대해서 구체적으로 언급할 만한 공간을 허락하지 않는다. 예를 들면 개혁주의 또는 감리교의 성찬 예배, 오순절의 기도 모임, 또는 가톨릭 교회의 오전 기도 미사와 같은 구체적인 경우를 모두 상세히 다룰 수 없다. 또한 이 제한된 분량을 통해서 모든 서로 다른 전통들을 포괄할 수 있는 언어의 서로 다른 이해들에 대해서 일관된 방식으로 언급할 수 있는 최상의 여건도 제공해주지 못한다. 가톨릭, 개신교, 그리고 오순절 공동체들 사이의 서로 다른 논의와 그 뉘앙스들이 매우 복잡하기 때문에 그것들을 깊이 고려하기보다는 어느 하나의 입장에서 나머지 전체를 모두 이해해 버리기 쉽다.

하지만 이러한 에큐메니칼 입장에서의 접근이 다른 면에서는 분명한 장점을 지니기도 한다. 이 책을 저술하는 동안 필자는 계속해서 오늘날 기독교 공동체들 안에서 명백하게 나뉜 서로 다른 그룹들이 모두 동일

---

[1] 예를 들어, Dorothy C. Bass, *Receiving the Day: Christian Practices for Opening the Gift of Time* (San Francisco: Jossey-Bass, 2000), pp.22-24; Arthur Paul Boers, *The Rhythm of God's Grace: Uncovering Morning and Evening Hours of Prayer* (Brew, MA: Paraclete Press, 2003); Gregory W. Woolfenden, *Daily Liturgical Prayer: Origins and Theology* (Aldershot: Ashgate, 2004); Paul F. Bradshaw, Two Ways of Praying (Nashville: Abingdon Press, 1995)를 참고 할것.

하게 시편을 어떻게 품고 사용했는지를 확인하면서 적지 않게 놀랐다. 시편은 사회 정의와 개인적인 변화를 모두 언급한다. 시편은 손뼉을 치는 기쁨과 깊은 자기반성을 모두 경험하게 한다. 시편은 높은 자들뿐만 아니라 낮은 자들의 기도도 같이 표현한다. 시편은 현재의 시점에서 풍성하게 그 의미를 드러내지만 동시에 과거를 기초로 한 미래를 분명하게 제시하기도 한다. 시편은 넘치는 은혜와 함께 신실한 복종의 기쁨도 강조한다. 시편은 변화에 대한 지칠 줄 모르는 갈망과 함께 신앙의 유산에 대한 깊은 감사를 드러낸다. 시편은 의식에 메이는 형식주의를 저항하지만 의식을 통한 기도의 풍부한 표현들을 동시에 담고 있다. 이런 이유로 시편에 대한 문헌을 살펴보는 과정에서 우리는 쉽게 청교도 칼빈주의자들, 가톨릭 신비주의자들, 사회정의를 추구하는 행동가들, 오순절의 예배 인도자들에 의해서 주어진 여러 자료들을 접하게 된다는 것이 놀라운 일이 아니다. 아마도 이러한 그룹들에 속한 이들은 이 책을 통해서 서로 다른 이들의 입장과 접근법을 확인하게 될 것이다.

이러한 폭넓은 범위는 넓은 교회 전통에서 각각의 전통 또는 그룹으로 하여금 그들의 신학적 강조 또는 선호하는 경건의 방식에 부합하는 시편의 형태들만 집중적으로 고수하게 할 수 있다. 동시에 좋은 소식은 시편이 각각의 공동체와 개개인의 신자들에게 자신의 약점을 보완하고 자연스럽게 주어지지 않는 기도의 습관과 방식들을 개발하게 해주는 기회를 제공해줄 수 있다는 것이다.

진정으로 성령께서 이 책을 사용해서 우리로 하여금 우리의 약점을 보완하고 더욱 깊은 신앙과 견고한 공동 기도 방식을 통해서 자라갈 수 있도록 도우시길 간절히 소망한다.

THE BIBLICAL PSALMS IN CHRISTIAN WORSHIP

서곡
(Prelude)

초대 교회 교부들의 증언들

바질(Basil, c. 330-379)

모든 성경은 하나님의 감동으로 기록된 것이며 우리의 유익을 위한 것이다. 이러한 이유로 성경은 성령에 의해서 구성되었는데, 곧 모든 인간은 마치 영혼을 수술하는 것과 같이 각자의 특정한 질병을 치료하기 위해 적절히 필요로 하는 처방을 선택하게 된다. '돌봄'은 '가장 심각한 죄를 멈추게 해준다'고 한다. 지금도 여전히 성경의 선지자들은 분명한 어떤 것들을 가르친다. 역사가들과 율법은 또 다른 것들을 가르친다. 잠언은 다른 종류의 권면을 여전히 제공해준다. 하지만 시편은 그 모든 유익을 전부 포함하고 있다. 시편은 장차 이루어질 것을 예견하고 역사를 기억하게 한다. 시편은 생명을 위해 필요한 법규를 제정하고 구체적인 문제들에 대한 권면도 제공하며, 각자에게 가장 적합한 것들을 면밀하게 살피면서 우리에게 선한 가르침의 창고와도 같은 도움을 제공해준다.

성령께서 인간이 바른 덕목에 쉽게 이르지 못하고 또한 우리 자신의 쾌락을 추구하는 성향으로 인해서 바른 삶에 주의를 기울이지 못한 것을 보았을 때 무엇을 하셨는가? 성령께서 참된 가르침을 멜로디의 달콤함으로 섞어 놓았기 때문에 우리는 특별한 의식이 없이도 자연스럽게 부드러움과 가벼운 들음을 통해서도 말씀의 유익을 흡수할 수 있다. 이 것은 마치 탁월한 의사들이 종종 까다로운 환자들에게 쓴 약을 직접 마시게 하지 않고 꿀을 섞어서 완화시키는 방식을 쓰는 것과 같은 것이다. 이와 같이 성령께서는 이 조화로운 시편의 곡조들을 만들어 내셨고 이로 인해서 행동에 있어서 어린 사람 뿐만 아니라 실제로도 어린이들에게 조차 단지 노래를 부르는 과정을 통해서 그들의 영혼을 훈련시키는 방식을 접하게 하셨다. 이러한 많은 사람들 가운데서 어느 누구도 사도들이나 선지자들의 가르침의 내용을 쉽게 기억에 담아두며 교회를 나서지 않는다. 하지만 그들은 시편의 내용을 집에서 노래로 부르고 시장에서 그것들을 함께 나누기도 한다.

시편은 영혼의 평안을 자아내는 곳이자 동시에 평화의 중재소이다. 시편은 사람들에게서 주어지는 혼란하고 복잡스럽게 끓어오르는 생각들을 잠재워준다. 시편은 영혼의 분노를 달래 주며 고집스러운 상태를 누그러뜨려준다. 시편은 우정을 만들고, 단절된 것들을 서로 연결시켜 주고, 적대적인 상대와 화해하게 해준다. 누가 하나님에게 같은 기도를 고백하는 자들과 적이 될 수 있다고 감히 생각할 수 있겠는가! 이와 같이 시편의 노래들은 공동의 노래에서 특정한 연합을 만들어내고 하나의 곡조에 함께 참여하게 함으로써 사람들을 하나가 되게 함으로써 모든 선한 것들 가운데 지극히 최상의 것, 곧 사랑을 제공해준다.

- Basil the Great, *Homilia in psalmum i; Patrologiae cursus completus, series graeca*, ed. J. P. Migne (Paris, 1960), vol. XXIX, pp. 209-12; trans. im James McKinnon, *Music in Early Christian Literature* (New York: Cambridge University Press, 1987), p. 65

암브로스 (Ambrose, c. 339-397)

역사는 가르치고, 율법은 지도해주고, 예언은 선포하고, 훈계는 단련시켜주며, 교회는 설득시킨다. 시편에는 이 모든 것들의 온전한 성취가 인간 구원을 위한 일종의 향과 함께 모두 담겨져있다. 시편을 읽는 자는 누구나 특별한 치료약을 갖게 되는데 그것으로 이기적인 열망에 의해서 주어진 상처를 치유할 수 있다. 자세히 들여다보기를 원하는 자들은 누구나 자신을 위해 준비된 경기장의 경기들처럼 다양한 모습들을 발견하게 된다. 이것은 마치 영혼들을 위한 공동의 체육관 또는 덕목 수련을 위한 경기장과 같은 것인데 자신에게 가장 적합하다고 생각하는 것을 스스로 택할 수 있다. 이러한 선택과 경기를 통해서 더욱 쉽게 면류관을 얻을 수 있게 된다. 만약 누군가 우리 선조들의 삶을 연구하고자 하고 그들을 본받기를 원한다면 그는 하나의 시편 안에서 그 안에 담긴 오래된 역사의 폭넓은 세계를 찾게 될 것이고 그로 인해서 자신의 독서를 통해 보상 곧 기억의 보고를 얻게 된다. 좀 더 간결하게 설명된 것들이 또한 좀 더 쉽게 보이기 마련이다.

시편보다 더 즐거움을 가져다 주는 것은 무엇인가? 다윗은 이것을 매우 멋지게 표현한다. 그는 말하기를, '여호와를 찬양하라. 시편은 선한 것이다.'(시 146:1). 참으로 그러하다! 시편은 백성들을 축복하고, 하나님을 찬양하고, 무리를 칭찬하고, 모두에게 갈채를 보내고, 모든 이의 말이고, 교회의 소리이고, 울려 퍼지는 신앙 고백이고, 권위로 가득 찬 경건이고, 자유의 기쁨이고, 선한 격려의 소리이며, 즐거움의 울림이다. 시편은 분노를 누그러뜨려주고, 염려에서 벗어나게 해주고, 슬픔을 위로해주고, 밤에는 보호해주며, 낮에는 길을 가르치며, 두려움의 시간에는 방패가 되어주고, 거룩의 향연이 되고, 평온의 상(image)이며, 평안과 조화의 보증으로서 갖가지 다양한 음성으로부터 아름다운 하프의 소리와 같이 하나의 노래를 만들어낸다. 하루의 여명이 시편으로 시작되고, 그 소리가 종일 메아리처럼 울려 퍼진다.

사도 바울은 여인들로 하여금 교회에서 잠잠할 것을 권면한다. 하지만 여인들이 시편에 참여하는 것은 잘 하는 것이다. 시편에 참여하는 일은 모든 세대를 통해 만족을 주는 일이고 남녀 구분 없이 적합한 것이다. 나이든 사람들은 시대의 어려움을 시편을 노래하는 것으로 잊고, 우울한 군인들은 시편이 그들의 마음 가운데 즐거움으로 울려 퍼지게 한다. 젊은이들은 욕망의 해악 없이 시편을 노래한다. 마치 자라는 청소년들이 그들의 불안한 세대와 감각적 쾌락의 유혹에서 주어지는 억압으로부터 벗어나 시편을 노래하듯이 말이다. 심지어는 젊은 여인들도 아내로서의 정숙함을 상실하지 않은 체 시편을 노래하고, 소녀들도 정숙함을 유지하고 그들의 순수함을 지키면서 감미롭고 유순한 목소리로 하나님께 찬양한다. 젊은이들은 시편을 이해하기 위해 애쓰고, 다른 것들을 배우는 것을 꺼려하는 아이조차 시편 묵상의 즐거움을 갖는다. 이것은 일종의 놀이와 같고, 엄격한 훈련으로 단련되는 것보다 훨씬 더 배움의 기회를 제공해준다. 교회에서 읽는 과정에 침묵을 유지하는 것과 관련해서 이보다 더 탁월한 노력이 어디 있는가! 만약 한 사람이 무엇인가 낭송하면 전 회중이 요란한 소리를 낸다. 하지만 시편이 읽히면 그것은 그 자체로 침묵을 자아낸다. 왜냐하면 모든 회중이 응답하며 말할 때 누구도 요란한 소리를 내지 않기 때문이다. 왕들은 권력의 오만함을 제쳐 두고 시편을 노래한다. 마치 다윗이 스스로 그렇게 자신을 드러내며 기뻐했던 것과 같다. 이와 같이 시편은 왕들에 의해서 노래되었고 백성들에 의해서 기쁨을 누리는 대상이 되었다. 개인은 모두에게 유익이 되는 선포를 제공하기 위해 노력한다. 시편은 집에서 노래로 불리고 밖에서 계속해서 불린다. 애써 노력하지 않아도 배워지고 즐거움을 제공해준다. 시편은 서로 다른 이들을 하나로 묶어 주고, 어색한 것들을 조화롭게 연결시켜주고, 서로 적대적인 이들을 화해시켜 준다. 하나님에게 같은 목소리로 노래하는 이들이 어떻게 서로를 받아들이지 않을 수 있겠는가? 시편은 결국 모든 사람들이 서로 하나의 음률로 조화롭게 연합할 수 있도록 돕는 탁월한 연결고리다. 하프의 줄들은 서로 다르지만 하나의 조화로운 음을 만들어낸다. 음악가의 손가락들은 비록 숫자가 그리 많지 않더라도 종종 제대로 연주를 하지 못하는 경우가 있지만 사람들 사이에서 성령께서는 우리의 음악가로서 절대 실수하시는 법이 없으시다.

• Ambrose, *Explanatio psalmi I, 9; Patrologiae cursus completus, series latino*, ed. J. P. Migne (Paris, 1960), vol. XIV, pp 924-25; trans. in James McKinnon, *Music in Early Christian Literature* (New York: Cambridge University Press, 1987), p. 126.

요한 크리소스톰 (John Chrysostom, c. 347-407)

이러한 종류의 즐거움이 우리의 영혼에게 자연스러운 것이기 때문에, 그리고 악마가 방탕한 노래들을 소개하거나 모든 것을 뒤집어 놓지 못하도록 하기 위해서, 하나님은 시편의 방벽을 세워놓으셨다. 이와 같이 시편은 즐거움과 덕과 관련한 것이다. 왜냐하면 이상한 노래들로부터 해로움과 파멸이 많은 두려움을 수반하며 스며들기 때문인데, 이것은 그러한 노래들 안에 부정하고 율법에 반하는 것들이 영혼을 약화시키고 무기력하게 하며 깊이 자리를 잡기 때문이다. 하지만 영적인 노래 곧 시편은 적지 않은 즐거움을 가져다줄 수 있고, 상당히 유익하며, 거룩하고, 모든 사상의 토대를 제공해주기도 한다. 곧 시편의 가사들은 영혼을 맑게 해주고 성령이 시편을 노래하는 자들의 영혼에 자연스럽게 임할 수 있도록 해준다.

내가 이것들을 말하는 것은 단지 자기 스스로 시편을 노래하라는 것뿐만 아니라 자녀들과 아내들에게도 이러한 노래를 가르치고 부르게 하기 위해서이고, 일을 하거나 다른 과제를 수행할 때 뿐 만 아니라 특별히 식사할 때도 이러한 노래를 부르게 하기 위해서이다. 왜냐하면 악마가 잔치의 자리에서 그리고 섬김을 받는 자리에서 주로 거짓을 말하기 때문이다. 곧 자기에게 속한 자들로 술을 마시고 과식하게 하며 무절제한 웃음이나 난폭한 영에 사로잡히게 하기 때문에 식사를 하기 전이나 후에 특별히 보호하기 위해서 시편으로 방어벽을 구축해주고 아내와 자녀들과 함께 거룩한 찬양으로 하나님을 노래하며 잔치의 자리를 나서게

하는 일이 필요하다.

이제 함께 서서 말하자. "여호와여 주께서 행하신 일로 나를 기쁘게 하셨으니 주의 손으로 행하신 일로 말미암아 내가 높이 외치리이다"(시 92:4). 시편가를 함께 부른 후 기도를 올려드리자. 이로써 우리가 우리의 영혼과 함께 우리의 집 또한 거룩하게 하는 것이다. 마치 배우들, 춤추는 자들, 그리고 매춘부들을 잔치로 초대하는 자들이 그곳에 악마와 귀신을 부르고 그러한 집들에 온갖 잘못된 불화들 곧 질투, 간음, 음란과 수많은 다른 두려운 대상들을 채우듯이, 다윗의 곡조를 부르는 자들은 그를 통해서 그리스도를 내면으로 부르는 것이다. 그리스도가 계시는 곳에 감히 악마가 들어올 수 없다. 어느 무엇도 그곳을 감히 엿보기조차 할 수 없다. 오히려 평화, 사랑, 그리고 모든 선한 것들이 샘물처럼 넘쳐 흐른다. 자신의 집을 누군가는 공연장으로 만들지만 우리는 우리의 집을 교회로 만들어야 한다. 시편, 기도, 선지자의 춤, 그리고 노래하는 자들과 함께 경건한 신앙이 있는 곳을 가리켜 교회라 부르는 것에서는 어떠한 잘못도 발견할 수 없다.

- John Chrysostom, *In psalmum xli, 1-2; Patrologiae cursis completus, seres graeca*, ed. J. P. Migne (Paris, 1960), vol. LV, p. 157; trans. in James McKinnon, *Music in Early Christian Literature* (New York: Cambridge University Press, 1987), pp. 80-81.

아다나시우스(Athanasius, c. 295-373)

그리고 모든 책들 가운데 시편이 매우 특별한 은혜, 곧 깊이 묵상할 가치를 충분히 지닌 특징을 담고 있다. 다른 것들과 함께 공유하는 특징 뿐만 아니라 그 모든 다양함 안에 인간 영혼의 모습을 드러내고 잘 묘사해주는 그 자체로서의 독특한 경이를 담고 있다. 이것은 마치 그림과 같은 것인데 그 안에서 자신의 모습을 볼 수 있고 그러한 과정을 통해서 자신을 이해하고 결과적으로 자신의 모습을 형성하게 해준다. 성경의 다른 곳에서는 단지 율법을 통해서 이런 저런 행동의 지침을 듣고, 선지서를 통해서 다시 오실 구주에 관한 소식을 듣거나 역사서를 통해서 왕들과 거룩한 인물들의 행동에 대해서 배우게 된다. 하지만 시편에서는 이런 모든 것들과 함께 당신 자신에 대해서 배우게 된다. 그 가운데 그려진 영혼의 모든 모습들과 변화, 다양한 상태, 그리고 실패와 회복과 같은 여러 모습들을 발견하게 된다…

… 이러한 책들을 읽는 자는 자신의 말을 읽는 것이 아니라 거룩한 자들과 그들이 기록하는 다른 사람들의 말을 읽는 것이다. 하지만 시편과 관련한 놀라움은 바로 이것이다. 곧 구주에 대한 그들의 예언이나 이방인들에 대한 예언과 달리 독자는 그 모든 말들을 마치 자신의 말처럼 입술에 담고, 마치 자신의 특별한 유익을 위해서 기록된 것으로 간주하며 시편을 노래하고, 그것을 취해 암송하는데 다른 누군가가 말하거나 다른 사람들의 감정을 묘사하듯이 하는 것이 아니라 마치 자기 자신에 대해서 말하고 마음 속 깊은 곳에서 고백 되는 표현으로 하나님께 내어드리는 말로서 마치 자기 스스로 그 모든 표현들을 지어낸 것처럼 하는 것이다. 족장들의 말 또는 모세의 말이나 다른 선지자들의 말에 대해서는 이러한 존경과 경의를 드러내지 않을 것이다. 하지만 시편의 말은 마치 자신 스스로의 말처럼 그리고 바로 자기 자신에 대해서 기록된 말처럼 강하게 받아들인다. 율법을 준수했든지 혹은 거역했든지 상관없이 시편이 기록하고 있는 것은 모두 자기 자신의 행동에 관한 것이다. 모두가 시편 안에서 자기 자신을 발견하게 된다. 그리고 누구나 신실한 영혼으로 드러나든지 혹은 죄인으로 비춰지든지 시편 속에서 자신에 대한 분명한 기록을 읽게 된다.

아울러, 시편은 시편을 노래하는 자에게 그 안에서 자신을 보고 자신의 영혼을 발견하게 해주는 거울 역할을 하기 때문에 시편의 노래를 듣는 이들에게도 동일한 힘으로 그 말들이 역사하며 같은 반응을 하도록 이끄는 역할도 하는 것으로 보인다. 때로 마치 시편 51편의 의식을 일깨

위주는 말이 그렇게 하듯이 동일한 방식으로 회개를 이끌어내기도 한다. 또 다른 때에는 하나님을 소망하고 믿는 자들을 어떻게 도우시는지를 들음으로써 마치 이미 하나님의 은혜로운 도움이 자신에게도 주어진 것처럼 받아들이고 함께 기뻐하고 감사하기도 한다. 또 다른 예를 들면, 마음에 괴로움을 경험할 때 시편 3편을 노래하게 될 것이다. 자신의 신앙과 기도의 표현으로서 시편 11편과 12편을 사용할 것이다. 또한 시편 54, 56, 57, 142편을 노래하는 것은 마치 누군가가 고통을 받고 있는 것이 아니라 하나님을 찬양하는 자신의 경험에서 주어지는 표현이다. 그리고 모든 다른 시편이 동일한 방식으로 성령에 의해서 표현되고 구성된 것이다. 마치 거울과 같이 우리 자신의 영혼이 그 안에서 비추어지고 그 말들이 우리 자신의 말들이 되며, 우리를 변화시키기 위한 깨우침이자 우리 삶을 향상시키기에 적합한 방식이자 모델로서의 도움을 제공해준다.

- Athanasius, *On the Incarnation* (Crestwood, NY: St. Vladimir's Orthodox Theological Seminary, 1946), pp. 103, 105-6.

레미시아나의 니케타 (Niceta of Remesiana, d. after 414)

인간의 신분, 성, 또는 나이와 상관없이 유익, 교화, 그리고 위로를 가져다주는 다윗의 시편에서 발견하지 못하는 것은 무엇인가? 유아는 시편에서 자신을 자라게 하는 젖과 같은 양식을 얻는다. 소년은 시편에서 자신의 기운을 북돋우는 내용을 갖게 된다. 청소년은 시편에서 자신의 삶의 방식을 교정할 수 있는 가르침을 갖는다. 젊은이는 시편에서 삶의 방향을 찾고, 노인은 기도의 내용을 얻는다. 여인은 시편에서 현숙함을 배우고, 고아는 아버지를 발견하고, 과부는 공의의 심판관을 찾게 되며, 가난한 자는 자신을 보호해주시는 분을 발견하고 길을 잃은 자는 안내자를 만난다. 왕들과 심판하는 권세자들은 그들이 누구를 두려워해야 하는지를 시편에서 알게 된다. 시편은 슬픈 자들을 위로하고 즐거워하는 자들을 고양시키며, 화난 자들을 가라앉히며 가난한 자들을 회복시켜주고 부유한 자들에게 자신이 누구인지 알 수 있도록 가르쳐준다. 시편을 취하는 모든 자들은 예외 없이 그것을 통해서 자신에게 필요한 적절한 약을 얻게 된다. 시편은 죄인을 멸시하지 않으면서 죄로 인해서 슬퍼하는 이들에게 가장 적합한 처방을 제시해준다.

인간의 본성이 어려운 것을 거부하거나 회피하기 때문에, 그리고 비록 유익하더라도 즐거움을 주는 것이 아니라면 거의 받아들이지 않기 때문에 주님은 다윗을 통해서 달콤한 멜로디와 강력한 처방 효과를 지닌 이러한 약을 우리를 위해 준비해 주셨다. 시편을 노래로 부를 때 우리의 귀가 감미로워지기 때문에 즐거움을 가져다주면서 우리의 영혼에 스며들고, 자주 노래로 부를 때 쉽게 기억할 수 있게 되며, 율법의 엄격함이 우리의 마음으로부터 강제로 통제할 수 없는 것을 노래의 온화함으로 수용한다. 율법, 선지서, 그리고 심지어 복음서들이 가르치는 모든 것들이 시편 노래들의 달콤함 가운데 처방된 약처럼 모두 담겨져 있다.

- Niceta of Remesiana, *De utilitate hymnorum* 5,7; C. Turner, "Niceta of Remesiana II: Introduction and text of 'De psalmodiae bono,'" *Journal of Theological Studies* 24 (1922-23): 235-37; trans. in James McKinnon, *Music in Early Christian Literature* (New York: Cambridge University Press, 1987), pp. 135-36.

카시오도루스 (Cassiodorus, c. 485- c. 580)

시편은 특별히 밤의 고요한 시간에 찬양대가 그것을 찬양으로 부를 때 기도를 더욱 즐겁게 해준다. 인간의 목소리가 멜로디로 변하고, 정교하게 음악에 맞추어 부르는 언어를 통해서 인류의 구원을 위해 하나님의 웅변으로 오신 그리스도에게로 우리를 다시 이끈다. 찬양하는 자들의 조화로운 음성은 귀를 윤택하게 하고 영혼을 가르치는 노래가 된다. 우리는 다윗의 자손으로 오신 주님 곧 그리스도를 통해서 찬양의 언어로 우리가 직접 들을 수 없는 천상의 천사들과 같이 어우러진다. 그리스도께서는 이미 스스로를 "나는 다윗의 뿌리요 자손이다"(계22:16)라고 말씀하셨다. 그 분으로 인해서 우리는 거룩한 신앙을 갖게 될 뿐만 아니라 거룩하신 삼위 하나님의 계시된 신비를 알 수 있게 되었다. 따라서 시편은 아버지, 아들, 그리고 성령 가운데서 서로 나눌 수 없는 영광을 적절하게 하나로 연합시키고 그로 인해서 삼위 하나님을 향한 찬양을 더욱 온전하게 해준다.

시편은 참으로 진리의 그릇들이다. 왜냐하면 그 안에 수많은 미덕들을 담고 있고, 굉장한 하늘의 향기들을 채우고 있으며, 가득한 천상의 보물들이 충만해 있기 때문이다. 시편은 하늘의 포도주를 담고 있고 그것을 영원히 신선하고 상하지 않도록 보관해주는 단지와도 같다. 시편의 놀라운 달콤함은 세상의 타락으로 그 맛이 변하지 않고 여전히 그 가치를 지속하며 그 순전한 아름다움의 은혜를 지속적으로 고취시킨다. 시편은 이 땅의 수많은 사람들이 아무리 마셔도 절대 줄어들지 않는 풍요로움을 지닌 가장 풍부한 창고와도 같다.

시편을 노래할 때마다 흘러나오는 정말 놀라운 아름다움을 발견하게 된다! 인간의 목소리로 찬양할 때 시편은 아름다운 소리를 내는 오르간에 견줄 수 있다. 큰 소리로 외칠 때 시편은 나팔 소리처럼 울려 퍼진다. 실제 음률과 함께 어우러질 때 시편은 하프 소리를 자아낸다. 이전에 악기로부터 만들어내는 소리들이 이제는 인간의 몸에서 직접 울려 퍼지는 것을 보게 된다. 하지만 우리는 인간의 말을 흉내내기 위해 애쓰지만 그것의 의미를 전혀 알지 못하고 단순히 따라하는 종달새나 앵무새처럼 노래해서는 안된다. 진실로 아름다운 노래는 우리의 마음을 즐겁게 해주지만 그렇다고 억지로 눈물을 자아내게 하지는 않는다. 곧 우리의 귀를 달래주지만 그렇다고 우리를 직접 하늘의 것들로 인도하지는 않는다. 그러나 우리의 입술이 말할 수 있는 것에 집중할 수 있다면 우리는 마음에서 그런 것들을 경험하게 된다.

• Cassiodorus: *Explanation of the Psalms*, vol. 1, trans. P. G. Walsh (New York/Mahwah, NJ: Paulist Press, 1990), pp. 24-26.

1부 | 시편과 기독교 예배의 기본 정석

말하기를 배우는 것은 생명의 가장 위대한 기적들 가운데 하나다. 그러나 어린 아이들에게 조차 건강한 언어 습관은 자연스럽게 주어지는 것이 아니다. 어린 아이들은 "감사합니다," "죄송합니다," 그리고 "해 주세요"와 같은 말을 배워야 한다. 부모는 이러한 기본적인 대화의 방식을 가르치고 익힐 수 있도록 지도해야 한다. 결국 부모는 어린 아이들이 세상을 바라보고 관계를 형성해가는 방식에 참여한다. 실제로 "엄마 아빠 고마워요"라는 표현을 갑작스럽게 가르치지도 않았는데 듣게 되는 달콤한 순간을 접하는 경우는 그리 흔하지 않다.

사랑해… 미안해… 고마워… 도와줘… 이러한 표현들은 건강한 관계 형성을 위한 기본적인 요소들이다. 모든 친밀한 관계는 이것들에 기초한다. 이러한 것들을 직접 표현하지 않으면 결혼은 쉽게 실패하고 우정은 쉽게 금이 간다.

신실한 말 또한 기독교인의 삶에서 매우 중요하다. 성경 전체에서 묘사된 가장 분명하고 영감을 가져다주는 언어적 표현 가운데 하나는 하나님께서 교회와의 관계를 마치 결혼한 대상을 대하듯이 하신다는 것이다. 성경의 하나님은 단지 묵상의 대상이나 제사의 대상으로만 거하는 것에 관심을 갖고 계신 분이 아니다. 하나님은 그 관계의 중심에서 아름다운 교통을 하며 신실한 삶을 함께 나누는 것에 대해서 관심을 갖고 계시다. 이러한 것을 가장 풍부하게 증거해 주는 것이 바로 성경의 노래, 곧 시편이다. 각각의 시편은 하나님과의 언약 관계에서 백성들을 위해 적어도 한 가지 중요한 관계 방식의 측면을 표현한다.

우리가 하나님과의 아름다운 관계 방식을 배우는 여러 방법들 가운데 하나는 공동 예배에 참여하는 것이다. 우리가 예배를 위해서 함께 모일 때, 교회는 우리에게 하나님을 향해 다음과 같이 함께 고백하도록 초청해준다. 곧, "우리가 주님을 사랑합니다. 우리가 죄를 지었습니다. 다시 오소서-우리가 듣겠습니다. 도와 주소서. 감사합니다. 제가 주님을 섬기겠습니다"와 같은 표현들을 같이 고백한다. 실제로 어떤 예배들의 경우에는 신실한 말과 관련한 이러한 건강하고 균형 잡힌 표현을 익힐 수 있도록 예배의 방식을 그렇게 구성하기도 한다. 토마스 롱Thomas G. Long의 최근 작, Testimony에서 주어진 표현을 사용하면, 예배는 "하나님의 언어 학교"God's language school라고 할 수 있다. 롱은 다음과 같이 설명한다.

> 우리가 예배에서 말하는 방식은 우리 삶의 다른 부분에서 말하는 방식에 영향을 미친다. 그리고 그 반대도 마찬가지다 … 예배의 언어들은 샘에 던져지는 돌과도 같다. 그것들은 샘 위에 수많은 원형 모양의 물결을 만들며 파장처럼 퍼지는데 이것은 마치 우리 삶의 새로운 장소에서 전혀 새로운 표현을 찾아내는 것과 같다 … 예배는 삶을 위한 교회의 "언어 학교"에서 가장 중요한 구성 요소다 … 예배가 우리 삶의 나머지 부분을 위한 사운드 트랙 곧 성전 안에서의 언어, 음악, 그리고 모든 행동이 세상에서 우리의 삶을 살아갈 때 마치 배경 역할을 한다는 생각은 가히 도전적이다.[1]

---

1 Thomas G. Long, *Testimony: Talking Ourselves into Being Christian* (San Francisco: Jossey-Bass, 2004), pp. 47-48. 롱은 또한 다음과 같이 제안한다. "한 예배 공동체가 매 주일 빠짐없이 예배에서 시편을 노래할 때 그들은 인간 감정의 거의 모든 중추 신경을 건드리는 언어를 얻게 되고 그 결과 항상 반드시 하나님을 찬양하는데 이르게 된다. 이러한 과정을 통해서 그들은 하나님을 예배하지만 동시에 세상 밖에서 솔직하고 정직하게 그러나 냉소적이거나 절망적이지 않게 말하는 방식에 대해서도 훈련을 받게 된다" (p. 33).

어린 아이들에게서와 같이 이러한 언어 습관은 실천을 요구한다. 하지만 그러한 훈련은 가치를 지닌다. 곧 시간을 거치며 우리의 깊은 절망, 소망, 그리고 즐거움을 심도 있게 표현할 수 있도록 만들어 준다.

여기서의 도전은 주일마다 우리 각자가 교회에 올 때마다 서로 다른 말할 거리들을 가지고 오는 것에 있다. 어떤 이들은 이미 하나님에게 "감사합니다!"라고 말할 준비를 하고 온다. 다른 이들은 "도대체 왜 인가요?"라는 탄식을 말하고 싶어 한다. 또 다른 이들은 우리 모두가 해야 할 표현 곧 "잘못했습니다"라는 고백을 하기 위해서 오기도 한다. 이것을 달리 표현하면, 어떤 이들은 시편 100편을 노래할 준비를 해서 오고, 어떤 이들은 시편 13편을 고백하기 위해서 오기도 하며, 솔직히 말하면 우리 모두는 시편 51편을 고백해야 할 필요가 있다. 훌륭한 예배는 바로 이러한 반드시 필요한 언어들을 위한 공간을 만들어 낸다. 곧 우리에게 특정한 경험을 제대로 표현할 수 있도록 돕고 동시에 우리가 여전히 자라야 하는 언어의 표현 방식을 구체적으로 실천할 수 있도록 돕는다. 이것이 바로 공동 예배가 중요한 이유 가운데 하나다. 곧 좋은 예배는 우리가 스스로 자연스럽게 잘 하려 하지 않는 하나님을 향한 신실한 언어 표현을 실천할 수 있도록 도전해준다. 참된 예배는 어린 아이의 언어와 같이 우리가 누구인지를 표현하고 우리가 되어 가고 있는 것을 구체적으로 형성해준다.

성경의 시편들은 이러한 예배 언어와 그 방식의 토대를 제공해주는 스승이자 안내자이다. 아주 도발적이고 영감을 지닌 자신의 책에서 유진 피터슨Eugene Peterson은 시편을 하나님이 우리에게 역동적이고 견고한 기초를 지닌 신앙을 형성하기 위해서 허락하신 도구라고 다음과 같이 말한다. "시편은 반드시 필요하다. 왜냐하면 그것들은 기도의 스승들이기 때문이다 … 우리는 이러한 스승들을 따라서 스스로를 훈련시키는데 이것은 마치 도구를 활용하는 기능을 익힘으로써 그 방식을 통해서 점점 더 우리 스스로가 되어가는 것과 같은 것이다. 우리가 시편을 의도적으로 무시하게 되면, 그러한 과정을 통해 우리 스스로를 기도로부터 제외시키게 된다. 하지만 그렇게 되면 우리는 시련과 실수 그리고 형편없는 도구를 가지고 그리 만만치 않은 세상을 살아가며 우리 자신의 길을 망치게 될 것이다."[2]

시편은 진정으로 기독교 교회의 중추적이고 모범적인 기도서이다. 시간이 흐르면서 예배 공동체들은 개인과 공동 기도 생활 모두에서 영감과 가르침을 얻기 위해 시편으로 계속해서 돌아섰다. 대부분의 영향력 있는 예배 개혁 운동들-16세기 수도원 공동체들, 16세기 루터교도들과 칼빈주의자들, 그리고 20세기 예배 갱신 운동들-은 시편의 예배와 관련한 가능성들에 대해서 새로운 이해를 요청했다.[3] 초기 아프리칸 아메리칸들의 기독교 예배의 표현들은 "시편에 담긴 일종의 이국적 즐거움"[4]으로 잘 알려졌고, 시편은 또한 흑인들의 영성을 이해하기 위한 비교점이자 최근 흑인 가스펠 음악의 영감을 위한 원천이기도 하다.[5] 우리가 기독교 신앙의 DNA를 더 잘 이해하고 우리의 예배에 더욱 깊이 참여하려 한다면 시편을 더욱 신중하고 기도하는 자세로 그것을 접하는 것보

---

2   Eugene Peterson, *Answering God: The Psalms as Tools for Prayer* (San Francisco: Harper and Row, 1989) p. 4.
3   시편의 활용에 대한 매우 흥미로운 역사에 대해서는 William Holladay, *The Psalms Through Three Thousand Years* (Minneapolis: Fortress Press, 1993)을 참고하라.
4   Rev. Samual Davies, letter of 1775, in Eileen Southern, ed., *Readings in Black American Music* (New York: Norton, 1983), pp. 27-28. 더 깊은 논의와 관련해서는 다음의 자료들을 참고하라. Melva Wilson Costen, *In Spirit and In Truth: The Music of African American Worship* (Louisville: Westminster John Knox Press, 2004), pp. 34, 48, 141; Christopher Small, *Music of the Common Tongue: Survival and Celebration in African American Music* (Hanover, NH: Wesleyan University Press, 1987), ch.3, and several references indexed in Eileen Southern, *The Music of Black Americans: A History*, 3rd ed. (New York: Norton, 1997); William T. Dargan, *Lining Out the Word: Dr. Watts Hymn Singing in the Music of Black Americans* (Berkeley: University of California Press, 2006), pp. 90-100.
5   Glenn Hinson, Fire in *My Bones: Transcendence and the Holy Spirit in African American Gospel* (Philadelphia: University of Pennsylvania Press, 2000), pp. 46-48.

다 더 나은 출발점은 거의 없다.

> **다른 성경의 찬가들**
>
> 이 책의 폭넓은 주제들은 또한 다른 성경의 찬가들을 연구하고 활용하는 데 쉽게 이용될 수 있다. 여러 가지 유명한 찬가들 가운데 몇 가지 좀 더 유명한 것들을 예로 들면 미리암의 노래(출 15:1-18), 드보라의 노래(삿 5), 한나의 노래(삼상 2:1-10), 다윗의 노래들(삼하 22:2-5:1, 역대상 16:8-36), 이사야의 다양한 찬가들(사 12:25 참고), 예레미야애가, 마리아의 찬가(눅 1:46-55), 은총을 입은 자, 곧 스가랴의 노래(눅 1:68-79), 그리고 시므온의 노래(눅 2:29-32)들이다.

근원적으로 이러한 확신은 정경으로서의 성경 안에 자리 잡고 있는 시편의 위치에서 주어진다. 시편은 모든 다른 성경과 같이 "하나님의 감동으로 된 것으로 교훈과 책망과 바르게 함과 의로 교육하기에 유익하다"(딤후 3:16-17). 시편의 언어들은 비록 도전적이고, 복잡하고, 심지어 혼란을 가져다주는 경우가 분명히 있지만 그럼에도 확실하고 믿을 만하다. 교회 역사 속에서 몇몇 주석가들은 이러한 확신을 갖고 시편이 "성령을 따라"(엡 6:18, 유 1:20) 기도하는 가장 최상의 방법들 가운데 하나라고까지 제안했다.

실제로 우리가 시편의 언어들로 기도할 때 우리는 굳이 표현하기 어렵지만 매우 심오한 뜻으로 성령께서 우리에게 주신 언어로 기도하는 것이다. 토마스 머튼Thomas Merton의 표현에 따르면, "우리가 성령과 함께 기도한다는 확신을 시편으로 기도할 때보다 더 분명히 갖는 경우는 없다."⁶ 요한 칼빈John Calvin의 말을 사용하면, 시편이 노래될 때, "우리는 마치 시편의 언어가 스스로 우리 안에서 하나님의 영광을 높여 드리기 위해서 노래한 것과 같이 하나님께서 우리의 입술에 말을 넣어두셨다는 확신을 갖게 된다."⁷

하지만 교회는 시편을 예배의 기도로 사용하는데 있어서 언제나 신실한 청지기는 아니었다. 하나의 예를 들면 우리는 예배자들이 탄식시나 제왕시와 같은 시편의 다소 생소한 언어들을 말할 때 그들이 말하는 내용을 이해할 수 있도록 돕기 위해 진지하게 노력하지 않고 종종 죄책감을 갖곤 한다. 여기서 우리는 요한 카시안John Cassian의 오래된 권고를 통해서 도움을 얻을 수 있을 것이다. 그는 "혼란한 정신 상태에서 시편 전부를 고백하는 것보다 분명한 이해를 가지고 단 열 개의 구절을 노래하는 것이 더 낫다"⁸고 했다. 또한 다른 경우도 있는데, 우리는 종종 시편을 놀랄 만큼 상상력을 사용하지 않고 사용하곤 한다. 거의 세 세대 이전에 얼 베넷 크로스Earle Bennet Cross는 다음과 같이 주장했다. "수많은 회중들을 졸음으로 인도하는 교독 방식은 시편의 예술성과 아름다움을 황량한 공기 중에 낭비해버리는 정말 비탄할 방식이다."⁹ 이러한 비평은 그때뿐만 아니라 지금도 여전히 적실성을 지닌다.

공동 예배와 개인의 경건에서 시편을 신중하게 그리고 기도의 목적으로 사용하기 위해서는 본문 자체에 근거를 둔 신학적 균형, 목회적 감각, 그리고 예술적 상상력을 요구한다. 따라서 예배에서 시편을 읽고, 노래하고, 기도하기 위한 실제적인 방식들을 연구하기 전에 시편이 기도와

---

6   Thomas Merton, *Praying the Psalms* (Collegeville, MN: Liturgical Press, 1956), p. 18.
7   "La forme des prieres et chantz ecclesiastiques," OS 2:17; trans. Ford Lewis Battles, "John Calvin: The Form of Prayers and Songs of the Church," *Calvin Theological Journal* 15 (1980): 160-65.
8   John Cassian, *The Institutes*, trans. Boniface Ramsey, O.P. Ancient Christian Writers, vol. 58 (New York: Newman Press, 2000), II.XI, p. 44.
9   Earle Bennet Cross, *Modern Worship and the Psalter* (New York: Macmillan, 1932).

관련해서 우리를 어떻게 형성하는지에 대해서 잠시 멈추고 고찰하는 것이 도움이 될 것이다. 시편은 신앙으로 충만한 기도가 어떤 모습을 나타내는지를 가르쳐 준다. 시편은 기독교의 기도를 위한 깊은 정초 또는 이른바 전형적인 구조를 제공해준다.[10]

시편이 기도에 관해서 우리에게 가르쳐주는 다음의 일곱 가지 교훈을 생각해보라. 각각의 경우에서 필자는 간략하게 그 교훈을 서술하고 그리고 나서 그 교훈이 기독교 예배 실천에서 어떻게 드러날 수 있는지에 대한 예들을 소개한다. 실제로 시편은 그 자체로 직접 사용되지 않았을 때조차도 기독교 예배를 계속해서 형성하는 고대의 성경적 기도 방식을 반영한다. 그러한 형성 과정의 본질을 이해하는 것은 기본적으로 우리의 예배 실천을 더욱 깊이 있게 해줄 뿐만 아니라 또한 시편의 더 나은 청지기들이 될 수 있도록 도와줄 것이다.

1. 인격적 표현과 대화의 구조

성경의 시편들은 기도와 예배가 독백이 아니라는 것을 가르쳐준다. 오히려 어거스틴Augustine, 베네딕트Benedict, 카시안Cassian 그리고 칼빈

---

10 이것은 토마스 토랜스(Thomas F. Torrance)가 언급한 요점과 거의 흡사하다. 그는 "고대 예배나 시편에서 주어진 우리가 발견하는 예배의 기본 방식들"은 "이스라엘에게서 처음 중재된" 하나님에 관한 "생각과 언어의 불변하는 구조들" 가운데 하나다. (The Mediation of Christ [Grand Rapids: Eerdmans, 1983), p. 28). 이러한 표현은 유대교 예배에 관해서도 만들어 질 수 있다는 것을 주목하라. 앞으로 연구해볼만한 아주 흥미로운 영역 가운데 하나는 시편이 유대교와 기독교 예배에서 어떻게 기능하는지 뿐만 아니라 동시에 시편이 유대교와 기독교 예배의 형태, 방식, 그리고 신학적 내용에 어떻게 영향을 미치는지를 비교하는 것이다. 이러한 연구는 다음과 같은 자료들로부터 시작할 수 있다. Stefan C. Reif, *Judaism and Hebrew Prayer: New Perspectives on Jewish Liturgical History* (Cambridge, UK: Cambridge University Press, 1993); Judith H. Newman, *Praying by the Book: The Scripturalization of Prayer in Second Temple Judaism* (Atlanta: Scholars Press, 1999), 특별히 이 책의 221-41 페이지에 서술된 자료들을 참고 하라.

Calvin의 유명한 말에 따르면, 기도는 "하나님과의 대화"[11]이다. 시편들은 그 자체로 종종 대화의 문구로 사용된다. 아주 자주 그것들은 하나님을 향한to 말들, 곧 기도를 표현한다. 때로 다른 경우에는 시편들은 하나님으로부터from 주어지는 말들 곧 선포를 드러내기도 한다. 인간의 간구들이 하나님이 인간에게 전하는 계시와 함께 교차적으로 나타나기도 한다. 예를 들어 시편 12편은 다음과 같이 일종의 탄원으로 시작한다. "여호와여 도우소서 경건한 자가 끊어 지나이다." 이러한 탄원이 곧바로 하나님의 계시로 인해 다음과 같이 새로운 문맥으로 전환된다. "여호와의 말씀에 가련한 자들의 눌림으로 말미암아 … 내가 이제 일어나 …" 이러한 화자들의 교차는 레이몬드 작크 투어네이Raymond Jacques Tournay가 말한 "성전의 예언적 예전prophetic liturgy of the temple"[12]을 보여주는 것이다. 월터 브루그만Walter Brueggemann의 표현에 따르면 시편들은 "성경적 신앙이 타협하지 않고 당혹스럽게 하지 않는 상호 대화의 측면을 지닌다"[13]는 것을 우리에게 가르쳐준다. 이것은 결국 구약과 신약 성경의 많은 부분을 받쳐주는 언약적 상호 관계의 포괄적인 방식을 반영하는 것이다. 성경적 신앙에 관해서는 어떤 것도 비인격적인 것이 없고 또한 성경적 예배에 관해서도 비인격적인 것은 없다. 예배는 시간을 초월

---

11 John Calvin, *Institutes of the Christian Religion* [1559], ed. John T. McNeill, trans. Ford Lewis Battles, Library of Christian Classics, vols. 20-21 (Philadelphia: The Westminster Press, 1960), III. 20.4와 함께 기록된 설명들을 참고 하라. 또한 Patrick D. Miller, *They Cried to the Lord* (Minneapolis Fortress Press, 1994), p. 33; Samuel E. Balentine, Prayer in the Hebrew Bible (Minneapolis: Fortress Press, 1993), pp. 261-64; Luis Alonso Schökel, *A Manual of Hebrew Poetics* (Rome: Editrice Pontifico Instituto Biblico, 1988), pp. 170-79.
12 Raymond Jacques Tournay, *Seeing and Hearing God with the Psalms: The Prophetic Liturgy of the Second Temple in Jerusalem* (Sheffield: JSOT Press, 1991).
13 Walter Brueggemann, "From Hurt to Joy, From Death to Life," in *The Psalms and the Life of Faith* (Minneapolis: Fortress Press, 1995), p. 68; "Report of the Liturgical Committee," *1968 Acts of Synod of the Christian Reformed Church in North America* (Grand Rapids: CRC Board of Publications, 1968) and in *Psalter Hymnal Supplement* (Grand Rapids: CRC Board of Publications, 1974), pp. 70-75.

한 진리에 대한 단순한 명상 그 이상을 의미한다. 예배는 하나님과 함께 모인 회중들 사이의 인격적 만남이다. 우리는 이러한 만남을 하나님과 신앙 공동체 사이의 메시지 교환으로 생각할 수 있다.

상호 인격적인 만남으로 예배를 이해하는 것은 다양한 전통들에서 기독교 예배를 표현하기 위한 비유로 종종 사용해왔다. 정교회, 가톨릭, 그리고 개신교 예배 신학자들은 모두 예배를 하나님과 함께 하는 인간의 대화 방식, 시각 예술, 그리고 음악을 통해서 매개되는 대화, 곧 하나님과 신앙 공동체 사이의 상호 교환으로 언급하는 것에 대해서 이미 잘 알고 있다. 예배에서 우리는 노래 방식을 포함한 기도를 통해서 하나님에게 말하고 봉헌을 통해서도 하나님에게 우리의 뜻을 표현한다. 예배에서 하나님도 예배에로의 초청, 용서의 확증, 그리고 축도와 함께 성경 읽기와 설교를 통해서 우리에게 말씀하신다. 하나님은 또한 노래와 예술, 간증과 상호 인사를 통해서 우리에게 확증해주시고 동시에 도전을 주시는 방식으로 일하신다. 예배에서 하나님은 우리에게 말씀하시고 우리는 하나님에게 말씀드린다.

2. 비유 그리고 역사적 회고를 통한 하나님의 성품 규정

히브리인들의 기도는 무정형의 신적 존재를 향해서가 아니라 구체적이고 알려진 하나님을 향한 고백이다. 브루그만Brueggemann이 지적하듯이 "이스라엘의 기도는 '당신' 곧 이름을 지닌, 정확히 알려진, 말할 수 있는, 접근할 수 있는 대상으로서의 당신이라는 표현으로 이루어진다."[14] 이 대상은 특정한 하나님 곧 야훼로 불리는데, 기독교인들은 예수께서 '아바'(예를 들면, 막14:36)라고 부른 표현을 따라 예수 그리스도의 하

---

14 Walter Brueggemann, "The Psalms as Prayer," In *The Psalms and the Life of Faith*, p. 37.

나님으로 더욱 구체적으로 규정한다.

시편들은 적어도 두 가지 방식으로 하나님의 성품을 구체화한다. 첫째로 시편들은 하나님에 관해 말하기 위해서 폭넓은 범위로 비유들을 사용한다. 윌리엄 브라운William P. Brown의 말에 따르면 "비유들의 창고는 신을 겨냥할 뿐만 아니라 독자들을 자극한다. 법적인 영역에서 하나님은 기소자일 뿐만 아니라 재판관, 변호인, 서기관 그리고 조사관도 되신다. 좀 더 인간적인 측면에서 구체적으로 표현하면 하나님은 태양, 직공, 그리고 생산자이실 뿐만 아니라 안내자와 동반자도 되신다 … 그러나 하나님을 묘사하는 모든 대표적인 특징들과 관련해서 시편은 … 하나님이 지니신 범접하기 어려운 초월성의 측면을 절대 간과하지 않는다."15

비유들은 그것이 지닌 개념에 근거하면 "거짓을 말하기도 하고 동시에 진리를 말하기도 한다." 비교의 관점에서 보면, 비유들은 하나님의 다양한 성품들에 관해서 적어도 하나를 비추어 준다. 하지만 비유가 지닌 각각의 측면이 모두 다 중요하거나 무엇인가를 반영하는 것은 아니다. 예를 들어 하나님을 "바위"로 부르는 것은 하나님이 견고하시고 신실하시다는 것을 비유적으로 뜻하지만 생명이 없는 물질을 암시하는 것은 아니다. 또한 하나님을 전능하신 분으로 부르는 것은 일을 행하시는 하나님의 신적인 능력을 말하는 것이지 하나님께서 능력을 행하시는데 무자비하시다는 것을 뜻하는 것은 아니다.16

---

15 William P. Brown, *Seeing the Psalms; A Theology of Metaphor* (Louisville: Westminster John Knox Press, 2002), p. 212. 또한 다음의 자료들을 참고하라. Leland Ryken, "Metaphor in the Psalm," in *Christianity and Literature* 31 (1982): 9-30; Barbara P. Green, O.P., *Like a Tree Planted; An Exploration of Psalms and Parables Through Metaphor* (Collegeville, MN: Liturgical Press, 1997).

16 비유에 관한 더 자세한 설명에 대해서는 다음의 자료들을 참고하라. Mark Searle, "Liturgy as Metaphor" in "Language and Metaphor," a theme issue of *Liturgy: Journal of the Liturgical Conference* 4, no. 4 (1985); Gail Ramshaw, *Christ in Sacred Speech* (Philadelphia: Fortress Press, 1986) 그리고 *Liturgical Language: Keeping It Metaphoric*,

이러한 비유들 가운데서 한 가지 두드러진 모습은 그 비유들의 엄청난 수와 범위다. 시편들은 하나님을 왕, 만군의 주, 전능하신 분으로 말할 뿐만 아니라 목자, 피난처, "나의 빛," 그리고 기업과 같은 표현들로 언급하기도 한다. 이러한 비유들은 하나님을 엄청난 능력을 지니신 분이지만 동시에 놀라울 정도로 부드러운 방식으로 이러한 능력을 사용하시는 분으로 묘사하기 위해서 서로의 의미를 보완하고 구체화시켜 준다.

시편들에 나타난 하나님을 지칭하는 이름들의 예

아래의 예들은 비록 다양한 형태로 여러 번 언급되지만 각각의 표현들이 나오는 하나의 성경 구절만 인용한다.

내 의의 하나님 (시 4:1)
나의 왕 나의 하나님 (시 5:2)
여호와 내 하나님 (시 7:1)
의로우신 하나님 (시 7:9)
지존하신 여호와 (시 7:17)
여호와, 우리 주 (시 8:1)
나의 반석 (시 28:1)
이스라엘의 하나님 (시 41:13)
만군의 하나님 여호와 (시 59:5)
우리의 구원의 하나님 (시 65:5)
이스라엘의 거룩하신 주 (시 71:22)

Making It Inclusive (Collegeville, MN: Liturgical Press, 1996); Janet Soskice, *Metaphor and Religious Language* (Oxford: Charendon Press 1965), 그리고 Witvliet, "Metaphor in Liturgical Studies: Lesson from Philosophical and Theological Theories of Language," *Liturgy Digest* 4, no. 1 (1997): 7-45.

이스라엘의 목자 (시 80:1)

복수하시는 하나님 (시 94:1)

세계를 심판하시는 주 (시 94:2)

능력 있는 왕 (시 99:4)

정의를 사랑하시는 분 (시 99:4)

나의 방패 (시 3:3)

나의 영광 (시 3:3)

의로우신 심판자 (시 7:10)

왕 (시 10:16)

반석 (시 18:2)

요새 (시 18:2)

건지시는 이 (시 18:2; 144:2)

나의 구원의 뿔 (시 18:2)

산성 (시 18:2)

구속자 (시 19:14)

목자 (시 23:1)

야곱의 하나님 (시 24:6)

영광의 왕 (시 24)

영광의 하나님 (시 29:3)

만군의 여호와 (시 4:10)

나의 구원의 하나님 (시 25:5)

나의 빛 (시 27:1)

나의 힘/백성들의 힘 (시 28:7-8)

기름부음 받은 자의 구원의 요새 (시 28:8)

환난 중에 만날 큰 도움 (시 46:1)

돕는 자 (시 54:4)

전능하신 분 (시 50:1)

나의 생명을 붙들어 주시는 이 (시 54:4)

피난 처 (시 62:8)

시내산의 하나님 (시 68:8)

전능하신 이 (시 68:14)

야곱의 전능자 (시 132:2)

소망 (시 71:5)

신뢰한 이 (시 71:5)

분깃 (시 73: 26)

크신 하나님 (시 95:3)

모든 신들보다 크신 왕 (시 95:3)

우리를 지으신 여호와 (시 95:6)

온 땅의 주 (시 97:5)

네 오른쪽의 그늘 (시 121:5)

신들 중에 뛰어난 하나님 (시 136:2)

주들 중에 뛰어난 주 (시 136:3)

하늘의 하나님 (시 136:26)

둘째로, 시편들은 역사에 나타난 하나님의 일하심을 되풀이해 말함으로써 하나님의 성품을 구체적으로 표현한다. 히브리 기도의 많은 부분들이 (하나님께서 이미 이러한 일들을 알고 계신 것으로 간주하며) 하나님의 일하심의 역사를 재고하는 것에 집중한다. 이러한 기억의 행위는 단지 이야기를 말하는 것 이상의 의미를 지닌다. 그것은 곧 기도에서 대상으로 언급되는 하나님뿐만 아니라 동일하게 기도하는 자들과 관련한 정체성과 구체적인 특성 또한 표현해준다.[17] 시편 105편과 같은 역사적 시편들이 이

---

[17] 이것은 예배 학자들에 가운데서 상당히 많은 부분 논의된 개념이다. 특별히 다음의 자료들을 참고하라. Brevard Childs, *Memory and Tradition in Israel* (London: SCM Press,

와 관련해서 모범이 될 만한 예라 할 수 있다. 물론 하나님의 일하심에 대한 이러한 구체적인 언급과 반복적 표현은 다른 본문에서 폭넓게 발견될 수 있다.[18] 탄식과 찬양 시편들 모두 역사에 나타난 하나님의 일하심을 되풀이해서 표현한다. 탄식 시에서는 시편 저자가 하나님에게 자신의 역사에서도 동일하게 신실하게 드러내시길 간구하기 위해서 역사를 제기한다(시편 85편과 89편을 보라). 찬양과 감사의 시 특별히 선언적 찬양 시에서는 시편 저자가 감사를 일으키는 하나님의 구체적인 역사를 언급한다(시편 66, 116, 118, 그리고 138을 보라). 여기서 특별히 중요한 것은 전치사 "왜냐하면"(히브리어의 kî)인데 이것은 하나님의 특별한 행위를 나열하는 의미를 지닌다(30:2, 116:2, 138:2). 시편 77, 78, 105, 106, 그리고 114편에 나타난 출애굽에서의 하나님의 구원 행위는 특별히 중요한 의미를 지닌다. 시편의 찬양은 특별히 역사적 방식으로 일하시는 하나님을 향해서 그분이 행하신 구체적인 무엇인가에 대해서for something in particular 감사하도록 우리를 가르친다.

이러한 문예적 표현은 기독교 예배의 많은 개념들 가운데 주어진 핵심적인 신학적 주제와 일치한다. 다양한 입장에서의 조화로운 합창은 이러한 핵심적인 주제에 부합하는 증언을 전해준다. 예를 들어 로마 가톨릭의 조직신학자 캐서린 라쿠나Catherine LaCugna는 다음과 같이 주장한다. 곧 "기독교 예배의 삼위일체적 특징은 예배가 그 개념에 따라서 구원을 이루는 경륜의 역사를 의식적으로 경배하는 것이며 그로 인해서 하나님의 신비를 경배하는 것이라는 사실에서 확인되고 발견된다."[19]

1962); Peter Atkins, *Memory and Liturgy: The Place of Memory in the Composition and Practice of Liturgy* (Aldershot: Ashgate, 2004).
18 Robert Alter, *The Art of Biblical Poetry* (New York: Basic Books, 1985), p. 39.
19 Catherine Mowry LaCugna, "Trinity and Liturgy," In *The New Dictionary of Sacramental Worship*, ed. Peter E. Fink (Collegeville, MN: Liturgical Press, 1990), pp. 1293-96). 이와 함께 그녀가 쓴 다음의 자료도 참고 하라. "Making the Most of Trinity Sunday," Worship 60 (1986): 211.

요한 버크하르트John Burkhart는 다음과 같이 주장한다. "참된 예배는 모세와 예수님의 언약 안에서 지극히 분명하신 하나님, 아브라함과 이삭, 그리고 야곱의 하나님, 사라와 리브가의 하나님, 그리고 수많은 다른 인물들 가운데서 분명히 역사하신 하나님을 경배하는 것이다. 근본적으로 예배는 하나님이 행하시고, 지금도 행하시며, 앞으로 행하시리라 약속하신 일에 대해 경배의 방식으로 반응하는 것이다."[20] 니콜라스 월터스토프Nicholas Wolterstorff도 다음과 같이 동의한다. "기독교 예배의 두드러진 특징은 단지 하나님의 본질에 대해서만이 아니라 하나님의 일하심에 집중하는 것인데, 이것을 더욱 구체적으로 말하면 역사적 시간 안에서 발생한 하나님의 일하심을 뜻한다."[21] 역사에 나타난 하나님의 일하심에 대한 반복적 표현은 일반적으로 기독교 예배의 핵심 구성 요소로 받아들여진다.

이러한 교훈은 내러티브 예배를 다른 방식의 예배들과 비교함으로써 가장 분명하게 드러낼 수 있다. 역사에 나타난 하나님의 일하심에 방향성을 두는 예배는 역사적 시대와 동떨어진 하나님을 경험하고자 하고 종종 신적인 경륜과 분리된 하나님을 단정하는 비역사적인 신비주의적 고찰과는 명백히 다른 것이다. 바울의 해석에 나타난 신비주의에 관한 주석을 하는 과정에서 루이스 스미즈Lewis Smedes는 다음과 같이 주장한다. "오래된 동방의 신비주의는 구체적인 역사적 사건들 또는 구체

---

[20] John E. Burkhart, *Worship* (Philadelphia: The Westminster Press, 1982), pp. 17, 31-33.
[21] Nicholas Wolterstorff, "The Remembrance of Things (Not) Past: Philosophical Reflections on Christian Liturgy," in *Christian Philosophy*, ed. Thomas P. Flint (Notre Dame, IN: University of Notre Dame Press, 1990), p. 128. 월터스토프는 기독교 예배에서 기억하는 행위로서의 기념의 부재는 "즉각적인 경험이나 추상적인 신학적 또는 윤리적 측면에서만 하나님을 접근"(p. 142)하는 노력의 결과로 주어진 것으로 볼 수 있다고 주장한다. 그는 임마누엘 칸트가 역사에서 하나님이 실제로 일하실 수 없다는 것과 전통적인 예배는 역사에서 일하시는 하나님을 기억하는 일에 지나치게 경계를 두었기 때문에 시들어 버릴 것이라고 믿었다는 것을 잘 지적한다.

적인 역사적 인물들에 대한 의존을 거의 용인할 수 없었다. 사람들에게 필요로 하는 유일한 것은 역사의 구체적인 것으로부터 도피하고 신적인 생명에 스며드는 것이다 … 신비주의와 역사는 종교의 기초들로서 서로 양립할 수 없었다."22 도날드 블레쉬Donald Bloesch는 비역사적 신비주의를 "창조뿐만 아니라 예수 그리스도 안에서 이미 이루어진 하나님의 역사와 일하심에 집중하는" 묵상 행위와 구분한다. 기도가 "어떻게 우리에게 현재를 살아가게 하고 과거에서 벗어나도록 돕는지"에 대한 권고를 들을 때마다 당신은 시편의 기도 세계에서 떠나고 있다는 것을 명심하라.

이러한 역사에 대한 강조는 또한 단순히 자연과 그 자연의 연간 주기를 따라 경배하는 예배 실천들과 대조된다. 아드리오 쾨닉Adrio König은 고대 이스라엘이 "자연과 연관된" 것으로부터 고대 근동 사회로부터 물려받은 축제들의 달력을 변화시켜서 역사와 연결시켰으며, 그로 인해서 자연의 순환을 축하하는 것에서 역사적 사건들을 축하하는 것으로 변화시켰다고 주장한다. 쾨닉은 이러한 제의적 실천의 변화는 역사에 나타난 그 분의 행위를 기초로 해서 하나님을 이해하기 위한 신학적 노력에 상응하는 것이라고 주장한다.23 기독교인들은 이러한 역사적 지향점을 지닌 예배 방식을 물려받았다. 기독교 예배는 역사에 근거를 둔다. 기독교 예배는 특정한 역사적 사건들에 관여하시는 분으로서 이해되고 지칭되는 하나님에게 드리는 행위다.

---

22   Lewis Smedes, *Union with Christ: A Biblical View of New Life in Christ* (Grand Rapids: Eerdmans, 1983), p. 28 그리고 Donald Bloesch, *The Struggle of Prayer* (San Francisco: Harper and Row, 1980), p. 21. 이 문단에 나타난 신비주의의 한 형태를 묘사하는 "비역사적(ahistorical)"이라는 용어의 중요성을 주목하라. 예배에서 신비의 요소는 하나님의 시들지 않으심을 선명히 의식하는 데 있어서 유익한 것이다. 문제는 신비주의적 요소가 시간 곧 과거, 현재, 그리고 미래에 나타나는 하나님의 일하심을 자각하는데 것에 반할 때 주어진다.

23   Adrio König, *Here Am I: A Christian Reflection on God* (Grand Rapids: Eerdmans, 1982), pp. 124, 171.

기독교 예배에서 하나님의 특별한 행위를 이야기함으로써 기억하는 행위는 2세기와 3세기에 나타난 성찬 기도들에서 가장 선명하게 나타난다. 초기 성찬에 관한 순교자 저스틴Justin Martyr의 기록에 따르면 우리는 다음과 같은 표현을 듣게 된다. "인도자는 … 그분의 탁월한 능력에 대해서 기도와 감사를 올려드리는 것이다."[24] 바람직한 은사에서의 핵심 요소는 역사에 나타난 하나님의 일하심의 폭넓은 범위를 적절하게 잘 묘사할 수 있는 능력이었다. 이후 곧 형식화되고 규정화 된 예배 규범서들에서 성찬에서의 감사 기도는 주로 하나님이 행하신 일들에 대한 폭넓은 표현으로 이루어졌다.

이러한 역사적 전례는 근대의 예배인도자들에게 역사 안에서 행하시는 하나님의 일하심에 대한 내러티브적 묘사를 강조하는 구조에 대한 새로운 이해를 고무시켰다. 곧 구원의 역사를 내러티브로 구성하는 기독교 월력, 초대 교회의 내러티브 방식의 기도를 모방하는 세례와 성찬의 기도들, 또한 창조, 구속, 그리고 성화에서 드러내시는 하나님의 구체적인 일하심을 되새기고 높여드리는 내러티브적 찬송들이 대표적인 예들이다.[25]

이러한 각각의 방법들을 통해서 기독교 예배는 시편에 명백히 나타난 기도의 특정한 방식을 확대시킨다. 우리가 탄식하든지 혹은 찬양하든지 하나님에 관해 성경적 근거를 지닌 이름들이나 비유들을 표현하거나 우리의 하나님이 행하신 특정한 역사적 일하심의 모습들을 지칭함으로써 우리의 기도 대상이신 하나님을 구체적으로 드러낸다. 우리는 하나님을

---

24 Justin Martyr, *First Apology*, par. 67, *St. Justin Martyr: The First and Second Apologies*, trans. Leslie William Barnard, Ancient Christian Writers, vol. 56 (New York: Paulist Press, 1997), p. 71. 또한 Allan Bouley, O.S.B., *From Freedom to Formula: The Evolution of the Eucharistic Prayer from Oral Improvisation to Written Texts* (Washington, D.C.: The Catholic University of America Press, 1981).

25 세례와 성찬 기도들에서의 온전한 기억(anamnesis)의 회복은 최근 예배 개혁에서 가장 중요한 측면으로 부각되었다. 예를 들어, *The Book of Common Worship* (Louisville: Westminster John Knox Press, 1993), pp. 39, 42-43, 69-70, 410을 참고하라.

정확히 규명하고, 명사나 동사의 형태로 정확히 말하며, 그로 인해서 임재 하시고 동시에 일하시는 하나님을 향해 나간다.

3. 찬양과 간구, 감사와 탄식의 조화로운 배합

시편의 기도는 우리에게 찬양과 간구를 어떻게 적절하게 연결시킬 것인지를 가르쳐준다. 패트릭 밀러Patrick Miller는 다음과 같은 신학적 요지를 언급한다. "기도는 하나님의 성품과 부합하는 것을 추구할 때 하나님의 뜻에 일치하게 된다."[26] 따라서 시편 130편의 자비에 대한 요청(여호와 여 내가 깊은 곳에서 주께 부르짖었나이다)은 "사유하심이 주께 있다"(4절)는 주장에 근거하는 것이다. 시편 68편에서 "당신의 능력을 보여 주소서"라고 하나님께 강력하게 간구하는 것은 과거에 이와 유사한 행동을 보여주신 하나님을 향한 찬양으로 이어진다. 시편 68:28은 실제로 시편의 다른 많은 부분들의 논리를 파악해내는데 있어서 중요한 열쇠가 된다. "오 하나님, 주께서 이전에 행하셨던 것처럼 당신의 능력을 우리에게 보여 주소서." 간구는 항상 찬양에 근거한다. 하나님이 앞으로 하실 일에 대한 기도는 과거에 대한 회고로부터 시작한다.

이것은 또한 기독교 예배의 기도와 관련해서 신뢰한 만한 방식을 제공해주었다. 간구들 또는 탄식들이 하나님과 상응하는 성품들을 표현하는 찬양의 맥락에서 주어질 수 있다면 가장 올바르고 적절한 표현이 된다. 브루그만의 말에 따르면 마치 이스라엘이 "하나님의 성품을 근거로 하나님에게 기도하고 하나님 스스로가 말씀하신 자신의 모습에 빗대어 여호와의 모습을 드러내 달라고 주장하는 것"[27]과 같이, 기독교 예배에

---

26 Patrick D. Miller, *They Cried to the Lord*, p. 321.
27 Brueggemann, "The Psalms as Prayer," p. 47.

서의 기도도 밀러의 말에 따라 "하나님의 성품에 근거한 간구"[28]를 할 수 있는 방법들을 추구한다. 이것의 분명한 예는 본(本)기도 형태에서 찾아 볼 수 있다.[29]

본기도는 네 개의 분명한 부분들로 구성된다. 첫째는, 하나님을 대상으로 말하는 것address이고 때로는 하나님에 대한 우리의 호칭을 부가적으로 덧붙여서 표현하는 것embellish이다. 예를 들어 단순히 하나님을 부르는 표현은 "오 하나님"이라고 할 수 있는데, 이러한 표현에 부가적인 수식 어구를 더하게 되면, "오 살아 계신 사랑의 하나님"으로 부르게 된다. 둘째는, 하나님에 관해서 무엇인가를 말하는 것이다. 기도 언어에서 이것은 "속성 내지는 성품"으로 구분된다. 예를 들어 성탄절 식사 자리에서 우리는 "오 살아 계신 사랑의 하나님, 주께서는 자신의 독생자를 우리와 같은 인간의 모습으로 이 땅에 보내신 분이십니다"라고 기도하는 것이다. 셋째는, 하나님에게 우리의 필요를 구하고 나아가 하나님의 직접적인 행동을 요청하면서 기대하는 결과에 대해서 구체적으로 표현하는 것이다. 예를 들어 성탄절 식사 자리에서 우리는 다음과 같이 기도할 수 있다. "이 음식을 축복해 주소서 그로 인하여 하나님의 아들이신 예수님의 빛을 우리가 만나는 모든 사람들에게 전할 수 있는 힘을 얻을 수 있게 해주옵소서." 마지막은 우리 기독교인들이 언제나 예수 그리스도를 통해서 아버지 하나님에게 기도하는 것이다. 우리는 항상 이것 또는 이와 유사한 "우리는 이것을 우리 주 그리스도를 통해서 구하나이

---

[28] Miller, *They Cried to the Lord*, p. 381, n. 44. 장 작크 본 알멘(Jean-Jacques von Allmen)도 다음과 같이 같은 주장을 한다. "우리의 기도가 예수 그리스도 안에 나타난 하나님 뜻에 관해 알고 있는 것에 따라서 통제되어야 한다는 것이 공동 기도에 담긴 하나의 신학적 의미다." "Theological Meaning of Common Prayer," Studia Liturgica 10 (1974-46): 129.

[29] 이러한 기도 형태의 역사에 관해서는 A Corrêa, *The Durhman Collectar*, Henry Bradshaw Society, vol. 107 (London, 1991)의 탁월한 서론 부분과 *The Collect in Angelican Liturgy: Texts and Sources, 1549-1989* (Collegeville, MN: Liturgical Press, 1994)를 참고하라. 그리고 또한 Louis Weil, *Gathered to Pray* (Cambridge, MA: Cowley Publications, 1986), pp. 27-58을 참고하라.

다"와 같은 중재의 표현mediation을 "아멘"으로 끝내는 우리의 기도 앞에 덧붙인다.

본기도 형태는 라틴어의 시적 특징과 밀접하게 연결되어 있어서 영어권 기독교인들을 위해 적절하게 선택할 수 있는 형태가 되지 못할 수도 있다. 하지만 그것을 단지 오래된 것이라는 근거로 무시하는 것은 바람직하지 않다. 실제로 본기도의 기본 방식은 대화체 언어의 한 부분이다. 최근에 필자의 친구는 다음과 같은 말을 들었다. "론, 너는 기술과 관련한 일에 탁월해. 그러니 이 문서를 스캔해서 누군가에게 이메일로 보내줄 수 있겠어? 그러면 우리의 모임을 성공적으로 준비할 수 있을 것 같아." 본기도의 가장 핵심적인 부분들을 바로 이러한 일상적인 질문에서 발견할 수 있다.[30]

따라서 조화로움의 교훈은 마땅히 유지되어야 한다. 시편의 기도들에서와 같이 이미 주어진 기도에 나타난 중요하고 결정적인 측면은 고백된 특정한 간구와 함께 그 안에서 하나님을 축복하는 방식 두 가지 모두를 포함한다. 하나님을 부르는 호칭을 따라 뒤에 주어지는 본기도의 중요한 부분은 마치 하나님의 성품을 구체적으로 보여주는 시편의 특정한 표현들처럼 찬양과 간구의 토대를 제공하는데 도움을 준다.

> "시편에서는 단지 말의 흐름보다는 의미의 흐름이 시적으로 주어진다."
>
> 보노(Bono), In Steve Stockman, *Walk On: The Spiritual Journey of U2*

동시에, 어떤 것도 세부적으로 명확하고 정확하게 규명할 수 있는 것이 없다. 찬양과 간구 사이의 조합은 그것들 사이에 언제나 분명한 균형

---

30   이 예를 보여준 클레이 슈밑(Clay Schmit)과 론 리인스트라(Ron Rienstra)에게 감사한다.

이 있어야 한다는 것을 뜻하지 않는다. 오히려 시편에서는 마치 일상의 삶처럼 우리의 기도들이 찬양과 탄식 그리고 감사와 중보 사이를 마치 밀물과 썰물처럼 오가는 것으로 보여준다. 스티븐 체이스Steven Chase는 이러한 기도의 역동성을 기도에 대한 자신의 세부적인 연구를 다룬 책에서 다음과 같이 자세히 언급한다.

> 기도에서의 대화는 예를 들어, 경배가 하나님과 관련해서 우리가 누구인지 그리고 세상에 관련해서 하나님이 누구이신지에 대한 고백을 암시하고 있다는 것을 깨달을 때 새로운 의미와 영역을 받아들이며 확대된다. 이와 같은 방식으로 우리가 하나님을 찬양하는 이유가 곧 다른 사람들을 위한 간구가 될 수 있다는 것을 알기 시작할 때 찬양이 중보와 함께 대화에 포함된다. 간구 기도는 우리가 간구하는 것들이 응답될 것이라는 믿음을 갖고 그러한 믿음 안에서 감사를 표현할 때 결국 감사의 기도가 된다. 감사 기도는 하나님의 선물들이 우리의 필요에 따라 정확하게 주어진다는 이해를 갖게 될 때 간구 기도가 된다. 시편들에 나타난 것에서 알 수 있듯이 경배와 찬양은 탄식과 매우 밀접한 짝인 것처럼 보인다. 그리고 탄식이 그 고통의 문제를 경배로 되돌릴 때 우리는 말로 이루어진 기도가 단지 음률로 변하는 것뿐만 아니라 대화의 순환이 연속적으로 진행되는 것을 이해하기 시작한다.[31]

우리가 시편과 함께 우리들의 공동 예배 생활을 숙고할 때 참여하게 되는 하나의 역동성은 이러한 기도 방식들 가운데서 나타나는 다양한 모습들과 각각의 기도 방식이 서로 다른 방식들에게 영향을 주며 형성해가는 심오한 방법들이다.

---

31 Steven Chase, *The Tree of Life: Models of Christian Prayer* (Grand Rapids: Baker Academic, 2005), p. 95.

4. 개인의 화법과 공동의 화법

시편들은 공동 기도와 개인 기도에서 동시에 존재하는 차이와 통합에 대해서 우리에게 가르쳐준다. 균형 잡힌 기도 생활은 "개인 기도"(내가 기도한다) 또는 "공동 기도"(우리가 기도한다) 어느 하나만이 아니라 두 가지 모두를 포함한다. 히브리 시편은 개인과 공동의 탄식, 개인적인 찬양 고백과 공동체의 찬양을 모두 포함한다. 개인 기도와 공동 기도의 두 가지 분명한 장르는 어떤 필요도 지나치게 개인적인 것이 아니고 또한 너무 범위가 넓어서 함께 모여 찬양할 수 없다고 할 만한 이유도 없다는 것을 가르쳐준다.

좀 더 심도 있게 말하면, 시편들은 우리에게 일인칭 화자의 시점에서 말하는 기도조차도 언제나 개인적인 고백을 뜻하는 것이 아니라는 것을 가르쳐준다. "나-시편들"I-Psalms은 종종 홀로 거하는 시인의 감성만을 표현하는 것이 아니라 이스라엘 모든 민족의 마음을 표현하는 것이기도 하다(예를 들어, 시 3:9, 25:22, 130:8). 이것들은 이스라엘 신앙의 상징이자 개인주의로 특징화 된 다른 문화에 대한 도전을 반영하는 공동체의 특성을 표현하는 것이다.

이와 함께 기독교의 기도는 개인적일 뿐만 아니라 공동체적이기도 한데, 각각 그 나름대로의 특징을 지니고 있다. 예배 기도는 공동의 장소에서 고백되는 개인의 기도가 아니다. 그것은 질적으로 다른 것이다.[32] 공동 기도는 회중들의 공동체적 특징-곧 전체로서의 특성-을 강조한다. 개인 기도와 같이 공동 기도는 특별히 개인들의 특별한 기원을 구체적으로 표현하지만 그러한 관심사들의 공동체적인 측면을 더욱 강조한다.[33] 공동 기도는 각 개인 기독교인들에게 다른 사람을 대신해서 그리

---

[32] 이와 관련해서는 다음을 참고 하라. Paul F. Bradshaw, *Two Ways of Praying* (Nashville: Abingdon Press, 1995), pp. 18, 40-41과 Weil, Gathered to Pray, pp. 2-20.

[33] 예를 들어, 최근 이혼한 기독교인의 개인 기도와 그 사람이 속한 공동체의 공동 기도는

고 다른 사람의 언어로 기도하는 방법들에 대해서 생각할 수 있도록 도전해준다. 그리고 또한 공동 기도는 항상 넓은 앵글을 지닌 렌즈를 통해서 세상을 바라볼 수 있도록 해준다. 좀 더 이상적으로 말하면 모든 종류의 사람들, 인종들, 그리고 문화들이 지닌 여러 필요들, 소망들, 그리고 두려움들이 공동 기도를 통해서 함께 연합되는 것이다.[34]

이러한 방대한 비전이 부분적으로는 시편들을 직접 사용하는 것을 통해서 현실화된다. 이 언어의 음률들은 우리가 그것들을 오늘날의 기도로 사용할 때 특별히 그 시편들의 오래된 시간을 초월한 느낌들로 인해서 우리를 도전한다. 시편은 마치 언어의 성전과도 같다. 시편을 기도하는 것은 우리의 내적인 지평을 넓혀서 지난 삼천 년 이전부터 이러한 언어들로 기도해 온 자들과 유대감을 가질 수 있도록 이어주기까지 한다.

신학자 데이비드 포드David Ford는 매우 탁월한 방식으로 다음과 같이 이러한 주제를 발전시켰다.

> 시편의 '나'라는 표현은 오랜 역사를 통해 오늘날의 세상에 이르기까지 각각의 개인들과 그룹들에 속한 전체 회중들을 뜻한다. 이들 모두가 여기에 표현된 '나'라는 말에 포함된다. 많은 이야기들, 다양한 상황들, 고통들, 축복들, 기쁨들, 그리고 죽음들이 일인칭 화자의 표현으로 시편에서 읽히고 또 기도로 표현되었다. 그것은 상당히 개방적이고 포괄적인 '나'라는 뜻을 담고 있다 … 많은 수의 다양한 사람들에게 자신들을 규정할 수 있도록 허락해주는 것이 좋은 예배 규범서들이 지닌 특징이다. 예배에서의 '나'라는 표현은 자아의 개념을 뜻한다... 이것은 단지 같은 예배 또는 시편을 통해서 예

함께 같은 제목을 언급할 수 있다. 하지만 개인 기도는 이혼 경험에서 주어지는 개인의 고통에 집중하게 되는 반면, 공동 기도는 그 경험이 공동체의 평화 경험에 상처를 주는 방식에 대해서 더욱 집중하게 될 것이다.

[34] 공동 기도는 사역자들의 개인 기도들을 단순히 한데 모아 통합시키는 것 이상의 의미를 지녀야 한다. William Willimon, *Preaching and Leading Worship* (Philadelphia: The Westminster Press, 1984), pp. 39-50 참고하라.

배하는 다른 자아들 그리고 그룹들과 분리된 것으로 자신을 이해하는 것을 뜻하는 것이 아니다. 시편을 노래함으로써 시편에 거하는 많은 사람들 가운데 하나로 자신을 보는 것은 다른 사람들이 자신과 어떻게 관계를 맺고 있는지에 대해서 숙고할 수 있도록 도움을 준다. 시편을 노래함으로써 자신의 정체성을 받아들이고 표현하는 방식으로서 다른 사람들의 얼굴을 (직접 또는 상상으로) 바라보는 것은 우상들에 빠지지 않고, 환대하는 자아를 따라 걸어온 그 길을 통해 예배하는 자아로 인도할 수 있는데, 이 자아는 하나님의 얼굴과 다른 사람들의 얼굴을 향해 살아가는 것을 가장 중요한 것으로 간주한다.[35]

포드는 이러한 주제를 하나님의 구원과 관련한 폭넓고 즐거운 비전을 따라 음악적 용어를 사용해서 잘 다룬다. 특별히 그는 구원받은 사람을 "노래하는 자아"singing self로 표현하기도 한다. 포드의 작품은 시편들이 어떻게 기독교 예배, 교리, 그리고 생활의 DNA의 한 부분이 되는지를 구체적으로 제시해주기도 한다. 이러한 시편들은 기록된 지 3000년이 지난 지금도 여전히 우리에게 영감을 주고 중요한 신학적 의미들을 가져다준다.

---

[35] David F. Ford, *Self and Salvation: Being Transformed* (New York: Cambridge University Press, 1999), p. 127.

"시편들을 노래하는 것에 관해서. 회중 가운데서 시편을 함께 노래하고 또한 가족 단위로도 시편을 노래함으로써 하나님을 찬양하는 것은 기독교인들의 의무다. 시편을 노래할 때 우리의 음성이 조율되고 엄중하게 정리된다. 하지만 가장 궁극적인 관심은 마음으로부터 이해하고 은혜를 따라 노래함으로써 그 멜로디를 통해 주님을 높여드리는 것이다."

웨스트민스터 디렉토리(*Directory for the Public Worship of God*), Westminster Assembly, 164

5. 기도의 구체성과 보편성

시편들은 단지 특정한 하나의 경우에만 해당하는 사건 중심의 언어뿐만 아니라 다양한 상황들에 적용될 수 있는 일반적이고 열려진 비유적 언어 표현들도 제공해준다. 클라우스 웨스터만Claus Westermann의 표현에 따르면 시편에는 특정한 측면의 "서술적인"declarative 것과 함께 일반적인 측면의 "묘사적인"descriptive 찬양이 같이 존재하는데, 이들은 각각 특정한 사건 중심의 경배 노래들과 일반적으로 폭넓게 사용되는 찬가들을 뜻한다. 시편 30편에서 우리는 일반적인 묘사적 찬양("여호와를 찬양하라", 4,5절)과 함께 특정한 서술적 찬양 ("주께서 나를 끌어내사", 1-3절, 6-9절)도 발견한다. 우리는 또한 시편 83편에서 시편 기자가 기도하는 공동의 탄식에서 "주의 원수들이 어떻게 떠드는지 보소서"라는 일반적인 표현 뿐만 아니라, 좀 더 세부적으로 "그들이 한 마음으로 서로 간계를 꾀하며 … 에돔의 장막과 이스마엘인과 모압과 하갈인이며, 블레셋과 두로 사람이며 …"와 같은 표현도 찾아볼 수 있다. 모든 상황들에서 반복적으로 사용할 수 있는 완벽한 표현으로서의 일반적인 언어는 예배 기도에서

끊임없이 쇄신하는 것으로부터 자유할 수 있도록 우리를 구해주는 친숙하고 신뢰할 만한 언어와 구절들의 가치를 가르쳐준다. 구체적인 상황을 드러내는 언어는 하나님을 향한 우리의 정직하고 세부적인 표현이 얼마나 가치 없이 나타날 수 있는지를 가르쳐준다. 브루그만은 이와 관련해서 다음과 같이 말한다.

> 이스라엘의 기도는 비록 스타일이 분명하고 그로 인해서 어느 정도 예측할 수 있지만 늘 일정하지 않고, 판에 박힌 표현을 사용하지 않으며, 동일한 것을 반복하지도 않는다. 매우 대담한 표현을 사용하고 과감하기까지 하며 새로운 모험을 드러내는 특징을 지닌다. 이스라엘의 기도는 참으로 우리를 사회적 가능성, 문화의 허용성, 종교적 수용성, 그리고 상상력의 실험의 극단으로까지 몰아붙이는 한계를 지닌 언어다.[36]

일반 언어의 신뢰할 만한 방식들은 구체적인 상황들에 응하는 예배의 과감한 반응 방식들의 기초가 된다. 재즈 음악에서와 마찬가지로 고정적인 방식과 그것을 즉흥적으로 표현하는 방식은 서로 경쟁하는 대상이 아니다. 오히려 기본적인 방식들은 즉흥적 표현을 위해 불가피한 기초가 된다.

이와 같이 잘 드러낸 축제로서의 기독교 예배는 일반적인 언어와 구체적인 언어 사이의 지혜로운 균형을 잘 보여준다. 우리는 우리의 마음에 잘 각인되고 우리의 영적 뼈 안에 잘 스며드는 사려 깊고 참된 표현들을 사용한다. 예를 들면 다음과 같다. "너희 마음을 주께 올려 드려라," "오라, 와서 주께 예배 드리고 경배드리자," "우리의 입을 여시고, 우리의 입술이 주를 찬양하게 하소서," "우리의 도움이 천지를 지으신 주, 우리 주님의 이름에 있습니다," "우리가 찬양의 제사를 드리나이다."

36　Brueggemann, "The Psalms as Prayer," p. 50.

우리는 또한 구체적인 언어도 사용한다. 중보 기도들은 특정한 사람들과 사건의 구체적인 즐거움과 문제를 직접 언어로 표현한다. 설교들은 기독교적 삶을 위한 구체적인 적용들로 끝맺는다.

우리의 예배는 이 둘 중 어느 하나의 언어만 부족해도 온전하지 못하다. 일반적인 언어와 표현들이 없으면 우리가 지닌 신앙의 성경적 역사적 뿌리로부터 단절된다. 구체적인 사건 중심의 언어가 없으면 우리의 예배는 특정한 시간과 공간에서 제외된 모습으로 남게 된다.37

이러한 구체성에 대한 선호는 또한 예배 기도를 분명한 정치적 행위로 만들어 주기도 한다. 시편들과 기독교 예배에서 말하는 세상에서의 풍요로운 삶은 우리가 예배를 위해 들어갈 때 단지 문 밖에 남겨 두는 것이 아니다. 전혀 그렇지 않다. 예배는 세상에서의 삶과 온전히 통합되어야 한다. 예배와 정의는 서로 상반된 관심사가 아니다.38 우리의 찬양과 감사는 억압받는 자들을 향한 하나님의 선하심을 올바르게 드러낸다 (시 146). 하나님을 향한 우리의 간구는 특별히 정의가 촉진되고 불의가 짓밟힐 것을 요청한다.39

브루그만은 시편 2편과 149편과 같은 시편들은 정치적인 파생 효과로 인해서 아마도 "우리의 좀 더 안정적인 체제에 속한 예배에서 부르기

---

37 교회 역사를 통해서 가장 치명적인 예배의 질병들 가운데 하나는 지나치게 진부하고 일반적인 언어만을 과도하게 사용하는 것이다. 클라우스 웨스터만이 지적한 것처럼 계몽주의 시대의 찬양들은 루터의 찬양들이 구체적인 상황들을 묘사하는 것들인 반면에 지나치게 일반적인 서술적 표현들이 가득하다 (*Praise of God* [Richmond, VA: John Knox Press, 1965], pp. 32-33, n. 20.). 일부 분명한 차이는 루터의 언어에 담긴 직접적인 표현들이다. 또한 찬양이 아브라함, 이삭, 야곱의 하나님, 우리 주 예수 그리스도의 아버지를 향하고 있다는 구체적인 표현에 관심을 갖고 있는 것도 다른 점이다. 기독교 예배는 하나님께서 창조를 통해, 예수 그리스도를 통해, 그리고 성령의 지속적인 임재를 통해서 일하시는 구체적인 내용들을 언급해야 한다.

38 Nicholas Wolterstorff, "Justice as a Condition of Authentic Liturgy," *Theology Today* 48 (1991): 6-21.

39 C. S. Lewis, *Reflections on the Psalms* (New York: Harcourt Brace Jovanovich, 1958), pp. 9-12에 나오는 통찰력 있는 설명을 참고하라. 루이스의 표현에 따르면, "그리스도인들은 하나님에게 정의 대신 자비를 구한다. 하지만 시편 기자들은 하나님에게 불의대신 정의를 구한다"(p. 12). 하는 것은

에는 다소 위험할 수 있다"⁴⁰고 주장했다. 이러한 경고는 주어진 지금의 현실 체제에 만족하거나 예배당 입구에서 우리의 상처와 두려움을 내어 두는 것에 편안함을 느끼는 문안한 예배를 추구하는 자들에게 예언자적 비평으로 주어진다.

6. 감정적인 참여와 범위

시편들은 인간 감정의 모든 범위 곧 낙담한 슬픔(시 88)에서 황홀한 기쁨(시 47 또는 48), 절망적인 죄책감(시 51)에서 깊은 감사(시 136)에 이르기까지 모든 감정들을 담아낸다. 칼빈의 유명한 표현에 따르면, 시편들은 "영혼의 해부"the anatomy of the soul라 불린다.⁴¹ 시편들은 언약의 하나님과 함께 인간의 어떤 감정도 기도 가운데서 자리를 찾을 수 없는 것은 없다는 것을 가르쳐준다.

시편들에 나타난 이러한 감정의 범위는 예배에서도 허용되는 것들이다. 엘렌 데이비스Ellen Davis가 주목하듯이 시편들은 "우리 가운데 대부분이 하나님과 대화할 때 하나님 앞에서 제거해야 할 필요가 있다고 생각하지만 결국 하나님께서 우리로부터 듣고자 하시는 감정들이나 생각들을 이끌어 내준다."⁴² 시편들은 단지 겸손한 감사뿐만 아니라 깊은 의심과 절망도 표현한다.

확실히 시편에 나타난 감정의 범위는 또한 내적인 불협화음 곧 충돌

---

40 *The Psalms and the Life of Faith*, pp. 217-34에 나오는 시편 9편과 10편에 대한 그의 연구를 같이 참고하라.
41 Calvin, *Commentary on the Book of Psalms*, vol. 1(Grand Rapids: Eerdmans, 1948-49), p. xxxvii; 또한 Howard Neil Wallace, *Words to God, Word from God: The Psalms in the Prayer and Preaching of the Church* (Burlington, VT: Ashgate Publishing, 2005)m p. 37을 참고할 것.
42 Ellen F. Davis, *Getting Involved with God: Rediscovering the Old Testament* (Cambridge, MA: Cowley Publications, 2001), p. 5.

을 초래할 수 있다. 시편들이 전해주는 감정들을 모든 예배 공동체가 경험해온 것은 아니다. 하지만 비록 우리가 주어진 시편 본문에서 심오한 황홀경이나 깊은 슬픔을 느끼지 않을 때라도 시편은 우리를 형성하는 역할을 한다. 우리로 하여금 하나님과의 관계에서 특정한 행동들을 실천하도록 해준다. 데이비스가 잘 설명하듯이 "시편들은 우리의 감정들을 부정하지 않으면서도 동시에 그것들에 대해서 가르쳐준다. 하나님과의 구체적인 경험을 이끌어내고 동시에 그러한 경험을 더욱 확대시켜준다."[43]

지난 2000년 동안 이러한 시편에 나타난 감정의 범위는 기독교 찬송 작가들, 기도서 편집자들, 그리고 예배 인도자들을 도전하고 영감을 주면서 하나님 앞에서 인간의 모든 감정을 잘 드러내는 기도 언어를 포함한 예배의 언어를 발전시키게 해주었다. 역사적으로 시편들로부터 주어진 기도에 직접적으로 상응해서 기록된 기도의 예들이 상당수 있다.[44]

최근에는 일반적으로 간과되었던 기도 방식 가운데 하나인 탄식 기도들의 회복에 관심을 모으고 있다.[45] 유명한 기독교 음악 작곡가인 마이

---

[43] Ellen F. Davis, *Wondrous Depth: Preaching the Old Testament* (Louisville: Westminster John Knox Press, 2005), p. 21. 이와 함께, 롤프 제이콥슨(Rolf Jacobson)은 시편들을 기도할 때 우리가 경험하는 인 식론적 충돌/불일치는 기도생활에서 우리가 자라가는 구체적인 방식이 될 수 있다고 주장한다 ("Burning Our Lamps with Borrowed Oil: The Liturgical Use of the Psalms and the Life of Faith," in Stephen Breck Reid., *Psalms and Practice: Worship, Virtue, and Authority* [Collegeville, MN: Liturgical Press, 2001], pp. 90-98).

[44] 예를 들어 다음을 참고 하라. I. D. MacFalane, "Religious Verse in French Neo-Latin Poetry," in *Humanism and Reform: The Church in Europe, England, and Scotland, 1400-1643*, ed. James Kirk (Oxford: Blackwell, 1991); Rikvah Zim, *English Metrical Psalms: Poetry as Praise and Prayer*, 1535-1601(Cambridge, UK: Cambridge University Press, 1987).

[45] 이 주제에 대한 폭넓은 그리고 최근에 주어지고 있는 참고 문헌들에 대해서는 다음을 참고하라. Kathleen D. Billman and Daniel L. Migliore, *Rachel's Cry: Prayer of Lament and Rebirth of Hope* (Cleveland: United Church Press, 1999); Sally A Brown and Patrick D. Miller, eds., *Lament: Reclaiming Practices in Pulpit, Pew, and Public Square* (Louisville: Westminster John Knox Press, 2005); Michael Jinkins, *In The House of the*

클 카드Michael Card는 다음과 같이 고찰한다. "성경의 다른 곳에서는 쉽게 찾아보기 어려운 [다윗의] 탄식 시편들을 통해서 다윗은 모든 것 특별히 고통을 이용하시고 활용하시는 하나님을 드러낸다. 예배와 관련한 모든 참된 노래들은 고난의 황량함 가운데서 태어난다." 카드는 또한 탄식의 회복에 대해서 다음과 같이 새롭게 요청한다. "우리가 [예수님의] 모습을 따르는 것이 진실이라면 우리는 또한 잃어버린 예수님의 언어를 배워야 한다. 우리가 하나님을 저버리지 않고 살아가는 법을 배워야 한다면 탄식의 언어를 통해서 주어지는 최선의 수단 또한 우리의 것이 되도록 해야 한다."[46]

> "시편의 영원한 가치가 특별히 여기에 있다. 곧 시편은 언제나 그 시작부터 그 유일하신 신비의 구현을 취하지만 이러한 축복들을 감사하면서 더욱 풍성하고 온전한 구현을 위한 강력한 기대를 표현하는 기도다."
>
> Louis Bouyer, *Liturgical Piety*

카드Card가 (브루그만과 다른 이들의 저술을 반영하며) 설명하듯이 탄식은 믿음의 행위로 실천될 때 강력한 치유 경험이 될 수 있다. 하지만 이보다 더 중요한 것은 탄식시의 분명한 구조가 우리들을 하나님으로 충만한 기독교적 삶의 방식으로 형성시켜 준다는 것이다. 탄식은 분명히 참혹

Lord: Inhabiting the Psalms of Lament (Collegeville, MN: Liturgical Press, 1998); 그리고 J. Frank Henderson, *Liturgies of Lament* (Chicago: Liturgy Training Publications, 1994); Carl J. Bosma, "A Close Reading of Psalm 13: Daring to Ask the Hard Questions," in Arie C. Leder, ed., *Reading and Hearing the Word: From Text to Sermon* (Grand Rapids: CRC Publications, 1998), pp. 125-60. 또한 Witvliet, *Worship Seeking Understanding* (Grand Rapids: Baker Academic, 2003) 2장을 참고하라.

46   Michael Card, *A Sacred Sorrow: Reaching Out to God in the Lost Language of Lament* (Colorado Springs: NavPress, 2005), pp. 63, 138.

한 인간의 조건에 대한 부르짖음으로 시작한다. 이것은 각자 경험하는 비극의 고통에 대한 부르짖음이고 사회의 불의에 대한 통곡이다. 하지만 탄식은 거기에 머무르지 않는다. 인간의 고통과 괴로움을 드러낸 후 탄식은 우리를 위한 하나님의 능력 있는 역사를 드러낸다. 고통과 갈등의 상황에 직면해서 이러한 하나님의 역사를 기억하는 것은 하나님의 신실하심과 사랑에 대한 찬양과 감사로 우리를 이끈다. 탄식은 우리의 고통에 언어를 가져다주지만 하나님의 능력에 의해서 그러한 고통에서 우리를 건져 내기도 한다. 탄식은 우리가 하나님에게 속해 있고, 하나님의 돌보심이 지속적으로 우리 가운데 있고, 우리를 보호하시며, 하나님의 정의가 온전한 때가 이르면 회복될 것이라고 가르쳐주는 위대한 소망의 기도다. 우리의 일상생활의 모습은 갈등에서 찬양으로, 고통에서 하나님의 신실하신 선하심을 기억하는 것으로, 그리고 불의에서 하나님의 위대하심을 따라 경배하게 되는 모습으로 전환하는 방식을 지닌다.

7. 기독교 언어에서의 이미지와 시적 요소

예배 기도는 생명 있는 상상력의 행위다. "교회는 새로운 것을 불러일으키고, 만들어내며, 제안하고 궁극적으로 그러한 것들을 구성하지만 반면에 모든 닫힌 의미를 거부하는 폭넓은 비유적 표현들을 언어로 담아낸다"고 브루그만은 말한다. 그는 또한 다음과 같이 말한다. "찬양은 마치 성례가 기술이 아닌 것처럼 단순한 메모와는 전혀 다른 것이다. 메모는 축소하고, 최소화하고, 일상화시키며, 통제하기를 추구하지만 찬양 곧 노래로 표현되는 시는 경외, 경배, 그리고 놀람의 방식으로 대상들을 열어 둔다."[47] 시편들을 기도하는 것은 생생하고 역동적인 상상력을 요

---

47 Brueggemann, "Praise and the Psalm: A Politics of Glad Abandonment," In *Psalms and the Life of Faith*, p. 125; 또한 같은 책의 113, 119-21 페이지를 참고하라.

구하는데, 이러한 점은 북미에서 시편을 예배에서 기도하는 일을 완고한 반문화적 행위로 만들어준다.

시편들은 우리에게 기도와 설교에서 사용할 수 있는 이미지들 또는 비유들을 위한 온전한 전시관을 제공해준다. 그 표현들은 다양한 움직임을 만들어내는 물들, 조명해주는 빛, 천상의 존재들이 보여주는 견고한 움직임들을 포함한 자연의 상징들에 관한 새로운 활용을 근거로 한다. 생명력 넘치는 시적 표현들을 통해서 시편들은 하나님을 찬양하는 경계를 넘어선 자유에 영감을 불어넣어 준다. 시편들은 하나님을 찬양하는 순전한 즐거움이 울려 퍼지게 한다.[48] 시편들은 나무들이 손뼉을 치고, 고래들과 하마들이 찬양하며, 모든 피조물들이 하나님을 향해 아름다운 조화를 이루며 어우러지는 세상을 묘사한다. 시편들은 게일 람쇼Gail Ramshaw의 말에 따르면 "성경적 형상들에 대한 입문일 뿐만 아니라 마치 백과사전과도 같은 것이다."[49]

이러한 전례들을 기초로 해서, 기독교 예배자들 역시 하나님을 찬양하기 위한 다양하고 풍성한 방식들을 자유롭게 개발해왔다. 자유로운 즐거움의 표현은 19세기 아프리칸 아메리칸 예배자들의 열광적인 외침들과 헨델의 장엄한 찬양 가운데 할렐루야의 마지막 부분에서 잘 드러난다. 거대한 고딕 양식의 성당들에 나타난 선명한 창문의 그림들과 한적한 멕시코 순례지역들에 있는 화려한 직물들은 하나님의 창조 능력의 다양성과 놀라움을 표현한다. 케냐의 가톨릭 교인들이 보여주는 화려한 회중 봉헌 댄스와 대형 장로교회의 엄중한 봉헌 방식은 헌신된 신앙과

시편에 나타난 비유와 이미지들에 대해서는 특별히 다음의 자료들을 참고하라. Brown, *Seeing the Psalms* 그리고 Alec Basson, *Divine Metaphors in Selected Hebrew Psalms of Lamentation* (Tübingen: Mohr Siebeck, 2006).

48   시편 찬양에 나타난 즐거움을 발견하는 유쾌한 설명에 대해서는 C. S. Lewis, *Reflections on the Psalms*, pp. 45-52, 83, 95-97을 참고하라.

49   Gail Ramshaw, *Treasures Old and New: Images in the Lectionary* (Minneapolis: Fortress Press, 2002) 또한 Brown, *Seeing the Psalms*를 참고하라.

예배의 표현 방식이 얼마나 다양한지를 잘 보여준다. 시편들이 보여주는 예를 따라서 기독교 예배의 기도는 하나님을 찬양하고 간구하는 내용을 담아낼 때 생명력 있고, 열정적이고, 직접적이며, 강력한 특징을 드러내야 한다.

> "나는 시편에 나오는 '나'의 능력을 새롭게 이해하게 되었다. 그것은 단지 작은 대명사에 불과하지만 여러 의미들을 지니고 있는 것이다. 그것은 기도의 모델들로서 시편들이 지닌 견고한 능력에 있어서 핵심을 차지한다. 내가 시편을 읽거나 기도할 때, 거기서 나오는 '나'라는 표현은 나 자신이 된다.… 이와 동시에 시편들은 오래된 것들이고, 유대인들과 기독교인들 모두 이 언어들을 사용하기 때문에, 이 기도들은 모든 민족들을 하나의 공동체가 되게 해주며 나로 하여금 나 자신만이 의심하고, 두려워하고, 불안해하고, 화내고, 분노하고, 감사하고, 황홀경에 빠지는 감정을 경험하는 유일한 사람이 아니라는 것을 확신시켜 준다. '나'라는 표현은 다른 말로 하면 '우리'인데, 수많은 사람들이 서로 다른 수많은 언어들로 이전에 이와 같이 기도했다.
>
> 데브라 리인스트라(Debra Rienstra), *So Much More: An Invitation to Christian Spirituality*

적어도 이러한 일곱 가지 예증적인 방법들을 따라서 나타난 시편의 기도 방식들은 기독교의 찬양과 탄식을 구성해왔고 또 계속해서 그렇게 하고 있다. 따라서 각각의 시편에 관해서 물어볼 수 있는 아래의 일곱 가지 기본적인 질문들을 생각해보라.

   1. 이 시편에서 화자는 누구인가? 그 대상은 누구인가? 시편의 내용이 전개되는 과정에서 화자의 변화가 있는가?

2. 이 시편은 하나님을 어떻게 규정하는가? 어떤 비유나 이름들을 사용하고 있는가? 하나님이 주도적으로 행하시는 일들은 무엇인가?
3. 이 시편이 (찬양, 감사, 간구, 탄식 가운데서) 드러내는 주된 모습은 무엇인가? 그러한 모습들이 서로 어떻게 연결되고 관련을 맺고 있는가?
4. 이 시편이 표현하고 있는 것은 개인 기도인가 아니면 공동 기도인가?
5. 이 시편은 구체적인 언어를 사용하는가 아니면 일반적인 언어를 사용하는가?
6. 이 시편이 드러내는 감정은 무엇인가?
7. 이 시편의 본문에서 특별히 강조되고 도전적으로 주어지고 있는 시적 특징들은 무엇인가?

그리고 시편들이 많은 부분에서 예배의 실천에 기반을 두고 있기 때문에 이러한 질문들은 기독교 공동체의 예배 실천을 평가하는데 유익한 기준으로도 함께 사용될 수 있다. 당신이 속한 회중의 예배 위원회에서 다음과 같은 질문들을 함께 고려해보라.

1. 우리의 예배는 하나님을 향한 우리의 언어와 함께 하나님이 우리에게 전하시는 언어를 모두 잘 담아내고 있는가? 예배자들이 그러한 언어 표현들을 잘 경험하고 있는가?
2. 우리는 시편들이 사용하는 이미지와 일하심의 아름다움과 폭넓은 범위를 통해서 하나님에 대해서 표현하는가?
3. 우리는 우리의 삶의 상황에 부합하고 하나님의 신실하심에 대한 고백을 드러내는 방식으로 찬양과 간구 그리고 탄식과 감사를 연결시키고 있는가?
4. 우리는 예배에서 전적으로 개인적이면서도 동시에 깊이 공동체적인 언어를 사용하면서 회중에 속한 예배자들과 모든 다른 시간과 장소에 있는 믿음의 지체들과 적절하게 연결시키고 있는가?

5. 우리는 예배에서 구체적이고 세부적인 언어와 함께 시간과 장소를 초월해서 적용 가능한 언어도 같이 잘 사용하고 있는가?
6. 우리는 하나님 앞에서 인간의 모든 감정을 폭넓게 잘 표현하고 있는가?
7. 우리의 예배는 시적이고 아름다운 측면을 지니고 있는가?

이러한 측면에 관심을 갖고 집중하게 되면 시편들이 예배 기도를 위해 지속적으로 좋은 인도자의 역할을 해줄 수 있을 것이다. 그리고 시편들이 직접 예배 안에서 역할을 수행할 때 우리는 이러한 기본적인 측면들을 선명히 드러내는 방식들로 시편들을 제시해야 한다.

THE BIBLICAL PSALMS IN CHRISTIAN WORSHIP

간주곡
(Interlude)

루터와 칼빈의 종교 개혁 시대의 증언들

마틴 루터(Martin Luther, 1483-1546)

　많은 교부들이 성경의 다른 어떤 책들보다 시편을 사랑했고 찬양했다. 비록 시편이 그 자체로 시편 저자들에게 충분한 작품으로서의 의미를 지니고 있지만, 우리는 우리 나름의 찬양과 감사를 표현해야 한다. 지난 시간 동안 우리의 주된 관심사는 수많은 성인전들, 순교자들의 수난기들(성인들의 삶과 고난을 담고 있는 내용들), 교화 서적들, 그리고 도덕적 교훈들을 담고 있는 이야기들에 집중해왔다. 이러한 내용들이 활발하게 전해지는 동안 시편은 단지 책장 위에 올려 두고 관심에서 멀어졌으며 이러한 간과를 통해서 단 하나의 시편도 제대로 이해되지 못했다. 하지만 시편은 달콤하고 향긋한 향기를 계속해서 퍼지게 했고 모든 경건한 사람들이 시편의 낯선 표현들을 접할 때마다 힘을 얻고 격려를 받았으며 계속해서 그것을 사랑하게 되었다. 내가 볼 때 지금까지 기록된 그리고 앞으로 기록될 어떤 도덕적 이야기들이나 성인전들도 시편만큼 고귀한 것은 없을 것이다. 그리고 모든 교화서들, 성인전들, 또는 도덕적 이야기들 가운데서 최고의 것을 선택해야 하거나 그런 이야기들을 가장 최선의 모양으로 조합해서 새롭게 구성한다 해도 나의 선택은 우리에게 지금 주어진 시편을 택하는 것이다.

  시편에서 우리는 이런 저런 성인들이 한 일이 아니라, 모든 성인들 가운데 최고의 성인이 행한 일과 모든 성인들이 지금도 행하고 있는 일을 발견한다. 곧 그들이 하나님을 향해, 그들의 동료들을 향해, 그들의 적들을 향해서 보이는 태도와 함께 그들의 삶의 방식 그리고 다양한 위험들과 고난들에 직면해서 보여주는 행동들을 볼 수 있다. 이와 함께 시편은 모든 종류의 계명들과 하나님에 관한 유익한 교리들을 포함하고 있다. 시편이 분명하게 그리스도의 죽음과 부활을 약속하고, 하나님 나라를 묘사하며, 모든 그리스도인들의 본질과 모습을 선명하게 드러내기 때문에 우리에게 소중하고 귀한 것이어야 한다. 시편은 모든 성경에서 발견할 수 있는 것을 가장 간결하고 가장 아름다운 방식으로 드러내고 있기 때문에 "작은 성경"으로 불릴 수도 있다. 이 책은 모든 기독교의 역사와 성인들 가운데서 가장 선한 예들을 담은 책으로 성경 전체를 읽지 못하는 자들에게 그 내용을 간결하게 요약하고 그것을 한 권 분량으로 담아놓아 쉽게 사용할 수 있도록 한 것이다.

  시편의 가치는 독보적이며, 성인들과 그들의 행동들에 관해서는 계속해서 여러 설명들을 늘어놓지만 정작 그들의 말에 대해서는 거의 인용하지 않는 수많은 다른 책들과 비교할 때 그 어떤 것들보다 탁월한 내용을 담고 있다. 바로 여기에서 시편은 독보적인 가치를 지닌다. 시편은 그것을 읽는 자들에게 아주 좋고 달콤한 맛을 가져다준다. 그리고 성인들이 행하고 말한 신실한 믿음의 기록들 곧 그들이 어떻게 하나님과 사귀었는지, 옛날에는 어떻게 하나님에게 기도했는지, 그리고 그러한 자들이 지금 어떻게 하나님과 사귀며 기도하는지에 대해서 전해준다. 시편과 비교할 때 성인전들과 여러 모범적 사례들을 포함하고 있는 다른 책들은 거룩한 인물들이 아무런 말도 하지 않는 위인으로만 묘사한다. 반면에 시편은 성인들을 살아있고 직접 활동하고 있는 모습으로 제시한다. 위인들을 담아 놓은 책들은 단지 그러한 인물들을 말할 수 있는 사람 옆에서 기계처럼 서 있는 존재로 묘사한다. 그들은 단지 반 정도만 살아있는 인물처럼 묘사된다. 언어는 인간이 지닌 가장 강력하고 우월한 기능 가운데 하나다. 인간은 모습, 형태, 또는 다른 어떤 활동들보다 언어의 기능으로 동물들과 구별된다. 목재들이 목각사의 기술로 인간의 모양을 취할 수 있다. 그리고 동물도 인간과 같이 보고, 듣고, 냄새 맡고, 노래하고, 달리고, 서있고, 먹고, 마시고, 금식하고, 갈증을 느끼거나 굶주림, 추위, 또는 어려운 상황 가운데 거하기도 한다. (하지만 인간이 지닌 언어의 기능은 찾아볼 수 없다.)

또한 시편은 다른 탁월함을 지닌다. 시편은 성인들이 표현한 사소하고 일상적인 말들이 아니라 하나님에게 정직하게 고백하고 모든 중요한 사항들에 대해서 간절하게 표현한 그들의 언어를 담고 있다. 성인들이 자신의 일과 행위에 대해서 말하는 것뿐만 표현하는 것이 아니라, 그들의 영혼에 감쳐진 깊은 보화들과 그들의 마음에 담고 있는 것을 보여준다. 그리고 그러한 표현들은 우리로 하여금 그들의 말과 행위들을 가능하게 한 요인들과 내용들을 깊이 고찰하게 하는 방식으로 주어진다. 다른 말로 표현하면, 우리로 하여금 그들의 마음을 보게 할 뿐만 아니라 그들의 생각의 핵심을 이해할 수 있도록 해준다. 곧 그들이 다양한 삶의 환경과, 위험, 그리고 고난 가운데서 어떻게 마음으로부터 그들의 자리를 지켰는지를 생각하게 해준다. 위인전들이나 도덕적 우화들은 이러한 것을 할 수 없고 또 하지도 않는다. 단지 기적들이나 성인들이 행한 일들을 담아낼 뿐이다. 하지만 단지 많은 위대한 일들을 살펴보거나 듣는 것만으로 한 사람의 마음 상태를 모두 말하는 것은 불가능하다. 그리고 성인의 모습을 보기보다는 그가 한 말을 들어야 하는 것처럼 또한 그의 업적들을 듣기보다는 그의 영혼의 보화들과 마음을 들여다보는 것이 더 중요하다. 시편이 성인들과 관련해서 가장 풍요롭게 우리들에게 가져다주는 것은 그들이 자신의 마음에서 무엇을 느꼈는지 그리고 하나님과 이웃과 나눈 대화들 속에서 그들이 사용한 언어의 울림은 무엇인지에 대한 확실한 내용이다.

  인간의 마음은 하늘의 사방에서 불어오는 바람에 의해 폭풍 속 바다에서 이리 저리 떠다니는 배와도 같다. 어떤 사람은 절박한 상황에서 느끼는 불안과 공포의 상태에 있다. 또 다른 사람은 자신을 둘러싸고 있는 악으로 인한 고통과 슬픔의 상태에 있다. 어떤 사람은 자신이 바라는 좋은 일에 대한 소망과 기대를 갖고 있다. 또 다른 이는 자신이 지금 갖고 있는 것에 대한 확신과 즐거움으로 한껏 부풀어 있기도 하다. 그런데 이렇게 폭풍처럼 주어진 상황은 우리에게 진지하고 솔직하게 말하도록 가르쳐주고, 정결한 마음을 갖게 한다. 두려움이나 고통 가운데 사로잡힌 사람은 행복으로 가득한 사람과는 전혀 다른 방식으로 고통을 말한다. 기쁨으로 충만해 있는 사람은 두려움에 사로잡혀 있는 사람과는 다르게 행복에 대해서 말하고 노래한다. 슬퍼하는 사람이 웃거나 행복한 사람이 울 때, 그 웃음과 슬퍼함은 마음에서 주어지는 것이 아니라고 말한다. 달리 말하면, 이러한 사람들은 솔직하게 자신을 드러내는 것이 아니고 그들의 마음 깊은 곳에 자리 잡고 있는 것을 말하는 것도 아니다.

  시편은 이러한 종류의 삶의 폭풍 가운데서 만들어진 마음을 담은 표현들로 가득하다. 찬양과 감사의 시편들에서보다 더 고귀한 언어로 즐거움을 표현할 수 있는 다른 곳이 있을까? 이러한 시편들 안에서 당신은 아름다운 정원을 둘러보고 마치 천국을 응시하듯이 모든 성인들의 마음을 자세히 들여다볼 수 있을 것이다. 하나님과 그분의 은혜를 담아내는 모든 종류의 아름다운 생각들이 자라는 그 꽃들이 얼마나 매력적이고 즐겁고 또 아름다운가! 또한 탄식의 시편들보다 더 깊고 더 회개하는 마음으로 슬픔을 담아내는 말들을 표현해주는 곳이 어디에 있을까? 탄식 시편들에서 당신은 마치 죽음을 바라보고 지옥을 응시하고 있는 것처럼 모든 성인들의 마음을 바라보게 된다. 이것은 하나님의 변화무쌍한 진노의 그늘로 만들어진 어둡고 불분명한 모습과도 같다. 따라서 이와 마찬가지로 시편들이 두려움이나 소망을 말할 때 다른 어떤 그림들이 표현할 수 있는 것보다 더 분명하게 묘사해주고 또한 키케로나 다른 어떤 문호들에 의해 주어진 표현들보다 정교하게 전달한다. 그리고 내가 이미 언급한 바와 같이 무엇보다 중요한 것은 이러한 언어들이 하나님을 언급하는 성인들에 의해서 사용된 표현이라는 점이다. 그들은 언어 자체의 힘과 진정성을 더욱 선명하게 표현하는 방식으로 하나님과 함께 말한다. 한 사람이 다른 사람과 함께 이러한 주제에 대해서 말할 때 그는 깊은 마음에서 우러나오는 표현을 사용하지 않는다. 이런 상황에서 사용하는 말들은 그렇게 강력하지도 않고, 가슴을 고동치게도 하지 않으며, 그렇게 간절하게 인상을 주지도 않는다.

따라서 왜 시편이 모든 성인들이 가장 좋아하는 책인지를 쉽게 이해할 수 있다. 각각의 상황에서 각각의 사람들은 그 필요에 적합한 시편을 찾을 수 있는데, 이것은 마치 바로 그 상황을 위해서 주어진 것처럼 적합한 것으로 느끼게 한다. 다른 어떤 책에서도 그에 상응하는 표현을 발견할 수 없고 더 나은 표현도 찾을 수 없다. 또한 그러한 것을 바라지도 않는다. 그리고 여기에서 더 나은 탁월함이 주어지는데, 그것은 바로 그러한 언어 표현이 적합한 것으로 느껴지며 필요에 부합하는 답변을 제공해주는 것으로 느껴질 때 마치 자신도 성인들의 그룹에 속해 있고, 성인들에게 발생한 모든 일들이 자신에게도 발생하고 있으며, 그들 모두가 자신과 함께 하나의 작은 노래를 부르는 일에 참여하고 있기 때문에 마치 그들이 그러했던 것처럼 하나님과의 대화에서 그들이 사용한 말을 사용할 수 있다는 확신을 갖게 해준다. 이 모든 것은 신앙 안에서만 그 의미를 갖는다. 왜냐하면 믿지 않는 자는 그 말들이 무엇을 의미하는지 전혀 모르기 때문이다.

마지막으로 시편은 우리가 위험에 빠지지 않고 모든 성인들을 따를 수 있는 확신과 효력을 지닌 증서를 포함한다. 도덕적 이야기들과 성인전들에 나오는 말들은 어느 누구도 쉽게 모방할 수 없는 표현들이고, 대부분의 경우 성인들과의 친밀한 사귐을 멀어지게 하는 분파들의 기원이 되는 작품들인 경우가 많다. 반면에 시편은 당신을 잘못된 분파로부터 지켜주고 성인들과의 친밀한 교제로 인도해준다. 시편은 즐거움, 두려움, 소망, 또는 슬픔 가운데 어떤 상황에 있든지 다른 모든 성인들이 경험한 것처럼 마음을 잡아주고 말에 평온함을 가져준다. 이 모든 것은 다음과 같이 요약할 수 있다. 만약 생생한 색채로 묘사되고 작은 축소판의 형태로 살아있는 모습의 거룩한 기독교 교회를 보기를 원한다면 시편을 당신 앞에 두라. 그러면 당신은 기독교가 무엇인지를 보여주는 아름답고, 밝고, 정교하게 손질된 거울을 갖게 될 것이다. 그 안에서 당신 자신을 발견하게 될 것인데, 이는 여기에 참된 자기 앎("너 자신을 알라")이 담겨져있기 때문이다. 곧 시편을 통해서 모든 만물을 창조하신 하나님뿐만 아니라 당신 자신을 알 수 있다.

따라서 이러한 측량할 수 없는 유익을 제공해주시는 하나님께 깊이 감사드리자. 하나님의 영광과 기쁨을 위해서 부지런히 그리고 간절한 마음으로 시편들을 받아들이고, 사용하고, 그리고 실천하자. 우리가 감사를 모르는 태도로 인해서 무엇인가 더 악화되지 않도록 더욱 그렇게 하자. 낡은 그리고 어두운 시대에서 하나의 시편이라도 제대로 이해할 수 있고 쉬운 독일어로 읽고 들을 수 있었다면 그것이 가져다주는 유익은 얼마나 소중한 보물과 같겠는가! 하지만 오늘날 우리가 보는 것을 보는 눈과 듣는 것을 듣는 귀는 정말 복되다. 그러나 정말 불행하게도 우리가 목격하게 되는데 하늘의 만나에 대해서 말했던 광야에 있던 유대인들처럼 되지 않도록 곧 우리의 영혼이 이러한 음식에만 눈을 두지 않도록 각별히 주의하라. "그들이 기근으로부터 고통을 겪고 결국 죽었다"는 말이 지닌 의미를 잘 이해해서 우리에게 같은 일이 반복되지 않도록 해야 한다. 결국 이를 위해서 우리는 우리의 일반적인 언어인 독일어판 시편과 셀 수 없고 말로 다 표현할 수 없는 자비를 허락하신 것에 대해서 찬양과 감사, 존귀와 영광을 받으실 우리 주 예수 그리스도를 통해 모든 은혜와 자비를 베푸시는 아버지의 도움을 더욱 풍성히 받을 수 있기를 소망한다.

- Martin Luther, 1528 Preface to the Psalms, In *Martin Luther: Selections from His Writings*, ed. John Dillenberger (New YorkL Anchor Books, 1961), pp. 37-41.

요한 칼빈 (John Calvin, 1509-1564)

시편의 보화에 담긴 다양하고 눈부신 부요는 말로 표현하기 쉽지 않은 것이다. 그것이 엄청나게 풍요로운 것이기에 내가 무엇을 말 할 수 있든지 그 주제의 탁월성에 쉽게 이르지 못할 것이다. 그러나 전적으로 침묵하는 것보다는 나의 독자들에게 비록 작은 부분이라도 이 책의 연구를 통해서 주어질 가치 있는 유익을 맛볼 수 있도록 하는 것이 더 낫기 때문에, 비록 그 위대함이 온전히 드러나는 것을 허락하지 않을지라도 중요한 주제를 간략하게 라도 언급하는 것은 허용될 수 있을 것이다. 나는 이 책을 "영혼의 모든 부분의 해부"An Anatomy of all the Parts of the Soul이라 불러왔는데 그것은 잘못된 것이 아니라고 확신한다. 왜냐하면 마치 거울에서와 같이 어느 누구도 여기에서 비추어지지 않는 것이 있을 거라고 생각할 수 있는 감정이 없기 때문이다. 오히려 성령이 비판, 슬픔, 두려움, 의심, 소망, 걱정, 혼란 곧 인간의 마음이 쉽게 동요되는 모든 혼란스러운 감정들을 삶에서 분명하게 비추어 준다. 성경의 다른 부분들은 하나님이 종들에게 명령해서 우리에게 선포하라고 하신 계명들을 포함한다. 그러나 여기서 선지자들은 하나님에게 말할 때 우리에게 보여지는 모습을 스스로 보고, 자신들의 깊은 사고와 감정을 모두 열어 보이면서 우리 각자를 특별히 면밀히 살펴보도록 부르거나 또는 직접 이끈다. 그렇게 함으로써 우리가 드러낼 수 밖에 없는 많은 연약함과 우리에게 가득한 많은 악함들 가운데 어떤 것도 숨기지 못하게 한다. 이것은 모든 잠복된 곳들이 발견되고 또한 마음이 빛 가운데 드러나며, 가장 파괴적인 감염균인 위선을 제거할 때 주어지는 귀하고 소중한 유익임이 분명하다. 결론적으로 말하면, 하나님으로부터의 부르심이 우리의 안전을 보증하는 가장 기본적인 수단 가운데 하나인 것처럼 그리고 이러한 구체적인 과정에서 시편보다 더욱 확실하게 우리를 인도하는 더 낫고 분명한 규율을 다른 곳에서 찾을 수 없는 것처럼 시편을 이해함으로써 얻게 되는 능숙함이 많아질수록 천국의 가르침을 담아내는 중요한 교리들을 더욱 알게 될 것이다.

  진실하고 정직한 기도는 무엇보다도 우리의 필요에 대한 인식으로부터 주어지고, 그러고 나서 다음으로 하나님의 약속에 대한 믿음에서 주어진다. 사람들은 영감으로 기록된 이 내용을 정확히 이해함으로써 그들의 질병을 가장 효율적으로 잘 깨우치게 되고 동시에 그것들을 치유할 수 있는 처방책도 깨우치게 될 것이다. 한 마디로 말해서 우리가 하나님에게 기도하려 할 때 우리를 격려해 줄 수 있는 모든 것들을 이 책에서 배울 수 있다. 그리고 이 책에는 우리에게 주어진 하나님의 약속들만 있는 것이 아니라, 한편으로 하나님의 초청 가운데 서있는 우리들의 모습과 함께 다른 한편으로 기도할 수 있도록 단단히 준비시켜 주는 육체의 장애가 무엇인지도 선명하게 보여준다. 이로써 우리가 다양한 의심들에 의해서 동요될 때 그것들을 저항하고 대항해서 싸울 수 있도록 가르쳐주고 이러한 모든 장애들로부터 자유로워지며 벗어날 수 있도록 우리의 영혼을 하나님께로 이끌어준다. 또한 이뿐만 아니라 의심, 두려움, 사로잡힘 가운데 있을 때조차 우리로 하여금 기도하게 하며 우리의 마음에 만족과 고요함을 되찾게 하는 위로를 경험하는 데까지 이르게 한다. 비록 불신이 우리의 기도 가운데서 문을 닫게 할지라도 우리는 스스로 포기해서는 안되며 우리의 마음이 요동치거나 여러 소요들로 동요될 때에도 믿음이 결국 이러한 어려움으로부터 승리를 가져다줄 때까지 견뎌야 한다. 많은 경우에서 우리는 기도하는 하나님의 종들이 자주 동요되어서 성공에 대한 소망이 사라지거나 실패에 대한 두려움으로 압도당하고 오직 스스로의 열심에 의한 노력만이 상을 가져다주는 경우를 접하게 된다. 한편으로 우리는 명백하게 드러나는 육체의 연약함을 보게 되고 다른 한편으로는 그 능력을 드러내는 믿음을 보게 된다. 그리고 그 믿음은 기대했던 만큼 힘 있고 용기 있는 것이 아니더라도 적어도 온전한 능력을 얻을 때까지 싸울 수 있도록 준비시켜 준다. 하지만 우리에게 바르게 기도하는 참된 방법을 가르쳐주는데 도움을 주는 것들이 이 설명서 전체에 여러 곳에 흩어져 있기 때문에 나는 계속해서 반복적으로 살펴봐야할 필요가 있는 이 주제를 다루는 일을 여기서 멈추지 않을 것이고, 나의 독자들에게 그러한 일을 향한 노력에서 그만두라고도 하지 않을 것이다. 단지 나에게 중요한 것은 바로 이 책이 다른 모든 것들보다 더 바람직한 방식으로 우리에게 특권을 가져다준다는 사실인데, 그것은 하나님에게 친밀하게 다가가는 길을 열어 보여 주는 것뿐만 아니라 사람들 앞에서 고백하는 것이 수치가 될 수 있는 우리의 연약함을 하나님 앞에서 정직하게 내어 놓을 수 있는 기회와 자유도 가지고 있다는 것이다. 게다가 여기에는 하나님에게 찬양의 제사를 드리는 적합한 방법과 관련해서 우리를 인도해주는 확고한 방식이 담겨있기도 한데, 이것은 하나님 보시기에 가장 중요한 것 가운데 하나로 명백히 선포된 것이며 그분에게 가장 달콤한 향기를 드러내는 것이기도 하다. 시편보다 교회를 향한 하나님의 비교할 수 없는 자유와 그 행하신 모든 일에 대한 표현과 위대한 찬사를 더 잘 발견할 수 있는 책은 없다. 수많은 구원의 기록들을 이보다 더 많이 기록한 책들은 다른 곳에 없다. 하나님이 우리를 향해서 행하시는 아버지의 섭리와 돌보심에 대한 입증과 실천이 이보다 더 명백하게 기록되고 엄격한 의미에서 진리를 드러내는 책은 시편 외에 없다. 한마디로 말해서 하나님을 찬양하는 올바른 방식에 대해서 이보다 더 완벽하게 가르쳐주거나 이러한 신앙의 실천을 드러내는데 이 보다 더 강력하게 우리를 동기부여해주는 책은 없다.

 게다가 비록 시편들이 거룩, 경건, 그리고 의의 모든 부분에서 우리의 삶을 형성시키는데 도움을 주는 모든 교훈들을 시행하지만 그 내용들은 단지 원리적으로 우리에게 십자가를 지도록 가르치고 훈련시킨다. 또한 십자가를 지는 것은 우리의 순종을 드러내는 참된 증거이고 이러한 순종을 통해서 우리는 우리 자신의 감정을 따르는 삶을 포기하고 하나님이 우리를 다스리시고, 그분의 뜻에 따라 우리의 삶을 인도하시도록 모든 것을 하나님에게 내어 맡긴다. 이로써 우리의 마음에 가장 쓰고 심한 고통들이 하나님에게서 주어진 것이기에 달콤한 것으로 변하게 된다. 한 마디로 요약하면, 여기서 우리는 모든 것을 하나님에게만 위임하고 모든 행복을 오직 하나님에게서만 구하도록 가르치며 참된 신자들에게 그들의 모든 확신을 갖고 모든 필요에서 도움을 주실 하나님을 찾을 수 있도록 가르쳐주는 하나님의 선하심에 대한 일반적인 찬사만을 발견하는 것이 아니라, 오직 하나님이 우리를 향해서 화해하시고, 그분과의 확실한 평화를 보증해주는 죄의 속량이 주어지고 그것을 높여드리는 내용도 확인하게 된다. 이로써 영원한 구원에 이르는 지식과 관련해서 더 이상 어떤 부족한 것도 시편에는 없다.

- John Calvin, *Calvin's Commentaries*, vol. 1 (Grand Rapids: Eerdmans, 1949), pp. xxxvi-xxxix.

　반면에 이미 초대 교회와 바울의 기록에서 예로 찾아볼 수 있듯이, 우리가 교회에서 노래로 부르기를 원하는 시편들이 있다. 바울은 회중 가운데서 입술과 마음으로 노래하는 것이 선한 것이라고 말한다. 우리는 경험을 하지 않고서는 이러한 데서 주어지는 유익과 교훈을 정확히 헤아릴 수 없다. 분명히 우리가 현재 경험하고 있듯이 신자들의 기도가 단지 냉냉할 뿐이라면 우리는 그것을 수치로 여기고 실망해야 한다. 시편들은 우리의 마음을 하나님께로 높여 드리도록 인도하고 하나님의 영광의 이름을 찬양하도록 우리를 자극하고 고무시키는 열정으로 인도해줄 수 있다.

- John Calvin, "Article Concerning the Organization of the Church and of Worship at Geneva Proposed by the Ministers at the Council, January 16, 1537," X, I, 5, in *Calvin: Theological Treatises*, ed. J. K. S. Reid (Philadelphia: Westminster Press, 1977), p. 54.

2부 | 기독교 예배에서의 시편 기도

성경의 시편들을 가장 최선의 상태로 두는 것은 단지 연구하고 설교하는데 사용하는 것뿐만 아니라, 읽고, 노래하고, 기도하는 것이다. 성경의 시편들은 단지 우리에게 하나님에 관해서 가르칠 뿐만 아니라 하나님과의 관계를 실천하는데 도움을 준다. 엘렌 데이비스Ellen Davis가 말한 바와 같이 시편들은 "우리 입에 놓여 직접 사용할 수 있도록 이미 준비된 상태로 있으며… 그 말들을 사용하는 것은 하나님과의 직접적인 대면으로 인도해준다: 시편의 언어들을 통해서 우리는 살아 계신 하나님에게 말하고 있는 자신을 발견하고, 때로는 우리가 전혀 상상도 하지 못했던 언어가 우리 입에서 나와 하나님의 귀로 전해지기도 한다."[1]

설교자들과 예배 인도자들은 시편들을 설교를 위해서 사용할 것인지, 기도와 찬양을 위해서 사용할 것인지를 선택할 필요가 없다. 기본적으로 시편들은 예배에서 일반적으로 노래하는데 사용하고 또 정기적으로 설교의 본문으로 사용되기도 한다. 심지어 시편들이 설교 되지 않을 때조차도 다른 성경 본문들이나 주제들에 대한 설교의 의미를 자세히 설명해주는 시편들을 사용해서 기도하는 경우도 많다. 시편들을 설교할 때 그 본문에 계속해서 집중하게 되면 예배자들을 위해 그 본문의 중요성을 새롭게 열어 줄 수 있는 매우 창의적인 방식으로 시편을 제시하고 기도하는 다양한 가능성들을 보게 해준다.

---

1 Ellen F. Davis, *Getting Involved with God* (Cambridge, MA: Cowley Publications, 2001), p. 9.

다행이도 예배에서의 시편 활용은 그리 복잡할 필요가 없다. 어떤 회중들의 경우에는 특정한 주일에 무슨 시편을 노래해야 할지를 결정하기 위해 단지 렉셔너리를 참조하고, 해당 시편의 음악을 찾기 위해서 찬양이나 이미 엮어 놓은 시편가를 참조하기만 하면 되듯이 간단한 것이다. 다른 회중들의 경우에는 특정한 주일에 회중들을 위한 목회적 필요에 부합하는 특정한 시편 본문이나 음악적 스타일을 정하기 위해서 이 책의 뒷부분에 모아 놓은 여러 자료들 가운데 하나를 선택하는 것만큼 간단하기도 하다. 이러한 단순한 과정을 따르는 회중들의 수가 갈수록 늘어나기를 소망한다! 시편을 규칙적으로 읽고, 노래하고, 기도하는 것은 예배를 성경에 기초하고 예배자들이 살아가는 폭넓은 범위의 삶의 경험들을 예배와 연결시키도록 돕는데 있어서 가장 단순하고 효과적인 방법이기도 하다. 우리가 "참된" 예배를 원한다면 이와 다른 더 이상의 어떤 것도 찾을 필요가 없다.

이미 결정된 예배 방식에서 시편을 렉셔너리에 근거해서 정기적으로 사용하며 실천하는 회중들의 경우에는 아래에서 제시할 분석이 다소 불분명한 실천들을 더욱 선명하게 만들어주는데 도움을 주는 제안이 될 것이다. 이러한 회중들은 시편들을 어느 때 그리고 어떻게 사용해야 하는지와 관련해서 여러 세대의 지혜를 이미 담고 있는 고정된 방식들을 따라 실천하는 유익을 가지고 있다. 이러한 회중들이 직면하는 위험은 이러한 지혜가 항상 사용 가능하지 않다는 것이다. 때로 역사적 실천 방식들을 지속할 수 있지만 그것들이 지닌 의미를 전혀 이해하지 못하고 실천하는 경우가 있다. 필자가 소망하는 것은 이러한 주제들에 대한 깊은 고찰이 시편 실천과 관련한 지혜의 한 부분을 드러내는데 도움을 주는 것이다. 이미 전수 받은 실천을 새로운 방식으로 바라볼 수 있도록 도울 수 있거나 시편을 설교하고, 노래하고, 묘사하는 다른 방법들을 개발하는데 도움을 줄 수 있는 안목을 얻을 수 있는 글들을 자세히 살펴보라. 실제로 렉셔너리와 다른 고정된 예배 방식들이 여전히 개발하지 않은 체 남겨 둔 예배에서의 시편 활용에 대한 창의적이고 견고한 토대를 지닌 많은 가능성들이 있다.

시편을 단지 간헐적으로만 예배에서 읽고 노래하고 또 기도하며 고정된 예배 방식을 따르지 않거나 렉셔너리를 사용하지 않는 회중들의 경우에는 아래에서 제시할 분석이 예배에서 성경을 탁월하게 활용하는 실천과 관련해서 좀 더 의도적인 방법들을 찾는데 도움을 줄 것이다. 이러한 회중들은 기도서를 사용하지 않는 회중들이 쉽게 갖지 못하는 흥미롭고, 창의적이고, 그리고 목회적으로 적합한 방식들로 시편을 사용할 수 있는 자유를 지니고 있다. 여기서 주어지는 도전은 이러한 창의성과 부합성이 독특한 안목과 에너지 그리고 음악이나 예배의 다른 부분들을 인도하는 자들과 설교자들 사이의 주의 깊은 협력을 요구한다는 것이다.

아래에서 제시하는 자료들과 제안들은 단지 특정한 시편의 한 구절 또는 짧은 단락들에 관한 것이 아니라 전체 시편들 또는 폭넓은 범위를 포함하고 있는 많은 시편들을 사용하는 것에 더욱 집중한다. 중세 예배의 모습은 전체 시편의 활용에서 단지 짧은 단락만 사용하고 종종 성찬식 전이나 성찬식에서 행진하는 동안에만 부르는 것으로 제한시킨 시편가의 쇠락을 잘 보여준다.[2] 같은 쇠락의 과정이 최근 개신교 회중들의 노래에서도 일부 나타난다. 이들 노래들은 본문의 확대된 단락들보다는 한 구절을 여러 번 반복해서 부르는 것을 더 선호하는 경향이 있다. 시편들로부터 이끌어낸 한 구절들이 예배에서 각각의 자리를 차지하는 것은 분명한 사실이다. 이러한 구절들은 단순한 찬양 곡들(성경의 합창곡이든 아리아든 상관없이)의 가사로서 그리고 적절한 언어의 전환을 시도하려는 예배 인도자들에게는 중요한 의미를 지닌다. 하지만 오랫동안 많은 전통들이 시편을 예배에서 활용하기 위해서 단지 좋아하거나 편하게 사용할 수 있는 짧은 단락들로만 제한해서 사용하는데 만족해왔다. 이것은

---

[2] Joseph A. Jungmann, *Mass of the Roman Rites: Its Origins and Development* (New York: Benziger Brothers, 1995), p. 34, n.5.

그러한 구절들이 의미를 갖는 전체의 구조와 맥락을 전적으로 무시하는 것이다. (따라서 내가 바라는 것은 시편들의 한 구절들이나 그 이미지들을 사용하는 것을 없애자는 것이 아니라 오히려 시편들이 구성된 더 긴 단위들을 읽고 노래하는 방식을 추가적으로 제안하는 것이다.)

최근 시편들에 관한 상당히 많은 학문적 분석들은 시편에 나타난 기본적인 문예적 구조들과 방식들을 확인하고 개별적인 본문들이 주어진 구조 안에서 어떻게 역할을 하는지를 파악하는데 집중하고 있다. 이러한 작업을 통해서 주어진 하나의 일관된 주제는 바로 우리를 어떤 곳으로 인도하는 전이 또는 이동을 통해서 그 의미를 상당 부분 전달한다는 것이다. 시편들은 단지 아름다운 경구들이나 비유들 이상의 것을 제공해준다. 윌리엄 브라운William P. Brown이 잘 요약하듯이 시편들의 의미와 비유들은 신학적 비전을 단조하는데 이것은 "우리를 이동시키는 역할을 한다 … 적합한 자리를 찾고 또 새로운 곳으로 이동시킴으로써 시편들의 기도는 참호에서 성전으로, 탄식에서 찬양으로, 작은 길에서 피난처로 이끈다."[3] 이러한 관점은 성경을 작은 단위로 보는 것보다는 큰 단위로 사용하는 것이 더 중요한 가치를 지닌다는 점을 잘 보여준다.

독자들은 여기서 포함된 자료들의 스타일과 깊이로 인해서 아마 놀라게 될지도 모른다. 여기서 제안하는 자료들은 클래식, 재즈, 통속음악과 대중음악에 이르기까지 다양한 언어들로 구성되고 권위 있는 번역뿐만 아니라 자유로운 재해석에 이르는 음악적 제안들을 포괄하고 있다. 필자는 다양한 스타일들과 접근 방식들을 자유롭게 수용하는 회중들과 정기적으로 소통하는 환경에서 사역하고 있으며 시편들이 거의 모든 예배 공동체에 가져다줄 수 있는 중요한 기여를 직접 인지한다. 우리의 회중이 어떤 유형이든지 모두 시편들로부터 배울 수 있는 것이 상당히 많다. 실제로 거의 삼천 년의 역사를 지녔지만 시편들은 여전히 우리들보

---

3   William P. Brown, *Seeing the Psalms: A Theology of Metaphor* (Louisville: Westminster John Knox Press, 2002), p. 215.

다 앞서 있다. 우리는 여전히 시편들 안에서 자라고 있다. 시편들은 효율적이고 적실성 있는 사역을 위한 최첨단의 자료다.

다음과 같은 제안들은 예배에서 시편을 기도하거나 노래하기 위해 준비하는 과정에서 각각의 단계에서 간략하게 생각해볼 수 있는 것들이다.

- 시편 선택;
- 시편이 지닌 예배에서의 자리 또는 기능을 선택;
- 선택한 시편 본문의 연구;
- 선포, 노래, 또는 시각적 묘사에서 시편을 표현할 수 있는 방식 선택

아래에서 주어지는 폭넓은 분석은 시편가들이 예외적으로 복잡해야 할 필요가 있다는 것을 제안하는 것이 아니라는 것을 특별히 주목하라. 필자는 시편들을 선택하고 준비하는 상세한 과정이 거의 모든 대부분의 회중들 가운데서 매 주 이루어질 수 있다고 생각하지 않는다. 각각의 진행 과정 단계에 주어진 전제들을 잠시 멈추고 고찰하는 것은 시간이 흐르면서 예배 리더십과 관련한 목회 사역을 자연스럽게 고양시키고 훈련시켜줄 수 있다. 효율적인 리더십을 위한 새로운 기능을 개발하는 방식으로 매주 진행 과정의 한 측면에 좀 더 확대된 관심을 갖는 일을 고려해 보라.

마지막으로 당부하고 싶은 말이 있다. 이 자료는 성경적 시편들을 새롭게 이해하고 활용하기 위한 필자 자신의 개인적 관심과 열정에서 주어진 것이다. 이러한 필자의 열정은 예배와 개인 연구에서 시편의 견고하고 확실한 중요성을 경험한데서 그리고 오늘날 많은 전통들의 예배에서 시편들을 특별히 좀 더 긴 문예적 단위로 사용하지 않고 있는지에 대한 명백한 인식으로부터 주어진 것이다. 필자는 또한 이러한 열정에서 전혀 의도하지 않은 결과를 초래할 수 있다는 것도 잘 안다. 교회 역사의 좀 더 이른 시기에 나타난 시편의 중요성을 과대평가하거나 그들이

널리 사용한 것을 오늘날 생명력 있고 신실한 예배를 실천하기 위해서 반드시 필요한 것이라는 인상을 주는 것은 아주 쉬운 일이다.[4]

여기에서 언급한 정보는 넓은 범위의 자료들로부터 주어진 것들이다. 이 가운데 일부는 시편의 편수가 일부 다르게 기록된 것들도 있다. 대부분의 번역본들은 시편들의 히브리어 번호 체계를 반영한다. 이 책도 마찬가지다. 하지만 일부 번역본들은 구약의 헬라어 번역본 칠십인경을 번역한 고대 라틴어 번역본에서 주어진 번호 체계를 따른다. 이 번역본은 일부 시편들의 번호를 히브리어 번호들(시편 9-145편의 경우, 115-116편을 제외하고)보다 하나씩 낮추어서 달았다. 따라서 예를 들면, 시편 42편은 일부 번역본에서는 시편 41편으로 나타난다. 이러한 서로 다른 번호 체계는 특별히 로마 가톨릭에서 사용된 자료들에서 발견된다.

1. 시편 선택

예배를 위해 적합한 시편을 선택하는 것은 도전적이고 동시에 중요한 과제다.[5] 우리가 시편을 (또는 다른 어떤 기도나 노래를) 선택할 때 그것은 하나님과의 관계 경험을 형성하는 회중들의 입술들에 말을 부여하는 의미를 지닌다. 이것은 우리가 본문을 선택할 때 단지 본문 자체만 아니라 그 본문을 통해 사람들이 하나님을 예배하는 경험을 한다는 인식과 신학도 깊이 고려해야할 필요가 있다는 것을 뜻한다. 아래에서 설명하는

---

[4] 따라서 필자는 초대 교회의 시편곡에 대한 우리의 견해를 지나치게 낭만화시키지 않기 위해 노력한 폴 브래드쇼(Paul Bradshaw)에게 감사한다. 그가 쓴 *Two Ways of Praying* (Nashville: Abingdon Press, 1995), pp. 73-87을 참고 하라.
[5] 이와 관련한 역사적 관점들에 관해서는 다음의 자료들을 참고 하라. J. A. Lamb, *The Psalms in Christian Worship* (London: Faith Press, 1962); Massey H. Shepherd Jr., *The Psalms in Christian Worship: A Practical Guide* (Minneapolis: Augsburg, 1976); Aimé-Georges Martimort, "Fonction de la Psalmodie dans la liturgie de la Parole," in *Mirabile Laudis Canticum* (Rome: Edizioni Liturgiche, 1991), pp. 75-96.

시편 선택을 안내해주는 세 가지 넓은 범위의 원리들(예전적, 설교적, 그리고 목회적 원리들)을 고려해 보라.

예전적 기준들

많은 상황들에서 시편을 선택하는 가장 분명한 방법은 단지 우리가 말하고자 하는 것을 말해주는 것을 찾는 것이다. 우리가 찬양하기를 원하면 시편 98편을 노래하면 된다. 우리가 회개를 원한다면 시편 51편을 기도하면 된다. 우리가 탄식하기를 원하면 시편 13편을 사용하면 된다. 따라서 우리가 시편이 예배에서 이루어지기 원하는 것이 무엇인지를 확신하고 있다면 단지 그것을 찾아서 사용하기만 하면 된다. 우리의 목적을 어느 정도 충족시켜주는 본문을 찾을 때까지 성경을 확인하며 찾기만 하면 된다. 그러면 일은 성공적으로 이루어지게 된다.

이러한 방식이 특별한 예배를 계획할 때는 어느 정도 유효할 수 있지만 그러한 방법에만 집착해서 오랫동안 사용하게 되면 모든 결과를 언제나 확실히 보증할 수는 없다. 종종 이러한 방법은 시편을 지나치게 제한된 것들만 사용하게 되는 결과를 초래한다. 특별히 선호하는 시편들을 자주 사용하지만 그렇지 않은 다른 시편들은 거의 배제시켜 버린다.

이러한 방식이 지닌 또 다른 위험은 단지 일반적으로 적용 가능한 본문들만을 선택하는 경향에 있다. 다양한 범위로 구성된 회중들을 섬기는 예배 인도자들이 일반적인 언어적 표현들, 예를 들면 "새노래로 여호와께 노래하자," "주께서 우리의 목자십니다," 또는 "정결한 마음 주시옵소서"와 같은 지극히 평범한 본문들만 선택하는 경향을 지닌다. 물론 이런 표현들은 확실히 중요한 것이고, 대표적인 시편 본문들이며, 계속해서 중요한 본문으로 사용할 가치를 지닌 것은 분명하다. 하지만 이것들이 예배에서의 사용을 위해 선택된 유일한 본문들이라면 시간이 조금 흐르면 모든 시편들이 거의 똑같이 들리게 될 것이다. 특별한 경우와 이유를 근거로 시편의 본문을 선택하지 않고 그러한 이유를 선명히 나누지 않게 되면 깊은 의미와 생생한 이미지를 동반하는 이러한 가치 있는 시적 표현들이 결국 우리의 예배에서 진부한 내용들로 전락되고 가치를 상실하게 될 것이다. 수년 간 열정과 잘 의도된 마음으로 공동 예배에 참여한 후에 여러 경험을 지닌 기독교인들이 시편 103편의 작은 부분이나 특정한 날 시편 51편을 사용한 것에 대한 애매한 기억만 갖게 된다면 그 회중들의 예배에서 얻게 되는 영적 공급은 무엇인가 치명적으로 잘못된 것이다.

더 나아가 이러한 접근 방식은 주의를 기울이지 않고 쉽게 예배가 우리에게 자연스럽게 주어지지 않는 것들을 말할 수 있도록 가르쳐야 할 필요가 있다는 주장을 잊어버린 체 우리가 이미 느낀 찬양, 간구, 또는 탄식을 표현하는 언어에만 단지 의존하는 것이라는 잘못된 생각에 빠져들게 할 수 있다. 곧 예배는 단지 우리의 기도를 표현하는 것만이 아니라 또한 더욱 깊이 기도할 수 있도록 우리를 형성시켜주어야 한다.[6] 이러한 것을 이루려 하면 우리는 그렇게 쉽게 진부한 방식으로 찾을 수 없는 시편을 기도하는 법에 관해서 반드시 배워야 한다.

그리고 우리의 내적인 감정적 상태를 "진정성 있게" 표현하기 위해서 특정한 시편 사용에만 메이지 않는다면 결국 그리스도의 몸 안에 있는 다른 지체들과의 유대성을 통해서 시편을 기도하는 것에서 주어지는 더욱 풍성한 유익을 얻게 될 것이다. 어떤 상황에서도 시편가에서 표현된 그 감정들 전부를 느끼거나 경험하는 사람이나 단체는 없다. 하지만 어떤 특정한 상황에서 시편의 이런 저런 측면을 경험하는 경우는 있다. 그리고 우리도 역시 결국에는 어떤 식으로든 이러한 경험을 하게 될 것이

---

6 이것은 기독교 기도에 관한 수많은 지혜로운 노련한 기독교인들의 조언이기도 하다. 본 회퍼의 경우가 대표적인데, 그는 "우리는 우리가 무엇을 기도해야 하는지에 대해서 하나님보다 더 잘 안다고 생각하며 우리 자신의 지혜에 따라 시편을 선택해서는 안된다"고 했다. *Psalms: Prayerbook of the Bible (Minneapolis: Augsburg, 1970), p.26.*

다. 시편들은 인생의 다양한 계절들을 표현해줄 만큼 충분히 다양하다.[7]

이 모든 것들은 우리가 시편들의 더욱 폭넓은 부분을 사용할 수 있다는 확신을 가져다주면서 시편 기도와 관련한 일부 규정된 방식의 가치를 제안해준다. 실제로 대부분의 예배 전통들에서 시편 선택과 관련한 규정 방식의 선례를 보여준다. 중세 시대에는 베네딕트 수도사들이 특별한 방식으로 매주 시편을 기도했다. 칼빈이 사역한 제네바에서는 성경 읽기와 설교 본문을 위한 로마 교회의 렉셔너리 사용을 거부했음에도 불구하고 시편들이 출판된 시편가들의 뒤에 인쇄된 규정 방식에 따라서 공동 예배에서 노래로 불렸다. 사실상 이것은 찬양을 위한 렉셔너리로 사용된 것이다.[8] 주제 중심의 예배 계획을 세우던 시대가 있기 훨씬 이전에 개혁주의 예배자들은 설교에 부합하는 시편을 선택하거나 회중들이 선호하는 것이기 때문에 선택하기보다는 정해진 규칙적인 순서에 따라서 주어지는 시편을 그 내용이 무엇이든 노래했다. 20세기 예배 갱신에서는 시편이 렉셔너리의 핵심 부분으로 다시 등장하게 되었는데, 이것은 많은 예배 공동체들 안에서 성경 활용을 훈련시켜주는 기여를 했다. 이러한 훈련은 시편들이 목회자나 예배 인도자의 지혜를 따라서 임의로 사용하기 위해서 선택될 때 주어지는 것보다 더욱 많고 넓은 범위의 시편들을 사용하게 되는 결과를 초래했다.

시편 선택과 관련해서 실천할 수 있는 몇 가지 가능한 방법들은 다음과 같다.

정경의 순서

한 가지 분명한 방법은 개인과 공동 기도에서 단순히 정경의 순서를

---

[7] 이러한 측면을 잘 표현할 수 있도록 필자에게 도움을 준 스캇 호이지(Scott Hoezee)에게 감사한다.
[8] Pierre Pidoux, *Le Psautier huguenot du XVIe siècle* (Basel, 1962), vol. 2, pp. 45, 63, 135.

따라서 시편을 기도하는 것이다. 이것은 비록 일부 수도원 공동체들에서 지금껏 실천하는 방식이지만 예배의 역사에 나타난 가장 보편적인 방법이다. 그런데 온전한 책으로 만들어진 시편가의 구성과 편집의 기원을 추적해온 지난 세대의 놀라운 학문적 연구에 따르면 정경의 순서를 따라 시편을 읽거나 기도하는 실천은 개인뿐만 아니라 회중을 위해서도 적합한 영적 훈련이 될 수 있다. 마치 로마서를 처음부터 마지막까지 읽는 것이 그 전체적인 구조의 논리(죄로 시작해서 은혜로 이어지고 나아가 섬김을 이야기하는 구조)를 이해하는데 도움을 주고 특별한 본문을 해석하는데 필요한 틀을 마련해주는 것처럼 시편을 처음부터 마지막까지 순서를 따라 기도하는 것은 시편의 전체적인 흐름을 균형 있게 이해하는데 도움을 준다. 이렇게 행하는 것은 상대적으로 높은 비율을 차지하는 탄식 시편들(1-3권)로 시작해서 찬양시들(5권)로 구성된 책으로 이어지며, 비교적 개인적인 표현들을 많이 다루는 시들에서 점차 공동체적 선포들로 구성된 시들로 옮겨져 가는 흐름과 같이 크레센도와 같은 시편의 전체적인 흐름 과정을 느낄 수 있도록 도와준다.[9] 시편을 한편씩 정경의 순서를 따라 읽는 것은 또한 특별한 시편들의 강력한 (아마도 의도적으로 설정해 놓은) 병치 관계를 이해하는데 도움을 준다. 시편 형성에 관한 몇 가지 관찰의 예를 들면 다음과 같다.

- 시편 1편과 2편은 나머지 전체 시편들에 대해 신학적으로 중요한 서론에 해당한다.

---

9   다음을 참고하라. Gerald H. Wilson, *The Editing of the Hebrew Psalter* (Macon, GA: Mercer University Press, 1997); Wilson, "The Shape of the Book of Psalms," *Interpretation* 46 (1992): 138-139; Nancy L. deClassé-Walford, *Reading from the Beginning: The Shaping of the Hebrew Psalter* (Macon, GA: Mercer University Press, 1997) 그리고 *Introduction to the Psalms: A Song from Ancient Israel* (St. Louis: Chalice Press, 2004); J. Clinton McCann, ed., *The Shape and Shaping of the Psalter* (Sheffield, UK: Sheffield Academic Press, 1993).

- 시편 8편에 표현된 경이는 다섯 개의 탄식시들로 구성되어 있기 때문에 훨씬 더 선명하게 나타난다.
- 시편 42편과 43편은 똑같은 반복구로 연결되어 있다.
- 시편 88편의 절망은 시편 89편의 언약적 소망으로 이어진다.
- 시편 145편에서 150편까지의 마지막은 전체 시편들의 결론으로서 주어진 경배에 해당한다.

성경의 다른 부분들과 마찬가지로 각각의 시편들이 지닌 의미는 그것이 위치한 문예적 맥락을 통해서 부분적으로 주어진다.

렉셔너리와 교회력

개정된 공동 렉셔너리Revised Common Lectionary를 포함해서 지난 40여 년 동안 출판된 주요 렉셔너리들은 모두 시편들을 매주 읽을 수 있는 내용으로 구분해서 포함시켰다. 개정된 공동 렉셔너리의 경우 시편들은 (비록 종종 시편과 신약 성경 또는 복음서 내용 사이에 자연스럽게 상응하는 부분이 있기는 하지만) 신약 성경의 복음서 내용들에 가장 잘 상응하는 시편보다는 매주 읽기 위해 구분해 놓은 구약 성경에 더 상응하는 내용을 담고 있는 시편을 선택하는데 더 집중했다.[10] 렉셔너리의 일부 선택들은 교회력에 따라 주어진 날들과 관련해서 역사적으로 중요한 시편들을 반영하기도 한다(예를 들어 시편 22편은 초대 교회의 오래된 렉셔너리의 원형에서부터 성금요일에

---

10 Horace T. Allen Jr., "The Psalter in the Revised Common Lectionary (1992)," *Reformed Liturgy and Music* 26 (1992). 또한 The General Instruction of the Roman Missal (Washington, DC: United States Catholic Conference, 2000), para. 61을 참고 하라. 렉셔너리의 논리에 대한 좀 더 세부적인 배경에 대한 이해를 위해서는 다음을 참고 하라. Fritz West, Scripture and Memory: *The Ecumenical Hermeneutic of the Three-Year Lectionaries* (Collegeville, MN: Liturgical Press, 1997); Norman Bonneau, *The Sunday Lectionary: Ritual Word, Paschal Shape* (Collegeville, MN: Liturgical Press, 1998); 그리고 특별히 Irene Nowell, *Sing a New Song: The Psalms in the Sunday Lectionary* (Collegeville, MN: Liturgical Press, 1993).

읽는 시편으로 선택되어 왔다).

렉셔너리를 따라가며 사용하는 회중들의 경우 시편들은 구약 성경 읽기에 대한 반응보다 훨씬 나은 방식으로 사용될 수 있다. 폴 웨스터메이어Paul Westermeyer가 제안하듯이 "구약과 서신서 사이에서 시편을 노래하는 것은 구원 역사의 모든 이야기, 모든 구원사, 곧 구원의 모든 파노라마를 생각하게 해주는 역할을 한다. 시편들은 복음을 목표로 구성된 교회의 이야기를 노래하게 해준다. 예배에서의 교훈과 설교는 모든 시편의 이야기와 그 안에 있는 우리의 위치를 조명해주는 빛과 같은 역할을 한다. 하지만 역설적인 측면도 또한 사실이다. 곧 시편의 이야기가 모든 것을 비추어줄 수 있도록 필요한 배경을 제공하고 또한 가능하게도 한다."[11] 시편들은 또한 그 날 선택한 다른 성경 본문의 상황에 적합한 개인 기도와 공동 기도의 언어를 제공해준다. 구약 성경과 복음서 이야기 그리고 서신서의 내용과 시편의 시들 사이에서 주어지는 병치는 회중들의 기도를 형성하는 풍부한 수사의 조합을 만들어낸다.

렉셔너리를 따르는 회중들은 렉셔너리에 나오는 대부분의 선택된 성경 본문들을 주의 깊게 살펴보면 시편의 제한된 일부분만 기도할 수 있도록 허용하고 있다는 점을 알고 있어야 한다. 특별히 좀 긴 시편들의 경우 주어진 예배에서 사용할 수 있는 부분으로 적합하다고 판단되는 부분만 떼어내어 사용한다. 이러한 제한은 물론 넘어설 수 있는 것이다. 렉셔너리를 따르지 않는 회중들은 그렇게 하는 회중들보다 시편을 훨씬 덜 사용하는 경우가 보통이다. 그러나 이것은 렉셔너리를 사용하는 회중들에게 단지 성경 읽기와 연결된 방식뿐만 아니라 찬양, 성찬, 또는 세

---

11   2006년 6월 1일에 Paul Westermeyer과 나눈 개인적인 대화. 렉셔너리 선택과 관련한 더 세부적인 논리와 관련해서는 다음을 참고 하라. Irene Nowell, *Sing a New Song: The Psalms in the Sunday Lectionary* (Collegeville: MN: Liturgical Press, 1993) 그리고 Margaret Daly-Denton, "Psalmody as the 'Word of God'," in *Finding Voice to Give God Praise: Essay in the Many Languages of the Liturgy* (Collegeville, MN: Liturgical Press, 1998), 73-86.

례를 위한 노래로써 그리고 입례, 고백, 또는 감사의 회중 기도의 한 부분으로서 시편을 기도하고 노래하는 방법들을 찾는 것이 왜 중요한지를 설명해주어야 한다.

렉셔너리를 따르지 않는 회중들에게도 그것은 여전히 중요한 지혜의 근원이 된다. 우선 설교가 렉셔너리의 어느 부분에 포함된 구약 성경 본문에 기초하고 있다면 렉셔너리는 그 본문에 상응해서 특별히 적합한 시편을 제안해줄 것이다. 구약 성경 본문을 설교하기 위해 준비하는 설교자가 렉셔너리를 통해서 그것이 제안해주는 시편을 살펴보는 것은 지혜로운 일이다.

개정된 공동 렉셔너리The Revised Common Lectionary는 그리스도의 생애 또는 교회력에서 전통적으로 중요한 사건들과 연관되어 있는 시편들을 찾아보는데 중요한 자료 역할을 한다.12 예를 들어 이것은 다음과 같은 적합한 선택을 하는데 도움을 준다.

대강절Advent13	시편 24 ("너희 머리를 들지어다 … 영광의 왕이 들어가시리로다") 그리고 시편 80편("주의 능력을 나타내사 우리를 구원하러 오소서")
성탄절Christmas	시편 96, 97, 98편 ("여호와께서 그의 구원을 알게 하시며") [아이작 왓츠(Isaac Watts)의 유명한 캐롤, "기쁘다 구주 오셨네"는 시편 98편에 기초한 것이다]
주현절Epiphany	시편 72편("온 땅이 그의 영광에 충만할지어다")
재의 수요일Ash Wednesday과	

---

12 예배의 각 구성요소와 교회력과 관련한 시편의 자료들에 대한 좀 더 상세한 설명에 대해서는 *The Worship Sourcebook* (Grand Rapids: Faith Alive/Baker Books, 2004)를 참조하라.
13 Garth Gillan, "Psalmody and the Celebration of Advent," *Worship* 80 (2006): 402-12를 참조하라.

사순절Lent	시편 51편("하나님이여 내 속에 정한 마음을 창조하소서")
종려주일Palm Sunday	시편 118편("우리를 구원하소서")
성 목요일Maundy Thursday	전통적인 유월절 기념 때 불려진 시편들
(세족 목요일)	곧 할렐 시편들(시 113-118편) 가운데 하나 또는 그 이상
성 금요일Good Friday	시편 22편("내 하나님이여 내 하나님이여 어찌 나를 버리셨나이까")
부활절Easter	시편 118편("건축자가 버린 돌이 집 모퉁이의 머릿돌이 되었나니") 그리고 시편 16편("주께서 주의 거룩한 자를 멸망시키지 않으실 것임이니다")
승천일Ascension Day	시편 47편("하나님께서 즐거운 함성 중에 올라가심이여")
성령강림일Pentecost	시편 104편("주의 영을 보내어 그들을 창조하사 지면을 새롭게 하시나이다")

렉셔너리를 사용하지 않는 회중이 교회력을 따라서 매주 상당한 기간 동안 시편을 읽거나 노래하는 방식으로 주어진 성경의 시편을 사용하기로 선택하는 경우를 생각해보라. (이것은 렉셔너리를 따르지 않는 회중들에게 아마도 지혜로운 아이디어임이 분명하다) 이런 경우 렉셔너리는 교회력을 따라 가장 적합한 시편곡을 정하는데 적절하게 도움을 줄 수 있는 역할을 할 것이다. 예를 들어 대강절(시 25, 72, 80편), 사순절(시 32, 51, 126, 130편), 그리고 부활절(시 16, 23, 30, 47, 93편)과 관련해서 각각의 교회력에 따라 사용하기에 가장 적합한 시편들을 안내해줄 것이다.

예전의 요소들과 예배의 종류들

일부 전통들과 회중들 사이에서 렉셔너리를 사용하는 것에서 주어지는 의도하지 않은 효과는 시편들을 예배의 한 부분(특별히 구약 성경과 신약 성경 읽는 순서 사이)에서만 제한해서 사용하는 것이다. 하지만 예배의 거의 모든 순서들에서 사용할 수 있는 아름답고 적절한 시편 본문들이 있다.

예배로의 초청Calls to Worship	시편 47, 66, 95, 96, 100, 113, 150편 외 다수. 로마 가톨릭 예배의 경우 모든 미사에서 입례전에 사용하는 시편 구절들이 있다.
고백 기도Prayers of Confession	시편 6, 32, 38, 51, 102, 130, 143편(일곱개의 회심 시편들)
탄식 기도Prayers of Lament	시편 6, 13, 22, 42편 외 다수
용서의 확증Words of Assurance	시편 30, 32, 103편
주의 만찬Lord's Prayer	시편 34, 103, 116편.14 또한 로마 가톨릭 교회는 모든 미사에서 시편들에서 이끌어낸 성찬 시가를 사용한다.
축도Benedictions	시편 67, 115:12-15, 128편
세례 예배Baptism Services	시편 23, 42, 89, 105편
결혼 예배Marriage Services	시편 8, 67, 128, 145편
치유 예배Healing Services	시편 23, 27, 121, 139편 외 다수
장례식Funerals	시편 23, 46, 90, 103, 116, 121, 130, 139편
헌당식Dedication of a Church Building	시편 84편
안수식Ordination	시편117, 132, 134편
아침기도Morning Prayer	시편 5, 30, 90편
저녁기도Evening Prayer	시편 4, 141편

---

14   이상적으로 이러한 시편들은 특별한 예전적 행위들과 밀접하게 연관되어 있다. 화란의 칼빈주의자들은 전통적으로 성찬 이후 시편 103편을 사용했고, 스코틀랜드 장로교회들은 성찬 이전에 시편 24편을 사용했다. 다음을 참조하라. A. C. Honders, "Remarks on the Postcommunio in Some Reformed Liturgies," in *The Sacrifice of Praise*, ed. Bryan D. Spinks (Rome: Edizioni Liturgiche, 1981); Leigh Eric Schmidt, *Holy Fairs: Scottish Communions and American Revivals in the Early Modern Period* (Princeton, NJ: Princeton University Press, 1989), pp.98-99; Millar Patrick, *Four Centuries of Scottish Psalmody* (London: Oxford University Press, 1949).

각각의 경우에서 선택한 이러한 시편들은 읽거나 노래로 부를 수 있다. 고정된 예전의 방식(예배서를 따르는 경우)을 지닌 회중들의 경우에 예배 안에서 시편곡을 통합할 수 있는 최선의 방식은 찬양을 부르는 순서에 시편곡을 부르는 방식일 것이다 (실제로 대부분의 예배자들은 찬양과 시편곡 사이의 차이를 명확하게 구분하지 못할 것이다).

설교와 관련한 기준들

예배에서의 사용을 위한 시편 선택은 또한 설교를 위한 준비 과정에서도 적용될 수 있다. 시편들은 예배자들로 하여금 기도하는 것과 관련해서만 도움을 주는 것이 아니라 설교자들이 설교하는데도 도움을 준다.[15]

설교를 위해 시편들을 효율적으로 사용하는 것은 종종 시편 본문들을 성경의 다른 부분들과 짝을 맞추어 사용하는 것이다. 엘렌 데이비스Ellen Davis는 시편 설교의 관점에서 이것을 강조한다. "시편들은 더 넓은 범위의 이야기와 연결시킬 수 있는 어마어마한 가능성을 지니고 있다."[16] 그녀는 설교자들에게 일단 시편을 설교 본문으로 택하고 나면 성경과 오늘날의 삶 모두에서 그 시편의 상황과 연결될 수 있는 폭넓은 맥락에서 생각해보라고 제안한다. 구원의 시편(예를 들어, 시 30편)같은 경우 구약 성경의 치유 기사와 오늘날의 상황이 함께 병치될 수 있다. 시편 설교는 종종 설교자로 하여금 성경의 다른 부분들로 이끌어 준다.

15　특별히 다음의 자료를 참조하라. J. Clinton McCann Jr. and James C. Howell, *Preaching the Psalms* (Nashville: Abingdon Press, 2001). 또한 다음의 자료들도 참조하라. Sidney Greidanus, *Preaching Christ from the Old Testament: A Commentary Hermeneutic Method* (Grand Rapids: Eerdmans, 1999); Thomas G. Long, *Preaching and the Literary Forms of the Bible* (Philadelphia: Fortress Press, 1993), ch. 3; Elizabeth Achtemeier, "Preaching the Praises and Laments," *Calvin Theological Journal* 36 (April 2001): 103-14.

16　Ellen Davis, *Wondrous Depth* (Louisville: Westminster John Knox, 2005), p. 28.

그 반대 역시 사실이다. 곧 시편이 아닌 본문으로부터 설교를 하는 과정에서 그 선택된 본문과 의미 있게 병치될 수 있는 성경적 시편들이 있는지 또 그것이 무엇인지를 묻고 생각하는 것은 종종 유익을 준다. 렉셔너리와 전혀 상관없이 선택할 수 있는 자유를 지니는 것은 매우 흥미롭고 다양한 가능성들을 가져다준다.

구약 성경 본문들에 대한 설교에서 그 가능성들은 무궁무진하다. 우선 일부 시편들 앞에 주어지는 표제들을 잘 생각해보라. 그러한 표제들이 언제 누구에 의해서 기록되었는지에 대해서 우리가 무엇을 느끼든지, 일부 오래된 자료들은 시편과 그와 관련한 특별한 사건들 사이의 일정한 연결성을 이미 잘 이해하고 있다. 우리가 적어도 같은 것을 밝혀내는 것이 전혀 비합리적인 생각은 아니다.[17] 다윗과 밧세바에 관한 설교는 시편 51편을 예배적으로 활용함으로써 엄청나게 풍부해질 수 있다. 다윗과 압살롬에 관한 설교는 시편 3편의 활용을 제안해준다. 설교를 위해서 이러한 주 본문과 함께 같이 사용하는 시편을 읽거나 노래하는 것은 예배자들로 하여금 특정한 성경 이야기의 전개 속에 자신의 삶을 포함시키도록 해주고 또한 설교자에게는 설교의 전개를 위한 부가적인 자료들을 제공해준다.

때로는 시편의 주제와 관련한 내용이 그것에 대한 표제보다는 그 시편과 짝을 이루는 구약 성경의 특별한 사건을 더 잘 드러내 주기도 한다. 시편 20편은 전쟁 전에 드리는 기도이고, 시편 21편은 승리 이후 드

---

[17] Erik Haglund, *Historical Motifs in the Psalms* (Stockholm: Liber Tryck, 1984), 시편의 표제들과 관련해서, 패트릭 밀러(Patrick D. Miller)는 다음과 같이 설명한다. "표제는 그 기도가 처음 구성될 때 그와 관련한 정확한 상황을 항상 정당화시켜주는 것이라고 이해할 수는 없지만 그것이 신앙 공동체와 이러한 기도들을 전수하는데 책임을 지닌 자들이 삶의 다양한 정황들 특별히 다윗의 삶에 나타난 여러 상황들과 어떻게 연결되는지에 대해서는 잘 밝혀준다." *They Cried to the Lord* (Minneapolis: Fortress, 1994), p. 83. 밀러는 또한 우리가 알고 있는 일종의 탄식들이 한나와 다말에 의해서 주어진 것이고 그러한 표제가 시편에 포함된 것이라고 생각하는 것이 합리적인 주장이라고 본다(p.85). 필자가 시편을 예전적 기준들에 따라 선택하라고 주장하는 것은 바로 이와 같은 것에 기초한다.

리는 기도이며, 시편 44편은 패배 이후 도움을 요청하는 간구다. 이 모든 것들이 정복 또는 구원과 관련한 본문들에 해당하는 어떤 설교를 위해서도 가능한 선택이 될 수 있다. 시편 105, 106, 107편은 출애굽, 광야에서의 방황, 그리고 이스라엘 땅의 정복에 대한 어떤 설교에서도 사용가능한 명백한 관련성을 지닌다. 이스라엘의 포로와 귀환에 대한 설교는 시편 126편 또는 137편 가운데 어느 하나를 필요로 한다.

비록 그리 견고하지는 않지만 시편들과 구약 성경의 기도 본문들 사이에 주어진 연결성도 찾아볼 수 있다. 구약 성경 전체에 걸쳐서 그들이 사용한 언어들에 대한 특별한 언급 없이 주님께 기도한 다양한 인물들에 대한 내용을 찾아볼 수 있다. 예를 들어 간절한 도움을 구하는 한나의 기도를 생각해보라(삼상 1:10). 패트릭 밀러Patrick Miller가 주장하듯이 우리는 "특별한 모순에 대한 염려 없이"[18] 그러한 도움을 요청하는 간구 기도가 시편들에 기록된 다른 기도들과 유사하다는 것을 짐작할 수 있다. 이러한 성경 본문들과 연결되어 있는 적합한 시편들을 선택하는 것은 예배자로 하여금 거기서 나오는 성경 인물들의 성격에 대해서 단지 듣는 것뿐만 아니라 좀 더 구체적으로 풍부하게 경험할 수 있도록 해준다.

또한 신학적 일치성에 근거해서 특별한 구약 성경 본문들과 시편 사이에서 명백히 짝을 이루고 있는 경우도 있다. 신명기의 언약 신학에 대한 설교는 구원의 역사를 포함하는 시편(시편 136편) 또는 율법 시편들(시 1, 19, 119편) 가운데 하나를 사용하면 훨씬 적합하게 드러난다.[19] 선지자들의 종말론적 기대에 대한 설교는 시온에 관한 시편들(46,48,76,87) 또는 하나님의 미래 통치에 대한 시편들(96, 97)의 활용으로 더욱 적절하게 선포될 수 있다. 잠언이나 전도서에 대한 설교는 지혜 시편들(1, 37, 49)의 활용으로 더욱 분명해질 수 있다. 창조(8, 29, 104), 죄(32, 51), 그리고 구속

---

18 Miller, *They Cried ot the Lord*, pp. 84-85 참조할 것.
19 Miller, *They Cried to the Lord*, p. 114 참조하라.

(78, 105, 106)에 대한 설교를 위해서 쉽게 선택할 수 있는 경우도 있다. 결론적으로 거의 모든 구약 성경의 본문들이 하나 또는 그 이상의 시편들과의 특정한 연관성을 지니고 있음을 보여준다.

신약 성경 본문들에 대한 설교와 관련해서도 동일한 가능성들이 다수 있다. 시편을 인용하고 있는 많은 신약 성경 본문들에서 그 분명한 연결성을 찾아볼 수 있다. 히브리서 1장에 대한 설교는 그 본문에서 직접 인용하고 있는 시편들 가운데 일부를 노래함으로써 더욱 구체화될 수 있다. 인용된 시편 전체를 노래하는 것은 회중들로 하여금 구약과 신약의 연속성을 경험하게 해줄 뿐만 아니라 설교 자체에서 또는 다른 방식으로 나타나는 설명을 제공해주면서 구약의 본문들이 신약 성경의 저자들에 의해서 사용된 특별한 방식들을 이해하게 해준다.

이와 함께 특별히 시편의 교부적 해석들에서 나타나는데, 시편의 많은 부분을 기독론적으로 읽는 오래된 전통이 있다. 신약 성경도 시편 2, 22, 69, 72, 102편을 예수님의 인격과 사역을 이해하는 핵심 본문들로 간주한다(눅 24:44을 참조하라).[20] 다른 본문들도 신약 성경 신학의 측면과 관련한 신학적 관련성을 제시해준다. 예를 들어 클라우스 웨스터만Claus Westermann은 시편 113편과 138편에 기록된 신적 자기 낮춤의 주제를 신약 성경이 성육신의 신학적 의미를 드러내는 배경으로 삼는다.[21] 또한 디트리히 본훼퍼Dietrich Bonhoeffer는 "우리가 성경 특별히 시편의 기도들을 읽고 기도하기를 원한다면 그것들이 우리와 무슨 관계가 있는지

---

20   Jean Danielou, S.J., *The Bible and the Liturgy* (Notre Dame, IN: University of Notre Dame Press, 1956), pp. 177-90, 311-47 참조할 것. 특별히 교부들의 문헌과 예배 실천에 나타난 시편의 메시야적 해석에 대한 많은 인용들을 살펴보라. 또한 Brian McNeil, *Christ in the Psalms* (New York: Paulist Press, 1980); Hans Joachim Kraus, "The Psalms in the New Testament," *Theology of the Psalms*, trans. Keith Crim (Minneapolis: Augsburg, 1986), pp. 177-203; T. Ernest Wilson, *The Messianic Psalms* (Neptune, NJ: Loizeaux Brothers, 1978) 참조할 것.

21   Claus Westermann, *The Living Psalms* (Grand Rapids: Eerdmans, 1989), pp. 297-98 참조할 것.

를 묻기 전에 그것들이 그리스도와 무슨 관계를 지니고 있는지를 먼저 물어야 한다 … 시편들은 바로 이러한 목적을 위해서 우리에게 주어진 것이다. 곧 우리는 예수 그리스도의 이름으로 그것들을 읽는 법을 배워야 한다."22고까지 강조해서 결론을 제시했다. 현대 성경 신학의 많은 부분들은 기독론적 연결성은 해석자들의 상상에 의해서 영향을 받은 점이라는 사실에 주목하면서 기독론적 해석으로부터 많이 물러서 있다. 일반적으로 각각의 시편은 고대 이스라엘 백성들의 기도로서 독립된 위치를 확보할 수 있다. 동시에, 일부 시편들은 예수님의 생애, 기도, 죽음, 그리고 부활의 관점에서 새로운 의미를 지닌다.

그리고 또한 하나님의 은혜의 신비를 담아내는 상징적인 묘사를 그와 상응하는 신약 성경과 함께 창조하는 시편들도 있다. 그 핵심 이미지들이나 비유하는 세상(예를 들어 군대, 의료, 또는 제의)이 선택한 설교 본문 또는 그 회중들의 삶에 주어진 특별한 상황과 상응하기 때문에 시편을 선택하는 경우를 생각해보라.

예를 들어 물을 상징적으로 사용하는 경우를 생각해보라. 시편 42:9, 69:1, 그리고 124:3은 모두 신약 성경의 세례에서 "잠김"drowning(그리스도와 함께 죽음)의 이미지를 상징적으로 제공해주는 삼켜버릴 듯한 혼돈 상태의 물을 묘사한다. 이와 달리 시편 36:8-9, 46:4, 그리고 87:7은 에스겔 47:1-2과 요한계시록 22:1-2과 함께 "하나님의 도성을 유쾌하게

---

22 Dietrich Bonhoeffer, *Psalms: The Prayer Book of the Bible*, trans. James H. Burtness (Minneapolis: Augsburg, 1970), pp. 14-15. 이와 유사한 견해가 조나단 에드워드(Jonathan Edwards)의 시편 89:6에 대한 설교에 나타난다: "이 시편은 상당히 중요한 경건을 담고 있고 그 안에 곳곳에 복음의 은혜의 정신이 스며져 있다. 하나님의 영광에 대한 지극한 표현들이고 그리스도와 그분의 왕국의 탁월함도 나타내는 표현들이다. 이것이 바로 복음의 교리, 은혜, 그리고 정신이며, 그 안에 선명히 나타나고 밝혀져 있다. 그것은 구약 성경의 맥락 위에서 그것을 넘어서서 명백하게 나타나고 신약 성경에 이르기까지 거의 선명하게 나타나 있다. 시편의 거의 전체는 직접 또는 간접적으로 그리스도와 복음을 선명하게 드러내고 있다…"Jonathan Edwards, *Sermons and Discourses*, 1720-1723, ed. Wilson H. Kimnach (New Haven, CT: Yale University Press, 1992), p. 415.

하는 강"으로써 시온에서 흐르는 물을 묘사한다. 성경의 세계에서 하나님의 새 창조의 변화는 부분적으로 혼돈의 물(창 1:2)이 "수정과 같은 바다"(계 19장)로 변화하는 것처럼 묘사된다. 예배에서 이러한 이미지들은 단지 설명되어야 하는 것들이 아니라 경험되어야 하는 것들이다. 시편들과 찬양들을 창조적으로 활용하기 위해서는 단지 문예적인 그림으로 묘사된 태초의 혼란, 즐겁게 춤추는 강, 불의 기둥들, 자비의 구름들, 그리고 다른 자연 현상들을 하나님의 위대하신 창조와 재창조 사역을 묘사하기 위한 것으로 드러내기 위해 우리의 상상력을 자극해야 한다.[23]

설교자들이 설교 본문들과 시편들 사이의 상응 관계를 찾아낼 수 있는 이러한 모든 방법들을 알고 있는 가운데 각각의 설교를 적절한 시편을 읽거나 노래하는 것으로 끝내는 방식을 도입하는 설교자나 회중들을 생각해보라. 또는 설교자들이 시편에서 핵심 구절들을 찾아내고 그것들을 설교를 구성하는데 반복적으로 사용하는 후렴구처럼 사용하는 경우를 생각해 볼 수 있다. "주님의 이름이 온 땅에서 지극히 위대하십니다" 또는 "어찌하여 나를 버리셨나이까?"와 같은 시편의 후렴구를 포함하는 설교는 예배자들로 하여금 고대의 시편과 관련한 수사가 현대의 화법을 어떻게 형성해줄 수 있는지를 느낄 수 있도록 도와줄 것이다.[24] 이러한 경우에 시편은 단지 렉셔너리에 따라 읽는 것에 대한 반응으로써 기능하는 것이 아니라 성경 읽기와 설교를 중심으로 예배 전체의 구성 요소에 대한 반응으로 기능하는 것이다. 이러한 실천은 비교적 용이하게 전통적인 곳에서부터 현대적인 곳에 이르기까지, 예전적인 곳에서 이른바 비예전적인데 이르기까지 모든 범위의 회중들 사이에서 차용할 수 있는 방법일 수 있다. 이것은 성경 본문들에 의해서 형성되는 방식을 통해서 설교를 기도 생활과 연결시키는 습관을 자라게 하는데 도움을 줄 것이다.

---

23 예를 들어 우리가 시편 29편("하나님이 우렛소리를 내시니")을 예수님의 세례 기사와 병치시키는 것은 바로 이런 이유에서이다.
24 이러한 제안과 관련해서 필자는 드보라 리인스트라(Debora Rienstra)에게 감사한다.

목회적 기준들

시편들은 또한 목회적 이유들에 근거해서 예배 안에서 사용하기 위해 선택할 수 있다. 시편들은 목회적 돌봄과 관련해서 성경의 모든 내용들 가운데서 가장 풍부한 자원으로 간주된다. 여기서 예배와 관련해서 중요한 것은 시편의 활용을 목회적 돌봄과 예배 안에서 서로 연결시키는 기회다. 어느 회중 가운데 장례 이후 일주년이 되는 때를 장례식에서 사용했던 시편을 다시 읽거나 노래 부름으로써 그 의미를 되새기는 경우를 생각해 보라. 또는 목회적 돌봄을 담당하는 리더가 목회 상담 과정, 병원이나 감옥 방문 때 적절하게 사용할 수 있도록 대 여섯 개의 시편 본문들을 정해놓고 그러한 시편 구절들을 예배에서 정기적으로 사용하는 회중들의 경우를 생각해 보라(렉셔너리를 따르는 회중들의 경우 앞으로 있을 교훈들에서 주어지는 시편들을 자연스럽게 사용할 수도 있다). 이러한 실천은 회중의 예배 생활과 목회적 돌봄 사역을 연결시키는 것이다. 그리고 주어진 시편이 집, 병원 입원실, 요양원, 또는 감옥과 같은 곳에서 사용될 때 그 본문은 돌봄을 제공하는 자뿐만 아니라 그 돌봄을 제공 받는 자 모두에게 그 본문을 목회적으로, 좀 더 중요한 의미로 예배에서 사용하는 확실한 의미를 얻게 된다.

필자가 아는 한 목회자는 다양한 시편 본문들을 인덱스 카드에 기록해서 병원이나 요양원에 있는 사람들에게 나누어주고 그 카드를 그들의 침대 곁에 두게 한 후 다른 이들도 함께 읽을 수 있도록 했다. 시간이 흐르면서 사람들은 시편의 많은 구절들을 접하게 되었고 그 목회자에게 그들이 좋아하는 구절에 대해서 나눌 수 있기까지 되었다. 그들이 사랑하는 이들이 죽을 때 이렇게 기록된 시편 구절들은 그들의 장례식과 회중들의 예배에서 함께 사용될 수 있으며 죽은 자들이 더욱 특별한 의미로 그들이 지녔던 시편 구절을 통해서 비록 죽었지만 대신해서 분명히 말할 수

있도록 해주는 방식을 통해 목회적 돌봄을 더욱 풍성하게 한다.25

이와 같은 종류의 연결이 교육, 사회 정의, 그리고 전도를 포함한 회중 생활의 모든 다른 측면에서도 함께 권장될 수 있다. 당신이 속한 회중 안에서 각각의 사역이 특별한 시편을 그 사역의 핵심으로 간주한다고 생각해 보라. 그 모든 시편들을 당신의 회중이 진행하는 모든 사역들을 대변해주는 하나의 모임에서 통합시켜 보라. 이 통합된 시편 구절들을 사용해서 일종의 확대된 사역 문구mission statement를 생각해 보라. 비록 이러한 문구가 단순한 구절들을 메모 방식으로 모아 놓은 것이 아니라 성경의 시 구절들과 같은 형태를 지닐지라도 한번 시도해 보라. 예배의 언어가 회중들의 생활을 생생하게 반영할 수 있다면 회중들의 사역 참여는 더욱 풍요로워지고 예배는 더욱 깊은 것을 경험하도록 이끌게 된다.

이러한 예들은 특정한 시편들과 다른 성경 본문들 사이의 창조적인 병치를 위한 수많은 가능성들 가운데 지극히 일부분만을 보여주는 것이다. 시편의 예배적 활용을 위해서 그 본문들을 잘 선택할 경우 모든 예배 전통에 속한 예배자들에게 성경과 관련한 상상력을 무한 자극할 수 있는 가능성을 지니게 된다. 모든 예배마다 그 예배에 가장 적합한 시편들이 있다. 신중한 예배 인도자들의 목표는 바로 그러한 시편 구절을 찾아내는 것이다. 에게리아Egeria가 4세기 예루살렘으로 순례 여행을 가서 쓴 기록에서 그녀는 예루살렘의 매일 기도에서 시편을 사용한 것에 대해 다음과 같은 의견을 남겼다. "내가 여기서 가장 인상 깊게 발견한 것

---

25   필자는 이러한 실천과 관련해서 나에게 중요한 깨우침을 준 스캇 호이제(Scott Hoezee)에게 감사한다. 이 주제에 대한 좀 더 상세한 내용에 대해서는 필자가 쓴 "How Common Worship Forms us for Our Encounter with Death," in *Worship Seeking Understanding* (Grand Rapids: Baker Academic, 2003), pp. 291-308을 참조하라. 목회적 돌봄에서의 시편에 대한 좀 더 자세한 내용에 대해서는 다음을 참조하라. Deborah van Deusen Hunsinger, *Pray without Ceasing: Revitalizing Pastoral Care* (Grand Rapids: Eerdmans, 2006), pp. 29-30, 138-46.

은 그들이 사용하는 시편과 찬양이 항상 서로 부합하고 있다는 점이다... 모든 것이 그들이 이루려는 것에 적합하고, 적절하고 그리고 적실성을 지닌다."[26] 일치한다는 점이다. 에게리아의 찬탄이 오늘날 모든 예배 인도자들의 목표가 될 수 있기를 바란다!

2. 번역본 선택

많은 목회자들과 예배 인도자들이 예배에서 사용하는 성경의 버전이나 번역본에 대해서 매주 특별한 관심을 보이지는 않을 것이다. 그들은 공식적으로 인정된 또는 쉽게 접할 수 있는 번역본을 사용한다. 예배에서 공인된 성경 번역본을 사용하는 것은 아주 지혜로운 것이다. 공인된 번역본을 일반적으로 사용하는 것은 회중들을 주어진 기독교 전통 안에서 연결시키는 것이고 (어린아이들을 포함해서) 성경을 암송하는 자들에게 예배에서 사용하는 신뢰할 만한 역본을 이용하게 하며, 성경이 주어진 리더의 선호에 따라 그것을 맞추기 위해서 필요한대로 사용할 수 있는 용이한 본문이라는 인상을 갖지 않게 하는데 도움을 준다.

그러나 특별히 시편의 시가 지닌 뉘앙스나 강조점과 관련해서는 리더들이 여러 번역본들(히브리어 본문을 현대의 언어로 옮겨 놓으려는 시도들)과 패러프레이즈(바꿔쓰기)와 같은 다른 표현들(원래의 히브리어 본문에 근거해서 다소 자유롭게 구성한 표현들)로 기록된 것들에 대한 연구를 통해서 얻을 수 있는 것들이 많다. 실제로 영어는 히브리어 원문의 시적 아름다운 표현을 사로잡기에는 한계를 지닌다.[27] 우리는 우리의 시편 읽기뿐만 아니라 좀

---

26 Egeria, *Pilgrimage of Egeria*, XXV, trans. John Wilkinson, *Egeria's Travels* (London: SPCK, 1971), p. 126.
27 우리는 히브리어가 단지 다른 언어일 뿐만 아니라 전혀 다른 언어 군에서 온 언어라는 것을 알아야 한다. 이 점과 관련해서 매우 분별력을 지닌 나단 비어스마(Nathan Biersma)에게 감사한다.

더 일반적으로 우리의 기도에서도 더욱 시적인 분별력을 지녀야 한다.

다른 번역본들이나 패러프레이즈 표현들에서 설교자들과 음악가들은 주어진 시편에 대한 그들의 생각을 동요시키는 언어, 구절, 또는 이미지를 찾고 현대의 독자들이 그 본문에 더욱 참여하는데 도움을 주기 위한 새로운 안목을 제시하기도 한다. 기도 인도자들은 공인된 번역본이 그 본문의 공식적인 읽기를 위해서 사용될지라도 예배 기도를 위한 기초로서 성경의 다른 표현들을 선택하기도 한다.

시편 42:1-2의 다음과 같은 번역본과 패러프레이즈 표현들에 대해서 생각해보라 (옮긴이-여기서는 한국어 번역본과 다른 표현들의 차이를 위해서 영어 NRSV 대신 개역 개정을 인용한다).

> 하나님이여 사슴이 시냇물을 찾기에 갈급함같이
> 내 영혼이 주를 찾기에 갈급하나이다
> 내 영혼이 하나님 곧 살아 계시는 하나님을 갈망하나니
> 내가 어느 때에 나아가서 하나님의 얼굴을 뵈올까
>
> ∼
>
> 사슴이 흐르는 물의 그 깊고 맑은 곳에 이르기 위해 자신의 몸을 뻗치는 것처럼
> 오 하나님 제가 그렇게 주님을 향해 그렇게 저 자신을 뻗치나이다
> 제가 하나님, 곧 살아 계신 하나님을 향해 목마르나이다 …
> 제가 언제 가서 하나님을 직접 뵈오리이까?[28]
>
> ∼
>
> 사슴이 물을 갈망하는 것처럼
> 나의 영혼이 하나님을 갈망하나이다
> 나의 영혼이 살아 계신 하나님, 하나님을 갈급하나이다

---

28 Calvin Seerveld, *Voicing God's Psalms* (Grand Rapids: Eerdmans, 2005), p. 73.

오 언제 제가 하나님 앞에 나갈 수 있으리이까![29]

～

사슴이 흐르는 물을 열망하듯이
나의 하나님, 내가 나의 하나님을 갈망하나이다
내가 하나님을 갈망하나이다
언제 제가 주님의 얼굴을 뵙겠나이까?[30]

～

암사슴이 샘물을 찾듯이
하나님, 나의 영혼이 하나님을 찾습니다
나의 영혼이 살아 계신 하나님을 갈망했습니다.
언제 제가 가서 하나님 얼굴 앞에 설 수 있겠습니까?[31]

～

하얀 꼬리를 가진 암사슴 시냇가에서 물을 마시나이다
저도 하나님을 마시기를 원하나이다
하나님의 깊은 물을
제가 살아 계신 하나님을 목말라 하나이다
저는 궁금합니다, "제가 하나님의 임재 안에 거하고 마실 수 있는 때가 오는 지요?"[32]

～

하나님, 나의 영혼이 당신을 목말라 합니다
마치 암사슴이 솟아오르는 샘물을 갈망하듯이

---

29 *The Book of Psalms: A New Translation According to the Traditional Hebrew Text* (Philadelphia: Jewish Publication Society, 1972), p. 47.

30 *The Psalter*, ed. Gabe Huck, produced by the International Commission on English in the Liturgy (Chicago: Liturgy Training Publications, 1995).

31 Albert Pietersma, *A New English Translation of the Septuagint* (Oxford: Oxford University Press, 2000), p. 40.

32 Eugene Peterson, *The Message* (Colorado Springs, CO: NavPress, 1993) p. 964.

나의 영혼이 진정으로 살아 계신 하나님을 향한 갈망으로 메말라 있습니다
얼마나 오랫동안 기다려야 내가 전능하신 하나님을 나의 눈으로 즐길 수 있
습니까?[33]

∽

장거리 수영선수가 땅을 향해 헤엄치듯이
내가 주님을 향해 힘을 쏟아 붓고 있습니다.
내가 물에 잠길 위험에 처해 있습니다.
나의 발이 견고한 땅을 다시 밟을 수 있기를 갈망합니다.[34]

 성경의 패러프레이즈 표현들은 히브리어 본문과 관련해서 상당한 자유를 지니고 있는 것이 분명 사실이다. 이 가운데 어떤 표현들은 현대의 독자들에게 히브리어 본문의 뉘앙스를 정확히 접할 수 있도록 잘 돕기도 하지만 때로는 시편의 핵심적인 문학과 신학의 의미를 직접적으로 반하는 방식으로 표현하는 경우도 있다. 단어 선택이나 문장 구조에서의 새로운 시도는 히브리어 본문과 궁극적으로 충돌하지 않는지 확인해야 한다. 이러한 작업은 이미 출판된 몇몇 좋은 주석들(이 책의 마지막에 기록해 둔 자료들을 참고하라)을 통해서 히브리어를 잘 알지 못하는 독자들에게 좀 더 용이한 일이 되었다. 일반적으로 필자는 두 가지 극단적인 경우를 주의한다. 하나는 본문이 우리가 말하기 원하는 것을 말하도록 만들기 위해서 우리가 생각한 다양한 패러프레이즈 표현들을 임의로 사용하는 것이고, 다른 하나는 자신이 속한 전통에서 공인된 역본 외에 다른 어떤 것도 사용하려 하지 않는 것이다. 예배 자체에서 균형을 이루는 하나의 방법은 시편의 공식적인 읽기나 노래를 위해서는 공인된 역본을 사용하고, 기도, 설교 또는 예배의 전환을 위한 언어를 위해서는 패러프

---

[33] Juanita Colón, *The Manhattan Psalter; The Lectio Divina of Sister Juanita Colón* (Collegeville, MN: Liturgical Press, 2002), p 67.
[34] James Taylor, *Everyday Psalms* (Winfield, BC: Wood Lake Books, 1995), p. 59.

레이즈 표현들을 사용하는 것이다.

시편들의 번역본들과 패러프레이즈 표현들

기본적인 성경 번역본들 외에 다음과 같은 역본들을 참조하라.

Arackal, Joseph J., V.C. *The Psalms in Inclusive Language*. Collegeville, MN: Liturgical Press, 1993.

The Book of Psalms: A New Translation according to the Traditional Hebrew Text. Philadelphia: Jewish Publication Society, 1972.

The Grail Psalter. Chicago: GIA Publications. 각각의 시에 음절의 수를 일정하게 기록해서 히브리어 본문의 음악적musical 특징을 선명히 드러내기 위해 노력한 번역본. 이 Grail Psalter는 지난 40여 년간 조금씩 변화를 주면서 여러 방식들로 출판되어 왔다. 서로 다른 이러한 출판 역본들은 *Liturgiam Authenticam*의 요구 사항에 모두 충족하기 위해 노력을 해온 것들이다.

The New Jerusalem Bible. Garden City, NY: Doubleday, 1985. 로마 가톨릭 교회에서 사용하는 것으로 영어의 문학적 특징에 특별히 주의를 기울이며 작업한 번역본이다.

Pietersma, Albert. *A New English Translation of the Septuagint*. Oxford: Oxford University Press, 2000.

The Psalter. Gabe Huck, ed., produced by ICEL (the International Commission on English in the Liturgy). Chicago: Liturgy Training Publications, 1995. 이 책의 긴 부제는 이 책의 의미와 가치를 잘 설명해준다. "공동 노래와 암송을 위해서 아주 충실하고 포용적인 방식으로 히브리어를 현대 영어의 시적 표현으로 전환해 놓은 작품"

Paslter for Christian People: An Inclusive-Language Revision of the

Psalter of the Book of Common Prayer. Gordon Lathrop and Gail Ramshaw, eds. Collegeville, MN: Liturgical Press, 1993.

Seerveld, Calvin. *Voicing God's Psalms*. Grand Rapids: Eerdmans, 2005. 히브리어 원문의 힘과 에너지를 탁월하게 살려서 구성해 놓은 강력한 번역본.

Tanakh: A New Translation of the Holy Scriptures according to the Traditional Hebrew Text. Philadelphia: Jewish Publication Society of America, 1917.

시편의 패러프레이즈 또는 각색한 표현들과 관련해서는 다음의 예들을 참조하라.

Brandt, Leslie F. *Psalms Now*. 3rd edition. St. Louis: Concordia Publishing House, 2004.

Colón, Juanita. *The Manhattan Psalter: The Lectio Divina of Sister Juanita Colón*. Collegeville, MN: Liturgical Press, 2002.

Mitchell, Stephen. *A Book of Psalms*. New York: HarperCollins, 1993.

Peterson, Eugene. *The Message*. Colorado Springs, CO: NavPress, 1993.
  (한국어로 번역이 되어 있음)

Rienstra, Marchiene Vroon. *Swallow's Nest: A Feminine Reading of the Psalms*. Grand Rapids: Eerdmans, 1992.

The Saint Helena Psalter: A New Version of the Psalms in Expansive Language. New York: Church Publishing, 2004.

Taylor, James. *Everyday Psalms*. Winfield, BC: Wood Lake Books, 1995.

시편의 번역본들과 패러프레이즈 표현들에 대해서 평가하는 많은 작품들과 관련해서는 다음의 자료들을 참조하라.

Bratcher, Robert G., and William D. Reyburn. *A Translator's Handbook on the Psalms*. New York: United Bible Societies, 1991.

Hunter, Alastair G. *Psalms: Old Testament Readings*. New York: Routledge, 1999, pp. 15-32.

3. 예배에서 시편의 자리매김

역사적 예배 방식에 기초한 정교화된 예배에 참여하고 있는 회중들에게 시편의 위치는 보편적으로 고정되어 있다. 말씀과 성찬의 예배에서 대부분의 경우 구약 성경을 읽은 이후 그리고 신약 성경을 읽기 전에 시편을 노래로 부르거나 읽는다. 시편의 짧은 구절들이 예배의 다른 부분들에서 사용되기도 하는데 대게는 그러한 부분들에서 넓은 문예 단위로서의 긴 구절들 또는 전체 시편의 활용이 이루어진다. 아침 기도 또는 저녁 기도 모임에서 한 두 개의 시편들을 예배가 시작되기 전 읽거나 노래하기도 한다.

이러한 실천들에 관해서는 칭찬할 만한 것들이 많다. 예배에서 시편을 위한 고정적인 자리를 확보하고 예배자들에게 지속적으로 시편 본문들에 고정적으로 노출될 수 있도록 해준다. 이러한 실천들은 또한 성경이 단지 교훈적인 내용뿐만 아니라 경배를 위한 시적 표현들도 포함하고 있다는 이해를 가져다 준다. 매일 읽는 성경의 일정 분량 가운데 적어도 한 부분을 노래하는 것은 매우 바람직한 것이다.

말씀과 성찬 구조의 예배에서 구약 성경과 신약 성경을 읽는 순서 사이에 시편을 사용하는 것은 시편이 구약 성경 읽기에 대한 응답인지 또는 그 자체로 그것을 드러내는 성경의 표현인지에 대해서는 다소 애매할 수 있다. 이것이 때로는 도움이 되기도 하지만 때로는 전혀 그렇지 않을 수도 있다. 위에서 주목한 바와 같이 개정된 공동 렉셔너리는 시편의 가장 주된 기능을 구약 성경 본문에 대한 응답으로 드러낸다. 하지만 시편이 설교의 본문으로 사용될 경우 단지 그 전에 읽는 성경 본문과의 관계 속에서 의미를 찾는 것뿐만 아니라, 그 자체로 그것이 지닌 의미를 드러내며 예배에서 경험하는 것이 더 바람직하다. 최소한 말 또는 글의 표현을 통해서 설교 본문으로서의 기능을 나타낼 수 있다.

전통적 예전 방식들을 따르는 회중들은 예배에서 시편을 사용하는 다른 기회들을 종종 놓칠 수 있다. 예를 들어 시편의 음악적 활용은 입례나 퇴장할 때 부르는 찬양을 대신해서 사용할 수 있다. 사실 구체적으로 언급하지 않으면 대부분의 회중들은 이러한 차이를 깨닫지 못할 것이다. 시편가가 성찬 분배 시 부르는 다른 노래들 또는 찬양들과 함께 사용되어질 수도 있다.

고정된 예배 방식을 따르지 않는 회중들은 예배에서 시편 사용을 위한 무한한 가능성을 갖고 있다. 그 가운데 주어질 수 있는 전형적인 가능성들에는 다음과 같은 것들이 있다.

1. 설교가 시편에 근거하고 있다면 그 시편은 다른 설교에서의 본문과 마찬가지로 설교 이전에 봉독 되거나 노래로 부를 수 있다.
2. 설교가 다른 본문 외에 시편을 중요한 참고 본문으로 삼고 있다면 그 시편은 설교 이전에 행하는 성경에 대한 두 번째 강론으로 읽거나 노래로 부를 수 있고 또는 설교에 대한 결론으로 읽거나 노래로 부를 수 있다.
3. 찬양과 감사의 시편들은 예배가 시작할 때 찬양 곡들과 함께 통합해서 사용될 수 있다.
4. 탄식, 고백, 그리고 감사의 시편들은 예배동안 행하는 여러 기도들 가운데 어느 한 기도의 안내 역할을 하거나 기도의 전체 내용으로 읽거나 노래로 부를 수도 있다.
5. 시편 67편과 같은 축도 시편은 예배를 마치며 축복하는 마무리 기도로 읽거나 노래로 부를 수 있다.

6. 예배가 전적으로 시편과 관련해서 구성될 수 있는데, 주어진 시편의 각각의 내용을 확대해서 적용하는 방식으로 그 구체적인 시간을 활용하는 것이다.

4. 회중의 참여 방식을 설정

예배에서의 시편 활용에 대해서 간과된 측면은 회중들이 어떻게 그 본문에 참여하도록 요구 받고 있는지에 대한 질문이다. 형식적이고 비형식적인 또한 예전적이고 비예전적인 예배들 모두에서 회중들이 시편을 마치 다소 낯선 구절들과 옛 지형들을 마구 섞어 놓은 것처럼 경험하는 것은 그리 낯선 일이 아니다. 수도원 공동체들 밖에 있는 대부분의 예배자들은 시편을 제대로 읽는 자들이 아니다. 우리는 시편의 뉘앙스와 그 전형적인 표현 방식에 대해서 익숙하지 못하다.

특정한 본문의 의미와 목적을 소개하는 데 있어서 좀 더 의도적이 되면 회중들이 시편에 참여하는 수준을 의미 있게 심화 시켜줄 수 있다. 예배 주보나 영상 순서를 통해서 간략한 설명을 담은 문장이나 안내는 아주 조용한 방식이지만 큰 효과를 이룰 수 있다. 좀 더 확대된 방식으로 소개하면 회중이 시편 사용에 대해서 익숙하지 않을 경우 특별히 도움이 될 수 있다. 예를 들어 감리교 목회자 제임스 호웰James Howell은 시편에 대한 여름 설교 시리즈를 진행하는 동안 인쇄물을 통해서 그 내용을 소개하는 방식을 사용했다. 시편 73편에 근거한 예배에서 다음과 같은 내용을 주보에 실었다.

시편 73편은 모든 시편들 가운데 가장 정교하고 감동적인 시편입니다. 이 시편은 마틴 부버가 가장 좋아했던 시편이었습니다. 그는 특별히 23, 24절을 그의 무덤비에 새겨 놓으라고 부탁했습니다. 그리고 찰스 웨슬리의 6,500개의 찬양들 가운데 마지막은 그가 침대에서 썼는데 바로 이 시편 73편에 의해서 영감을 받은 곡입니다. 이 시편은 모든 사람들이 알고 사랑하는 가장 친밀한 종교적 문구 가운데 하나인 작은 모토로 시작합니다. 곧 "하나님이 참으로 마음이 정결한 자에게 선을 행하시나니"라는 표현입니다. 그러나 이 시편 기자는 몇 가지 질문들을 가지고 있으며 그 질문들은 매우 개인적인 것들입니다. 1-12절까지는 인생의 불공평에 대한 간구로서의 폭발입니다. 시편 기자는 일면 욥과 같이 하나님에게 신실했지만 하나님으로부터 위대한 선을 경험하지 못했습니다. 오히려 그는 병과 가난을 지속적으로 경험해야 했고, 건강하고 부유하지만 악한 사람들을 접해야 한다는 사실에 모든 상황은 더욱 악화되었습니다. 선에 대한 보상은 없습니까? 악함에 대한 처벌은 없습니까? 왜 이리도 너무 자주 모든 상황들이 반대로 주어지는 것처럼 보입니까? 13-17절은 일종의 전환점을 마련합니다. 시편 기자는 하나님에 대한 자신의 믿음을 저버리지 않습니다. 모든 변화는 하나님의 성전에 가는 것에서 비롯됩니다. 그리고 18-28절에는 성경에서 하나님에 대한 신앙, 하나님에 관한 사랑, 그리고 하나님과의 친밀함을 가장 아름답게 표현한 구절들이 나옵니다.[35]

이와 더불어 각각의 새로운 계절이 시작될 때 매주 예배에서 사용할 수 있는 시편들의 구체적인 사용 계획표를 인쇄물로 제공해주는 것을 생각해보라. 여기에 담기는 구체적인 내용들은 예배자들이 예배에서 그 시편을 사용하기 전에 먼저 공부해오거나 기도할 수 있도록 안내해주는 역할을 하게 된다.

---

[35] James C. Howell, "The Psalms in Worship and Preaching: A Report," In *Psalms and Practice*, ed. Stephen Breck Reid (Collegeville, MN: Liturgical Press, 2001), pp. 132-33.

시편의 유형들

시편을 처음으로 접하는 경우 회중들에게 알려 줄 수 있는 가장 도움이 되는 기본적인 정보 가운데 하나는 그 시편의 유형을 알려주는 것이다. 시편 연구가들은 시편의 구체적인 장르마다 이름을 붙이기 위해서 다양한 용어들을 사용하지만 다음과 같은 장르의 유형들이 대부분의 시편들을 구분하고 포함시키는 방식이다.36

구원사의 시편들 Salvation History Psalms : 이것들은 하나님이 행하신 역사에 대한 감사의 시편들이다. 하나님이 이스라엘 백성들에게 행하신 간략한 구원의 역사에 대한 교훈들처럼 읽는다(시편 78, 105, 136편 참고).

탄식 시편들 Lament Psalms : 삶의 파괴와 고통에 대해서 하나님에게 탄식으로 시작하는 본문들이 있다. 대부분의 탄식들은 분노의 표현에서 신뢰 또는 찬양의 표현으로 전환한다(시편 88편이 바로 대표적인 예다). 학자들은 종종 이러한 본문들을 "공동의 탄식"(80, 85, 137편과 같은 경우들)과 "개인의 탄식"(3, 22, 42편과 같은 경우들)의 유형들로 다시 구분한다.

---

36 이러한 유형들은 시편 연구가들 가운데서 여전히 매우 논쟁 중에 있다. 시편에 대한 대부분의 개론서들은 시편의 유형들을 구성하는 틀/방식을 포함한다. 헤르만 궁켈(Hermann Gunkel)이 시편 유형에 대한 연구에서 가장 영향력 있는 선구자였다. Hermann Gunkel and Joachim Begrich, *An Introduction to the Psalms: The Genres of the Religious Lyric of Israel*, trans. James D. Nogalski (Macon, GA: Mercer University Press, 1998)을 참조하라. 이 책은 시편을 각각 다섯 개의 주요 유형들과 또 다른 다섯 개의 작은 유형들로 구분한다. 지그문트 모윙켈(Sigmund Mowinckel)은 그러한 유형들을 네 개의 중요 유형들 곧 공동 찬양과 감사, 개인 감사, 탄식, 그리고 찬양으로 단순화시킨다. Sigmund Wowinckel, *The Psalms in Israel's Worship*, trans. D. R. Ap-Thomas (Grand Rapids: Eerdmans, 1964, 2004)를 참조하라. 클라우스 웨스터만(Claus Westermann)은 이 보다 더 세분화시켜서 시편을 두 개의 유형들 곧 찬양과 간구로 나눈다. Westermann, *Praise and Lament in the Psalms* (Atlanta: John Knox Press, 1981)를 참조하라.

감사의 시편들 Thanksgiving Psalms : 학자들은 종종 이러한 본문들을 "공동의 감사"(124편)와 "개인의 감사"(116편) 유형들로 구분한다.

찬양의 노래들 Hymns of Praise : 하나님을 찬양하는 것에 집중하는 본문들을 말한다—보통 (하나님이 구원을 위해 행하시는 일과 대조적으로) 하나님의 존재와 성품을 중심으로 다룬다.

지혜 시편들 Wisdom Psalms : 이 시편들은 잠언서의 부분과 같은 것들인데 신실한 삶에 관한 지혜로운 문구들로 구성되었다(시 37,49,133편을 참조하라).

토라 시편들 Torah Psalms : 이 시편들은 하나님의 율법의 덕목들을 찬양하고 그 율법의 내용을 요약한다(시편 1, 19, 119편을 참조하라).

신뢰의 노래들 Songs of Trust : 이 시편들은 신뢰를 중요한 모티브로 삼아서 표현한다(시 11, 23, 27편을 참조하라).

언약 갱신의 예배들 Covenant Renewal Liturgies : 이 시편들은 신실한 언약(혹은 약속에 근거한) 기도의 중요성을 가르쳐준다(시 50, 89편을 참조하라).

군주 시편들 Royal Psalms : 이 시편들은 이스라엘 왕들에 대한 내용을 다루고 주로 예수님을 언급하는 메시아적 관점에서 기독교인들에 의해서 해석된다(시 2, 72, 110편을 참조하라).

시온 시편들 Zion Psalms : 이 시편들은 예루살렘 성전이 위치한 시온 산을 찬양하고 하나님의 임재의 아름다움에 집중한다(시 46, 84, 122편을 참조하라).

즉위 시편들 Enthronement Psalms : 이 시편들은 왕을 향해서 또는 왕에 대해서 다룬다. 특별히 하나님의 이미지를 창조의 통치자로 강조한다(시 24, 47 그리고 95-99편을 참조하라).

등극 시편들 Psalms of Ascent **또는 순례의 시편들**Pilgrims Psalms : 시편 120-134편은 예루살렘으로 순례하는 백성들이 부른 노래들이다.

예배 주보에 기록하거나 성경을 읽는 자들에 의해서 말로 전달하는 짧은 문구(예를 들어 "시편 50편 곧 하나님과 백성들 사이의 언약 갱신을 위한 본문을 들읍시다"와 같은 표현)만이라도 회중이 그 시편이 지닌 의미에 더욱 빨리 참여할 수 있도록 도움을 줄 수 있다. 확실히 예배에서 시편을 읽거나 노래하는 것으로도 충분한데, 그 본문의 아름다움과 능력을 상실시키는 긴 설명을 통해서 교훈적으로 경험하게 하는 것은 바람직하지 않다. 하지만 짧은 설명의 문구나 표현은 예배자들에게 겸손한 방식으로 본문의 중요성과 핵심 의미를 효과적으로 강조해줄 수 있다.

관조(Contemplation) 또는 기도(Prayer)

성경을 예배에서 읽을 때, 그 읽은 본문은 회중에게 더욱 관조하도록 초청한다. 예를 들어 열왕기상하의 내러티브 본문은 회중으로 하여금 특정한 역사의 에피소드를 기억하고 그 의미를 깊이 묵상 곧 관조하도록 초청한다. 바울의 보고는 회중에게 구원의 신비에 대한 특별한 질문을 하게하거나 또는 헌신과 순종의 단계를 잘 파악할 것을 초청한다. 하지만 시편 본문들은 이보다 훨씬 더 친밀하다. 우리가 사람들에게 시편을 읽거나 노래하도록 초청할 때 우리는 그들의 입술에 기도의 말을 담아주는 것이다. 우리는 회중들에게 시편의 기도들을 그들 자신의 기도들로 만들도록 초청하는 것이다. 따라서 시편들은 성경의 다른 문예 형태들보다 훨씬 더 인격적으로 그리고 친밀하게 우리로 하여금 성경에 참여하도록 해준다.

이것은 훨씬 더 큰 질문을 제기한다. 모든 시편들이 우리가 하나님에게 고백하는 기도인가? 아니면 그것들이 하나님이 우리에게 말씀하시는 성경인가?[37] 우리는 이러한 질문들에 성경을 전체로서 간략하게 고찰함으로써 접근할 수 있다. 성경은 기독교 예배와 기도 생활에서 다양한 기능을 지닌다. 선포를 위한 기초이고, 묵상을 위한 원전이고, 가르침을 위한 핸드북이며 동시에 예배에서의 찬양과 간구를 위한 기도서이기도 하다. 예를 들어 빌립보서는 예배에서 다양한 방식들로 사용할 수 있는 다양한 유형의 본문들을 포함하고 있다. 서신서의 처음 인사(1:2)는 예배에서의 인사로서 기능을 한다. 위대한 기독론적 찬송(2:5-11)은 기독교 찬양의 본문으로서 기능을 한다. 그리스도 안에서의 삶에 관한 간증(3:2-11)은 강해 설교를 위한 본문으로서 기능을 한다. 지속적인 기도에 대한 요청(4:6)은 예배에서의 중보를 위한 성경적 보증으로서 읽힐 수 있다. 이것은 시편에서도 마찬가지다. 일부는 전형적으로 기도로 사용된다(예를 들어, 51편). 묵상을 위한 스승으로서의 기능을 하는 시편들도 있다(예를 들어, 119편). 선포를 위한 말씀으로서의 기능을 수행하는 시편들도 있다(예를 들어, 50편). 많은 시편들이 그 내용과 예배의 배경에 근거해서 한 가지 이상의 기능들을 수행한다. 예를 들어 시편 72편을 생각해 보라. 로버트 알터Robert Alter가 주목한 것처럼 이 시편은 "기도, 예언, 묘사, 그리고 축도의 역할을 즉각적 감당한다."[38] 이것은 제임스 루터 메이

---

[37] Davis, *Wondrous Depth*, p. 18을 참조하라. 또한 Howard Neil Wallace, *Words to God, Word from God: The Psalms in the Prayer and Preaching of the Church*, ch. 1을 참조하라. 크리스토퍼 바르트(Christopher F. Barth)는 다음과 같이 주장했다. 비록 "그것[시편]이 자주 읽히거나 기도하도록 의도되었다는 것에는 의심의 여지가 없지만 … 시편은 동시에 우리로 하여금 들어야 하는 것으로 의도된 것이다 …" 부분적으로 이것은 "시편에 나타난 지워지지 않는 '이스라엘'의 요소에 담긴 낯설음과 거리낌을 분명히 하는데" 중요하다. "The Psalms in the Worship of the Church," *Introduction to the Psalms* (New York: Charles Scribner's Sons, 1966), p. 74.

[38] Robert Alter, *The Art of Biblical Poetry* (New York: Basic Books, 1985), p. 131.

는 James Luther Mays가 신앙생활에서 시편이 지닌 찬양, 기도, 그리고 가르침의 기능들에 대한 것을 말한 이유이기도 하다.[39] 기독교의 삶에 관한 신학과 생명에서와 마찬가지로 시편의 본문들은 기독교 예배에서 한 가지 기능 이상을 수행한다.[40]

회중이 예배에서 시편에 참여하도록 요구받는 가능성의 스펙트럼을 다음과 같이 생각해보라.

기도 Praying ──────── 묵상 Meditating ──────── 씨름 Wrestling

이 스펙트럼의 한 쪽 끝에서 볼 수 있는 것처럼 우리는 예배자들에게 본문의 말씀이 그들 자신의 것이 되도록 실제로 시편을 기도하라고 초청하는 시간을 자주 갖는다. 이것은 가장 친밀한 참여의 방법이다. 회중 노래는 본문에 가장 인격적으로 참여하도록 초청하는데 있어서 특별히 적합한 방법이다. 침묵 기도는 아마도 본문을 선명히 읽는 방식과 함께 많이 사용되는 또 하나의 다른 방법이다.

---

[39] James Luther Mays, *The Lord Reigns: A Theological Handbook to the Psalms* (Louisville: Westminster John Knox Press, 1994), pp. 20-22. 초대 기독교 예배에서 시편이 지닌 다양한 기능들은 폴 브레드쇼에 의해서 잘 묘사되었다. Paul F. Bradshaw, "From Word to Action: The Changing Role of Psalmody in Early Christianity," in *Like a Two-Edged Sword: The Word of God in Liturgy and History*, Essays in Honour of Cannon Donald Gray, ed. Martin R. Dudley (Norwich, UK: Canterbur Press, 1995) pp. 21-38.

[40] Paul Bradshaw, *Two Ways of Praying* (Nashville: Abingdon Press, 1995)에 나타난 논의를 참조하라. 나는 이러한 관점이 공동 예배에서 저주를 담고 있는 시편의 활용에 관한 어려운 질문을 제기하는데 필요한 분명한 관점을 제공해준다고 믿는다. 저주 기도는 상세한 설명을 하지 않고서는 예배 기도로 사용될 수 없다. 하지만 그것은 묵상이나 강해를 위한 근거로서 예배 안에서 신랄하게 사용될 수 있다. 예를 들어 하나님의 적들에 대한 시편의 저주가 "정사와 권세"와 관련한 신약 성경의 본문과 명백하게 병치되어 있는 것을 생각해보라. 또는 구약에서의 저주가 원수를 위해 기도하라고 명령하신 그리스도의 가르침과 명백한 병치를 이루고 있는 것을 생각해보라. 이 두 경우 모두에서 저주는 주의 깊게 잘 다루면 예배와 관련해서 매우 중요한 가능성들을 지니고 있다. 또한 Erich Zenger, *A God of Vengeance: Understanding the Psalms of Divine Wrath* (Louisville: Westminster John Knox, 1996)를 참조하라.

이 스펙트럼의 다른 한 쪽 끝에는 우리가 한 번 읽고서 쉽게 기도하지 못하는 시편 본문들이 있다. 특별히 저주 시편들의 경우가 그러하다. 그것들은 우리가 씨름하는 시편들이다. 이러한 참여 방식은 시편을 읽고 조용한 고찰을 위해 시간을 할애함으로써 향상시킬 수 있을 것이다. 또는 예배 인도자가 어떤 종류의 사람들(회중 가운데 그리고 회중 밖에 있는 사람들 모두)이 이런 종류의 시편을 자연스럽게 기도할 수 있는지 제안해주고 그리고 회중에게 그런 사람들과 함께 유대를 갖고 그 본문을 나눌 수 있도록 초청할 수도 있다.

이 두 가지 참여 방식 사이에 우리가 묵상하고, 곧 숙고하고, 음미하고, 그 안에서 즐거워하는 본문들이 있다. 여기서 우리는 회중이 본문에 참여하고 적절하게 접할 수 있기를 원한다. 하지만 이와 함께 그 본문이 잘 새겨질 수 있도록 하기 위한 시간을 갖는다. 화답송으로 부르는 시편가(아래에서 설명할 것이다)는 회중들이 부르는 후렴구와 솔로나 음악 인도자가 부르는 구절들 가운데 선택함으로써 이런 종류의 참여를 허락해주는 시편을 이해하는 한 방법이다.

마지막으로 주어진 예배에서 예배자들이 두 가지 방법으로 시편 본문에 참여하도록 도와주는 매우 적절한 방법이 있을 수 있다. 예를 들어 시편이 설교의 본문으로 사용되는 예배에서 설교는 시편에 대해서 이리 저리 생각하게 하는 대신 직접 기도할 수 있도록 도움을 주기 위해 노력하는 것이다. 이 경우에 시편은 설교 전에 개인이나 그룹이 읽을 수 있고 또한 설교 이후에 좀 더 확실히 이해한 후 회중들이 노래로 부를 수 있다.

시편 본문들의 기독론적 구성들

각각의 시편 본문은 예수님과 신약 성경의 가르침의 관점에서 서로 다른 의미들을 전달한다. 이것은 특별히 시편 24, 72, 그리고 110편과 같은 메시아 시편들 그리고 시편 22편과 같이 예수님께서 직접 인용하신 시편들에 있어서 더욱 분명하다. 이러한 시편들과 관련해서 사려 깊은 예배 인도자들은 그것들이 지닌 기독론적 의미를 강조하거나 또는 단지 한 문장의 소개 문구와 같이 아주 단순한 표현과 같은 방식으로 그 의미를 경시할 수 있는 가능성을 지닌다.

만약 시편 22편이 (말로 또는 주보에 기록된 문구로) "예수님께서 십자가에서 인용하신 시편"이라는 표현으로 소개되거나, 또는 시편 72편이 "솔로몬 왕에게 충분히 부합하고 심지어 예수 그리스도에게 더욱 적합한 모습들을 찬양하기 위한 시편"이라는 문구로 소개되면 기독론적 구성이 더욱 명백하게 드러난다. 같은 효과가 명백하게 표현되는 기독론적 문구나 노래의 후렴구와 같은 것들의 활용으로도 나타날 수 있다(뒤에서 소개하는 '화답 시편곡'[Responsorial Psalmody]을 참조하라).

어떤 회중들은 단지 상상력에 맡겨 놓기만 하고 이러한 구성을 전혀 사용하지 않는다. 반면 다른 회중들은 이러한 구성을 때로 특정한 성경 본문을 읽기 전에 행하는 정교한 가르침을 위한 문구와 함께 실천하기도 한다. 이러한 실천과 관련한 지혜로운 원칙은 바로 어떤 안내 문구나 이와 같은 구성이 예배의 배경과 어울려야 한다는 것이다. 어느 한 시편이 기독론적인 이유에서 선택된다면 그것을 선명하게 드러낼 수 있는 단순하고 확실한 방법을 찾아라. 그렇게 하지 않으면 어떠한 기독론적 구성을 드러내는 표현도 단지 예배자들을 산만하게 하거나 혼란시킬 뿐이다.

어떤 경우에도 예배자들을 더욱 깊이 이해시키기 위해 충분한 정보를 제공하는 과정은 매우 가치 있는 것이다. 하지만 그 본문의 모든 의미를 그것을 읽기 전에 다 밝혀내는 것은 바람직하지 않다. 모든 훌륭한 시들과 같이 시편의 본문들 역시 그 풍성한 이미지들과 운율을 통해서 그것들이 지닌 능력을 드러낸다.

시편들과 신약 성경의 배경

구두 또는 문구를 통한 안내, 음악적 후렴구, 또는 다른 예배와 관련한 방식들을 통한 시편의 구성은 또한 다른 종류의 시편 본문들에 대한 참여에도 도움을 줄 수 있다. 우리는 그리스도께서 우리의 원수들을 위해서 기도하라는 명령의 관점과는 사뭇 다르게 원수들을 대적해서 표현하는 명백한 시편의 기도들을 갖고 있다. 일부분 이러한 불연속성의 개념에서 주어지는 역사적 예배의 실천 가운데 하나는 예배에서의 시편 암송 이후 따라 행하는 짧은 시편 기도의 활용이었다. 이러한 기도들은 시편을 신약 성경의 경험에 비추어 해석했다.[41] 이와 같이 시편 104편은 하나님의 영의 우주적인 사역에 대한 호기심을 자극하는 언급과 함께 다음과 같은 기도를 만들 수 있었다.

> 전능하신 하나님, 우리는 언제나 주님의 선물들로 넘쳐나고 주님의 은혜로 감화를 받습니다. 우리의 찬양의 말들은 당신의 사랑의 위대함을 제대로 다 담아내지 못합니다. 저희에게 성령을 보내 주소서 오순절 성령 강림에 임하신 그 성령이 우리의 삶을 새롭게 하시고 이 세상이 새로워질 수 있게 하소서. 예수님의 이름으로 기도합니다. 아멘.

시편에 명백하게 드러나지 않은 것(성령의 사역)이 시편 기도에서 명백하게 나타난다. 이와 유사한 효과가 글로리아 패트리Gloria Patri와 함께

---

[41] A Wilmart and L. Brou, *The Psalter Collects from V-VI Century Sources*, Henry Bradshaw Society, vol. 83 (London: Henry Bradshaw Society, 1949)에 나오는 고대 시편 선집의 본문들을 참조 하라. 최근의 본문들과 관련해서는 다음을 참조하라. *The Book of Common Worship* (Louisville: Westminster John Knox Press, 1993), pp. 611-783. 시편 기도들은 제네바와 스코틀랜드에서 사용한 초기 시편곡집을 통해서 개혁주의 전통에 소개되었다. J. A. Lamb, *The Psalter in Christian Worship* (London: Faith Press, 1962), p. 153를 참조하라.

시편으로 마무리하거나 같은 본문에 근거한 기독교 찬양과 함께 주어진 시편을 읽는 것을 실천함으로써 이루어질 수 있다. 예를 들어 시편 72편 이후 왓츠의 "Jesus Shall Reign Where'er the Sun"(햇빛을 받는 곳마다) 을 부르고, 시편 98편 이후 "Joy to the World"(기쁘다 구주 오셨네)를 부르거나 시편 46편 이후 루터의 "A Mighty Fortress Is Our God"(내 주는 강한 성이요)를 부르는 것이다. 이 세 개의 친숙한 찬양들은 모두 시편들에 기초한 것들이다. 그러나 그것들은 각각 그것들이 기초하고 있는 시편을 반영할 뿐만 아니라 해석하기도 한다.

이러한 예배와 관련한 각각의 실천은 예배자들로 하여금 구약성경과 신약성경 사이의 연속성과 비연속성을 이해하는데 도움을 주는 구체적인 방법들을 지니고 있다. 이러한 실천들은 또한 교회 교육의 성경 공부와 관련해서 매우 훌륭한 주제들이다. 훌륭한 교회 교육의 많은 과정들은 단지 성경 해석만 가르치는 것이 아니라 회중들로 하여금 개인 예배와 공동 예배에서 성경을 어떻게 사용하는 것이 바람직한지를 더 잘 이해할 수 있도록 도와준다.

5. 시편 연구

일단 우리가 시편을 선택해서 그것을 예배에 포함시키고 나면, 그것을 어떻게 살아있는 말씀으로 경험할 수 있도록 해야 하는가?[42] 우리가 어떻게 그 본문의 능력과 시적 특성에 부합한 방식으로 단지 인쇄된 페이지의 글을 살아있는 것으로 만들어 낼 수 있는가?

시편의 모든 표현 방식은 그것을 읽든 노래하든 상관없이 일종의 해

---

42 다음을 참조하라. David Held, "the Psalms," and Paul G. Bunjes, "The Musical Carriage for the Psalms," both in *Lutheran Worship: History and Practice*, ed. Fred L. Precht (St. Louis: Concordia Publishing House, 1993), pp. 471-77.

석 과정이다. 폭켈만J. P. Fokkelman이 주장하는 바와 같이, "그것을 깨닫든지 혹은 그렇지 못하든지 독자들은 독서의 행위를 할 때 가장 잘 참여하게 된다. 그들은 본문에 의미를 부여한다."[43]

때때로 성경 본문에 대한 우리의 표현이 그 본문 자체와 완벽하게 조화를 이루는 경우가 있다. 한 독자가 시편 22편을 읽는다고 생각해 보라. 조용하고 우울한 마음으로 읽기 시작해서 점점 밝은 분위기로 전환되며 궁극적으로 경배에 이르는 구절들에 이르기까지 풍부한 표현을 경험하게 된다(22-31절).

그러나 때로는 읽는 것이 경우에 따라 본문을 손상시킬 수도 있다. 시편 2편을 기계적으로 읽는 것 곧 "우리가 그들의 맨 것을 끊자" 그리고 "오늘 내가 너를 낳았도다"와 같은 표현을 평이한 음성으로 읽는 것은 시편이 지닌 반어적 수사의 힘을 무디어지게 만들기도 한다. 실제로 기계적으로 읽는 것은 회중들에게 평이하게 듣도록 유도한다.

때로는 단순한 필요에 의해서 누군가 단지 몇 번의 연습만 하고 예배에서 시편을 읽어야 하는 경우도 있을 것이다. 또는 작곡가가 이미 시편의 수사(속도, 구조, 가사, 그리고 시적인 음률)가 어떻게 표현되어야 하는지 중요한 결정을 한 방식대로 그 시편의 음악적 진행 방식을 선택해야 하는 경우도 있을 것이다. 하지만 공동 예배에서 성경을 읽는 자들과 음악을 인도하는 자들에게 가장 필요로 하는 훈련들 가운데 하나는 시편 본문에 대한 주의 깊은 연구다. 곧 시편의 양식과 그 시편 본문의 신학적 분석이 그 본문에 대한 깊고 신앙적인 경험뿐만 아니라 예배자들이 시편을 더욱 의미 있게 기도하는데 도움을 주는 방식들로 그 본문을 예배학적으로 사용하게 인도해줄 수 있다.

대부분의 시들과 같이 그 본문을 접하기 위해 시작할 수 있는 최상의 장소는 바로 단순히 본문을 (큰 소리로) 읽는 것이다. 시를 연구하는 한 학

---

43 J. P. Fokkelman, *Reading Biblical Poetry: An Introductory Guide* (Louisville: Westminster John Knox Press, 2001), p. 49.

자가 표현한 바와 같이, "시는 깊고 복잡한 경험으로 나타날 수 있지만 그 경험은 반응을 잠시 보류해두는 조사적인 행동에 의해서가 아니라 당신 앞에 있는 시의 언어에 대한 반응에서 시작된다."[44] 최소한 일주일에 하루씩 시편의 본문을 큰 소리로 읽는 경우, 매번 읽을 때마다 그 본문의 내용을 뚜렷이 드러내려고 노력한다면 우리에게 그 본문을 더욱 의미 있게 접할 수 있도록 도울 수 있는 여러 종류의 질문들을 만들어 줄 것이다.

어조

시편들은 그 내용에 부합한 어조pace에 대한 감각을 요구한다. 여러 시편들 가운데 96, 98, 121, 149편은 기대감을 갖고 외치듯 크게 말하거나 노래로 불러야 한다. 그 뚜렷한 명령들과 분명한 대구들은 항상은 아니지만 자주 번역을 통해서 주어지는 히브리시의 뚜렷한 속성들인데 좀 밝은 어조로 사용하면 좋다. 찬양의 선포는 우리에게 다음 단계로 나가도록 이끈다. 이와 반대로 시편 51편 또는 73편은 진중한 엄숙함을 요구한다. 이러한 시편들은 예배자들에게 조용한 고찰의 시간을 위해 잠시 침묵으로 초대한다.

일반적으로 21세기 초반 북미의 예배에서 읽는 것과 음악은 종종 너무 빠른 것들을 추구하는 경향이 있다. 시에서 중요한 특징들 가운데 하나는 깊은 의미를 간략한 몇 줄 안에 담아내는 방식으로서의 밀도를 지니고 있는 것이다. 일반적으로 시에 노출되는 최상의 방식은 그것이 비록 번역된 것이라 할지라도 그 내용에 시간을 많이 부여하는 것이다.

---

44 Kenneth Koch, *Making Your Own Days: The Pleasure of Reading and Writing Poetry* (New York: Touchstone, 1998), p. 111.

구조

시편 기도는 그 구조에 대한 선명한 이해를 통해서 더욱 풍성해질 수 있다. 다음의 예들을 살펴보라.

시편 19편 이 시편의 특징은 창조(1-6절)와 계명(7-13) 모티브 사이의 명백한 병치에 담겨 있다. 이 시편을 재빨리 살펴보더라도 이러한 양분된 구조를 쉽게 알아볼 수 있다. 나는 이러한 구조와 그것에 주어진 암시적인 의미가 예배에서의 활용을 통해서 선명히 주어지는 방법들을 제안하려는 것이다. 낭독자 또는 음악 인도자에 의해서 표현되는 시편을 생각해보라. 이들이 각자 이 시편의 절반씩 읽고 노래하게 하고(각각 1-6절, 7-13절) 회중들로 하여금 마지막 헌신 기도에 참여하게(14절) 해보라. 또는 고정된 예배 방식을 따르지 않는 회중의 경우에 이 시편을 예배의 처음 두 부분의 구조를 구성하도록 안내해줄 수 있다. 여기서 예배는 이 시편의 첫 절반을 창조에 대한 찬양 행위와 함께 읽거나 노래함으로 시작하고 그리고 나서 나머지 절반의 시편을 감사를 위한 고백을 자극하고 그것에 대한 안내를 제시해주는 부분으로 구성할 수 있다.

시편 34편과 92편 이 시편들은 모두 하나님을 향한 찬양으로 시작하고 하나님의 지혜로 가르치는 내용으로 이어진다. 이러한 과정에서 이 시편들은 주일 말씀 예배의 구조와 일치한다. 이 시편들은 두 부분으로 사용될 수 있다. 첫 번째는 예배의 시작에서 찬양의 근거로 사용하는 것이고, 두 번째는 성경 읽기와 설교의 방식을 인도하는 근거로 삼는 것이다. 또는 전체 내용을 근거로 해서 예배에서 "찬양"으로 시작해서 "선포"로 이어지는 중심점의 전환을 위해 사용하는 것이다.

시편 90편 이것은 세 개의 연으로 된 시편이다. 각각의 연은 시간에 대해서 서로 매우 다른 측면을 묘사한다.[45] 이 세 개의 서로 다른 부분들의 특징을 대조적으로 강조하기 위해서 서로 다른 사람들이 읽거나 노래를 부르게 하는 것을 생각해보라.

시편 13편   이 시편과 다른 많은 탄식 시편들의 결정적인 중요성은 궁극적으로 찬양의 선포로 전환시켜주는 접속사 "그러나"(but, 5절)에 의존한다. 음악적 강약, 읽는 자, 음악 인도자, 몸동작, 또는 음성의 변화와 같은 것들을 통해서 이러한 중요한 구조적인 요소를 강조해야 한다.

시편 103편   이 시편의 기원은 부분적으로 지혜로운 가르침이 찬양으로 새겨진다는 방법에 담겨져 있다. 그 의미는 부분적으로 그 구조에 나타난다. 시로 마무리하는 예배-"예배에로의 초청으로 시작해서, 찬양 메들리로 이어지고, 잠언과 같은 교훈을 전해주는 설교로 진행되며, 경배로 마무리하는 예배"-와 같다고 말함으로써 시편 103편을 소개하는 방식을 생각해 보라.

사려 깊은 작곡가들, 성경을 읽는 자들, 그리고 설교자들은 시편의 구조가 그것을 어떻게 부르고, 읽고, 또는 설교해야 하는지에 대해서 무엇을 안내해주는지를 물을 때 많은 것을 얻게 된다.

요약하면 시편의 구조를 예배에서 시편을 살아있게 해주는 안내로 생각해 보라는 것이다. 설교자들은 주로 본문과 설교의 대략적인 구조를 만드는데 익숙하다. 설교학자들 가운데는 본문과 설교의 대략적인 구조가 언제나 항상 서로 일치해야 한다고 주장하는 이들도 있다. 필자는 이와 같은 기술들을 예배의 실천에 적용하기 시작해야 한다고 주장한다. 곧 시편 본문을 예배에서 표현하는 방식에서뿐만 아니라 다양한 예배의 구성요소들이 조합되는 방식에서도 이러한 기술들을 사용할 수 있어야 한다.

---

[45]   Alter, *The Art of Biblical Poetry*, p. 129.

원고

시편 기도는 그 명백한 또는 암시적으로 제시하는 원고script에 대한 민감한 이해를 요구한다. 우리는 시편들을 연구할 때와 그 시편들을 예배에서 이용할 때 모두 극작가들처럼 되어야할 필요가 있다. 시편을 예배에서 노래하거나 읽기 전에 네 명 또 사십 명의 합창 단원들을 위해 시편을 각색한다고 생각해 보라. 누가 어떤 문장을 읽어야 하나? 왜 그렇게 해야 하나? 필자가 이미 기술한바와 같이 많은 시편들이 찬사, 간구, 신탁, 그리고 교훈과 같은 것들을 복잡한 방식으로 병치해 놓은 것을 볼 수 있다. 하지만 (종종 회중들을 위해서 단지 읽는 것과 같이) 처음 읽을 때는 이러한 다양한 방식들이 분명하게 나타나지 않는다.

필자가 제안하는 것은 다음과 같다. 곧 시편들을 읽고 노래할 때 예배 인도자들은 그 원고의 내용을 충분히 이해해야 한다. 그리고 가능하다면 회중들 가운데서 역할을 정해서 목소리를 조절할 수 있도록 하면 좋을 것이다. 구원의 신탁을 알리는 메시지는 회중의 공동 기도에 대한 응답으로 한 명의 예배 인도자에 의해서 읽히는 것이 좋다. 시편 32:7-8 사이의 소리의 전환은 시편을 어떻게 노래하거나 읽어야 하는지와 관련해서 원고에 나타나는 전환을 제안해준다. 이와 같이 시편 12:5 또는 시편 50:5, 7-15, 16b-23의 선포는 그 시편이 시작하는 부분과는 전혀 다른 소리로 읽거나 노래하는 것이 훨씬 바람직하다. 이와 같은 방식은 시편들 여러 곳에서 나타나는 잠언과 같은 지혜의 말들(103:15-19)에서도 활용할 수 있다.[46]

탄식 시편들에 대해서는 더욱 많은 것들을 고려해야 한다. 이들 시편

---

[46] 다음을 참고하라. Robert Davidson, *Wisdom and Worship* (Philadelphia: Trinity Press, 1990), pp 31-46. 또한 Joyce Jimmerman, *Pray without Ceasing: Prayer for Morning and Evening* (Collegeville, MN: Liturgical Press, 1993)을 참고하라. 특별히 이 책은 매일 기도 예배의 상황에서 사용할 수 있는 여러 시편들의 음성 방식에 대해서 제시해준다. 아울러 서론에 나타난 유익한 설명도 도움이 된다.

들에서는 분명하든 또는 불분명하든 탄식이 감사의 기대로 전환하는 전환점 역할을 하기 때문이다. 매우 불길한 예감을 드러내는 침묵이 시편 6:7-8의 구절들 사이에서 외쳐진다. 거의 확실한 주장이건대 고대의 성전 예배에서는 용서를 확증해주거나 구원의 선포를 알리는 말이 바로 이 때 주어졌다.[47] 우리가 시편을 활용할 때 최소한 할 수 있는 것은 시편을 노래할 때 간략한 음악적 간주를 사용하거나 시편을 읽을 때 짧은 침묵의 시간을 두는 것이다.

읽고 말하는 자들만 변하는 것이 아니라 이와 아울러 듣는 이들도 변한다. 시편 30편은 하나님에게 직접적으로 말하는 것으로 시작한다(1-3절). 그리고 곧 모인 회중들을 향한 말로 전환하고(4-5절) 다시 하나님을 향한 직접적인 고백으로 돌아간다(6-12절). 읽는 자들, 목소리, 또는 자세나 움직임의 전환은 이러한 변화를 반영한다. 때로 시편의 말은 "내적인 대화" 곧 시편 기자 자신에게 향하는 말인 경우가 있다(예를 들어 "내 영혼아 여호와를 송축하라").[48] 그러한 구절들은 한 목소리로 읽히고 전체 회중들에 의해서 읽혀지는 전체 우주를 향한 찬양의 요청을 수반하는 방식으로 표현될 수 있다. 시편 4편은 두 그룹의 사람들을 향해서 말하고 있는 것으로 볼 수 있다. 첫 번째는 적대적인 대적자 그룹이고(2-3절), 두 번째는 의기소침한 친구들의 그룹(4-5절)이다.[49] 다시 말하면 이 시편의 예배적 표현 방식과 어조는 이러한 미묘한 변화를 반영해야 한다. 시편 2편보다 더 복잡한 원고를 지닌 것은 없을 것이다. 이 시편은 열방의 왕들(3절), 주님(6절), 그리고 주님에 의해서 기름부음 받은 자(7-9절)에 의해서 각각 말해지는 구별된 시행들로 구성되어 있다. 아래에서 소개하고

---

[47] 다음을 참조하라. Joachim Begrich, "Das priesterliche Heilsorakel," *Zeitschrift für die alttestamentliche Wissenchaft* 52 (1994): 81-92. 구원의 신탁들에 대한 좀더 자세한 설명에 대해서는 Miller, *They Cried to the Lord*, pp. 141-47을 참조하라.

[48] "내적인 대화"(interior dialogue)는 Luis Alonso Schökel, *A Manual of Hebrew Poetics* (Rom: Editrice Pontificio Istituto Biblico, 1988), p. 178에서 가져온 것이다.

[49] Schökel, *A Manual of Hebrew Poetics*, p. 197.

있는 시편 2편의 낭독 방식의 예를 참조하라. 요약컨대 시편 원고의 요점을 잘 드러내는 창의적인 예배적 활용은 수많은 강해 설교들보다 시편에 대한 우리의 이해와 참여를 더 잘 이끌어낼 것이다. 많은 회중들이 비록 작은 규모의 회중들일지라도 중·고등학교 드라마 담당 교사들 그리고 학교 공연에 참여하는 고등학생들을 포함해서 드라마와 관련한 재능을 지닌 자들을 지니고 있다. 종종 이들은 시편을 살아있는 말씀으로 드러내도록 활용할 수 있도록 준비된 재능을 지닌 사람들이다.

시의 행(poetic lines)

시편 기도는 시편이 지닌 시적 특징들에 대한 민감한 이해를 통해서 더욱 풍부해질 수 있다. 가장 기본적인 단계에서 시편 본문의 주의 깊은 연구는 각각의 시 행들이 끝나는 지점을 관찰함으로써 시작된다. 시 행들은 현대 성경 본문에서 발견되는 절 구분보다 훨씬 더 중요하다.

실제로 인쇄된 성경을 직접 교독 방식으로 읽는 것은 종종 아마추어 시인들조차 어색해서 별로 행하지 않는 방식으로 시적 행들을 나누어 버리는 경우가 될 수도 있다(시 19:4-5 경우가 절 구분이 시의 자연적인 구분과 일치하지 않는 대표적인 예다). 교독 방식으로 읽는 대신 다양한 방식을 허용하고 대치 구조를 잘 드러내는 방식으로 시편을 전체가 함께 읽는 방식을 고려해 보라. 이러한 방식은 각각 읽는 이들에게 자신에게 할당된 행의 특정한 뉘앙스를 잘 표현할 수 있도록 허락해준다. 그것은 또한 그 의미를 따르는 것이 불가능한 것처럼 보여지는 수많은 본문들로 인해서 과도한 부담을 갖고 있는 회중들에게 지속적으로 관심을 유지할 수 있도록 도움을 줄 수도 있다.

대구법

대구법은 가장 보편적이고 중요한 히브리 시의 기법이다. 시편들의 많은 부분이 얼핏 보기에 똑같은 것을 두 번 말하는 것처럼 보이는 구절들을 지니고 있다(예를 들면 시편3:1의 경우, "여호와여 나의 대적이 어찌 그리 많은지요 일어나 나를 치는 자가 많으니이다"). 능숙한 독자는 두 개의 (때로는 세 개의) 관련된 행들 사이의 관계를 전달하기 위해서 읽는 법의 방식과 고저를 사용해서 거의 본능적으로 이것을 인지한다.

그러나 대구법이 단지 무엇인가를 두 번 말해야 할 필요에 의해서 주어진 고대의 시적 형태만은 아니라는 것을 아는 것은 중요하다. 오히려 본문을 약간씩 다르게 표현하는 것은 주어진 실제를 새로운 방식으로 볼 수 있도록 돕는다. 마치 대상을 한 눈으로 보고 그리고 나서 두 눈으로 다시 살펴보는 것이 그 대상에 담긴 뉘앙스와 깊이를 파악하는데 도움을 주는 것과도 같다.[50]

대구법은 또한 본문의 아름다운 리듬과 운율을 형성한다. 그것은 본문으로 하여금 살아 숨쉬게 하고 세상에 대한 넓은 비전을 전달해준다. 셀레스틴 찰리어Celestin Charlier의 말에 따르면 히브리 시에서 대구법은 "원문을 정확히 파악하게 해서 그 문장의 의미를 풍부하게 해줄 뿐만 아니라 점진적이고 한결같은 리듬을 창조하기도 한다. 그 결과는 바위를 오가며 물결치는 파도의 유입 또는 회전축을 중심으로 파도처럼 감싸며 도는 중심축의 회전과도 비교할 만하다."[51]

심지어 한 생각이 한 절에 두 번 나타날 때조차 뉘앙스와 깊이를 더해주는 재진술의 미묘한 다양성을 발견한다. 예를 들어, 시편 100:3이 이것을 입증해준다. "그는 우리를 지으신 이요 우리는 그의 것이니," 그리

---

50 Fokkelman, *Reading Biblical Poetry*, p. 78.
51 Celestin Charlier, *The Christian Approach to the Bible* (New York: Paulist Press, 1967), p. 138.

고 핵심 내용을 다음과 같이 재진술한다. "우리는 그의 백성이요 그의 기르시는 양이니." 여기서 핵심 내용을 재진술하는 것은 원래의 의미를 전달하는 것이지만 양을 기르시는 비유적 표현을 통해서 그 의미를 새롭게 부각시킨다. 본문을 좀 더 효율적으로 읽는 것은 어조와 속도의 미묘한 변화를 통해서 두 진술 방식들의 의미가 서로 깊이 관련이 있다는 것뿐만 아니라 두 번째의 표현은 그 의미를 강화하기 위해서 새롭고 아름답기까지 한 무엇인가를 전달해 줄 수도 있다.

이러한 예들은 "유사 대구법"synonymous parallelism으로 알려진 대구법의 한 방식이다. 하지만 이와 함께 다른 표현 방식들로 나타나는 대구법도 있다. 어떤 절들은 "대립의 의미를 지닌"antithetical 경우도 있다(예를 들어, 시 27:10의 경우, "내 부모는 나를 버리셨으나 여호와는 나를 영접하시리니"). 두 절 사이의 비교를 잘 드러내는 경우들이 많다. 이러한 경우 한 절은 다른 한 절이 없이는 불완전한 표현이 된다(예를 들어 103:11의 경우가 그런데 "이는 하늘이 땅에서 높음 같이 그를 경외하는 자에게 그의 인자하심이 크심이로다"라고 표현한다).

위에서 언급한 표현을 사용해서 말하면 독자들이 시편을 이른바 자동적인 방식으로 읽고자 하는 것은 극단적인 유혹이 될 수 있다. 곧 일정하고 예측 가능한 운율로 각 절의 마지막까지 똑같은 고조를 사용하며 모든 구절을 같은 방식으로 읽는 방법을 개발하려는 유혹을 말한다. 하지만 성경 본문의 뉘앙스들은 이러한 것을 거부한다. 어떤 구절들은 본질적으로 같은 의미를 지닌 절들을 드러낸다. 다른 구절들은 두 번째 절에서 미묘한 비유를 사용해서 그 의미를 새롭게 전달하기도 하고 다른 경우는 전혀 새로운 대조적인 의미를 드러내기도 한다. 이렇게 미묘한 의미 전환 과정을 이해하고 파악하는 법을 배우는 것은 시편을 더욱 깊이 사랑할 수 있도록 인도해주는 아주 정교화 된 방법이다. 그리고 각각의 경우에서 이러한 시적 뉘앙스들은 시편을 더욱 풍부한 상상력을 사용해서 읽거나 노래하는 방식들을 제안해준다. 각각의 시편이 지닌 내적인 진행 방식을 깊이 고려하고 나면 그 본문을 똑같은 방식으로 소리 내서 읽는 것은 어렵게 될 것이다.

이러한 방법들을 사용해서 히브리 본문의 수사 비평은 그 본문을 설교의 목적을 위해서 어떻게 강해할 것인지 뿐만 아니라 예배에서 시편을 어떻게 구체화할 것인지에 대해서도 가르쳐준다. 수사 비평은 예배 인도자들로 하여금 21세기 독일 바로크 작곡가 하인리이 슈츠Heinrich Schütz의 견습생처럼 노력할 것을 요구한다. 그는 음악을 통해서 시편의 화려한 모습들이 이러한 다양한 시적인 뉘앙스들에 특별히 주목했다는 것을 잘 보여주었다.

확실히 대부분의 예배자들은 주어진 시편의 구절들이 보여주는 대립 방식의 대구법에는 별로 관심을 갖지 않는다. 하지만 그들은 이러한 방식으로 본문을 연구하는데 시간을 많이 들인 예배 인도자가 신중하고 사려 깊게 시편을 읽거나 노래하는 것에 대해서는 상당한 가치를 부여하게 될 것이다.

설교자들이 사용할 수 있는 예배 계획을 위한 확인 목록들

일단 설교자들이 설교를 위해서 시편 본문을 선택하고 나면 다음과 같은 질문들을 생각해보라. 이러한 종류의 질문들을 논의하는 것은 예배팀, 예배 계획팀, 예배 위원회, 또는 다른 교회 안의 리더십 그룹 모임 등에서도 특별히 의미를 갖게 될 것이다. 이러한 질문들은 주어진 회중의 특별한 요구들에 따라서 적절하게 조절될 필요가 있을 수도 있다.

1. 그 시편이 어떻게 표현될 것인가? 설교 이전과 설교 이후에 어떻게 서로 다르게 표현될 수 있는가?

2. 당신이 속한 회중의 구성원들이 처음으로 그 시편을 듣거나 노래하기 전에 어떤 내용을 먼저 알아야할 필요가 있겠는가?
3. 그 시편의 일부가 예배에서 고백하는 기도들 가운데 어느 하나와 통합될 수 있는가? 또는 그 시편이 즉흥적으로 실천하는 기도의 방식이 될 수 있는가?
4. 그 시편을 예배 가운데 노래로 부를 수 있는가? 어떤 종류의 음악이 그 시편의 의미를 가장 정확하게 드러낼 수 있겠는가?
5. 그 시편의 일부가 예배에로의 초청이나 축도에서 사용될 수 있는가?
6. 다소 변형 가능한 예배 구조를 지닌 회중의 리더들과 관련해서: 예배 자체가 (최소한 부분적이라도) 그 시편의 구조를 따를 수 있는가?
7. 회중에게 그들의 개인 기도를 위해서 특별히 추천할 수 있는 유사한 다른 시편들이 있는가?

문헌 자료들

Albert, Robert. *The Art of Biblical Poetry*. New York: Basic Book, 1985.

Berlin, Adele. *The Dynamics of Biblical Parallelism*. Bloomington, IN: Indiana University Press, 1985.

Brichto, Herbert Chanan. *Toward a Grammar of Biblical Poetics: Tales of the Prophets*. New York: Oxford University Press, 1992.

Fokkelman, J. P. *Reading Biblical Poetry: An Introductory Guide*. Louisville: Westminster John Knox Press, 2001.

Hirsch, Edward. *How to Read a Poem, and Fall in Love with Poetry*. New York: Harvest Books, 1999.

Koch, Kenneth. *Making Your Own Days: The Pleasure of Reading and Writing Poetry*. New York: Touchstone, 1998.

Kugel, James K. *The Idea of Biblical Poetry: Parallelism and Its History*. New Haven: Yale University Press, 1981.

Muilenberg, James. "A Study in Hebrew Rhetoric: Repetition and Style." *Vetus Testamentum* Supplement 1 (1953): 97–111.

Schökel, Luis Alonso. *A Manual of Hebrew Poetics*. Rome: Editrice Pontificio Istituto Biblico, 1988.

Stek, John H. "The Stylistics of Hebrew Poetry." *Calvin Theological Journal* 9 (1974): 15–30.

Watson, Wilfred G. D. *Classical Hebrew Poetry: A Guide to Its Techniques*. Sheffield, UK:JSOT Press, 1984.

_____. *Traditional Techniques in Classical Hebrew Verse*. Sheffield, UK: Sheffield Academic Press, 1994.

6. 시편의 구체적 표현: 노래 또는 말하는 방식들

기독교 역사를 통해서 시편들은 비록 읽는 것보다는 노래하는 방식들로 주로 발전해 왔는데, 기독교 예배 역시 다양하고 많은 방식들 곧 말로 읽거나(개인이 읽거나 전체가 함께 읽거나 또는 회중들이 서로 화답하는 방식으로 읽는 방법을 통해서) 노래로 부르는(다양한 형태의 노래로, 서로 화답하는 방식으로, 운율을 통해서 드러내거나, 개인 또는 찬양대의 찬양 방식을 통해서) 음악적 방식들로 표현하거나 연주해왔다. 최근에는 대중적이고 보편적이며 현대적인 스타일의 음악과 시각적으로 묘사하는 방식을 사용해서 시편들을 노래로 부르기도 한다. 아래에서 소개하는 각각의 단락들은 이러한 선택들의 범위를 간략하게 소개하고 그것들이 지니는 장점과 단점에 대한 의견을 제시하며 각각의 표현 방식과 관련한 문헌이나 음반을 간략하게 안내해

줄 것이다.[52]

개인 읽기(Solo Reading)

시편을 표현하는 가장 간단한 방식은 한 사람의 읽기 또는 렉터lector를 통한 읽기 방식인데, 다른 성경을 읽는 것과 다를 바 없이 읽게 하는 것이다. 모든 시편들에 있어서 적합하기는 하지만 한 사람이 읽는 방식은 특별히 시편들 가운데 가장 친밀한 본문들, 곧 개인의 탄식과 신뢰를 고백하는 기도들과 관련해서 가장 적합한 방식이다. 사실 시편을 함께 읽거나 암송하는 데 익숙한 회중들이 일부 친밀한 본문을 지닌 시편들을 새롭게 드러내기 위해서 익숙한 실천 방식에서 이따금 벗어나는 것도 유익할 것이다(특별히 시 88편 또는 139편의 경우가 그렇다).

비록 개인이 홀로 읽는 방식이 좀 더 정교한 읽기 방식이나 또는 노래하는 방식과 비교할 때 상대적으로 간단해 보이기는 하지만 절대 쉬운 방식은 아니다. 시를 읽는 것은 상당히 어려운 과제다. 그 의미를 잘 드러낼 수 있도록 시편의 진행 방식, 형태, 원고, 그리고 시적인 장치들을 잘 유념해야 바람직한 읽기가 가능하기 때문이다(좀더 자세한 내용에 대해서는 위에서 이미 설명한 단락을 살펴보라).

출판된 자료들

Seerveld, Calvin. *Voicing God's Psalms*. Grand Rapids: Eerdmans, 2005.
　이 책은 저자 자신이 직접 번역한 내용을 아름답고 감동적으로 읽는 음

---

[52] 시편들을 표현하는 방식들에 대한 다른 항목들에 대해서는 다음을 참고 하라. Kenneth E. Williams, "Ways to Sing the Psalms," *Reformed Liturgy and Music* 18, no. 1 (1984): 12-16; Pilot Study on a Liturgical Psalter (Washington DC: International Commission on English in the Liturgy, 1982); Erik Routley, Musical Leadership in the Church (Nashville: Abingdon Press, 1967), p. 78; 그리고 Routley, "On Using the Psalms in Worship," Exploring the Psalms (Philadelphia: Westminster Press, 1975).

성 파일을 포함하고 있다.

Workbook for Lectors and Gospel Readers. Chicago: Liturgy Training Publications. 렉셔너리 본문을 위해서 매년 출판되는 자료로서 성경 읽기가 다양한 도움을 주는 해설과 함께 포함되어 있다.

공동 성경 읽기 방식과 관련한 일반적인 도움과 관련해서는 다음의 자료들을 보라.

Bartow, Charles L. *Effective Speech Communication in Leading Worship*. Nashville: Abingdon Press, 1988.

Brack, Harold A. *Effective Oral Interpretation for Religious Leaders*. Englewood Cliffs, NJ: Prentice Hall, 1964.

Childers, Jana. *Performing the Word: Preaching as Theater*. Nashville: Abingdon Press, 1998.

Jacks, G. Robert. *Getting the Word Across: Speech Communication for Pastors and Lay Leaders*. Grand Rapids: Eerdmans, 1995.

Rang, Jack C. *How to Read the Bible Aloud: Oral Interpretation of Scripture*. New York: Paulist Press, 1994.

Schmit, Clayton J. *Public Reading of Scripture: A Handbook*. Nashville: Abingdon Press, 2002.

함께하는 낭독(Choral Reading)

시편 본문을 같이 낭독하는 것은 여러 회중들 안에서 시편을 창의적이고 접근 용이한 방식으로 제시하는 아주 풍부한 가능성들을 제공해준다. 이 방식이 지닌 유익한 점들은 많다. 여러 사람들이 함께 읽는 방식을 통해서 많은 시편 본문들이 공통적으로 지닌 본질을 전달해준다. 회중들이 준비하지 않고 그냥 읽는 방식보다는 미리 연습을 하고 읽는 것이 시편이 지닌 시적인 뉘앙스를 더욱 잘 파악하는데 도움을 준다. 그리고 서로 역할을 나누어 주고 받는 방식으로 읽는 것은 많은 시편 본문들이 지닌 대화적 특징을 이끌어내는데 특별히 유익하다.

이러한 실천이 지닌 위험이 있는데 그것은 시편을 본문 자체보다 공연으로서의 새로운 표현 방식에 더욱 관심을 갖고 그것에서 주어지는 복잡한 시편 표현 방식들에 압도당하는 것이다. 이러한 위험은 예배의 거의 모든 부분에서 설교자나 음악 인도자가 접하는 위험과 별반 다르지 않다.

시편 본문을 함께 낭독하는 최상의 방식은 특별한 음성으로 특정한 부분을 읽게 하는데 관심을 기울이는 것보다 각각의 시편 자체의 본문과 구조에 특별한 주의를 기울이며 읽는 것이다. 칼빈 쉬어벨트Calvin Seerveld의 *Voicing God's Psalms*에서 발췌한 다음의 예들을 고려해 보라.

시편 8편

[함께 읽는 부분]
1. 여호와, 우리 주여! 주의 이름이 온 땅에 어찌 그리 아름다운지요!
   여호와, 우리 주여! 주의 이름이 온 땅에 어찌 그리 아름다운지요!
2. 주의 영광이 하늘을 덮었나이다
   주의 대적자들, 원수들과 보복자들을
   잠잠하게 하려 하심이니이다.
   주께서는 어린 아이들과 젖먹이들의 입으로 권능을 세우심이나이다.

[개인이 하나님께 고백하는 부분]
3. 내가 주의 손가락으로 지으신 밤하늘을 보나이다
   내가 주께서 베풀어 두신 달과 별들을 보나이다

4. 사람이 무엇이기에 주께서 그를 생각하시며
    인자가 무엇이기에 주께서 그를 돌보시나이까?

[웅장한 목소리로 함께 읽는 부분]
5. 주께서 우리를 하나님과 같이 만드시고,
    영화와 존귀로 관을 씌우셨나이다
6. 주의 손으로 만드신 것을 다스리게 하시고
    만물을 우리의 발 아래 두셨나이다
7. 곧 모든 소와 양과 들 짐승들이며
8. 공중의 새와 바다의 물고기와
    바닷 길에 다니는 것이니이다
9. 여호와, 우리 주여! 주의 이름이 온 땅에 어찌 그리 아름다운지요!
    여호와, 우리 주여! 주의 이름이 온 땅에 어찌 그리 아름다운지요!

시편 8편의 이런 설정은 크기와 상관없이 거의 모든 규모의 회중들에서 용이하게 사용할 수 있을 것이다. 단지 한 명의 개인 낭독자가 필요할 뿐이다. 회중 읽기에서 개인 읽기 방식으로 오가며 전환하는 것은 본문이 드러내는 일인칭 복수 화자에서 단수 화자로 그리고 다시 복수 화자로 전환하는 것을 멋지게 보여준다. 그리고 모든 회중에게 예배자들로서 시편에 대한 그들의 동의를 표현하는 방식으로서 마지막 구절을 다같이 읽도록 하면 좋을 것이다.

시편 2편

지혜로운 선창자:
1. 어찌하여 이방 나라들이 분노하는가?
    어찌하여 민족들이

헛된 일을 꾸미는가?
2. 세상의 군왕들이 나서며
　　관원들이 서로 꾀하며
　　여호와와 그의 기름 부음 받은 자를 대적하며
　　이러한 관원들이 이르기를,
3. "우리가 그들의 맨 것을 끊고
　　그 기름 부음 받은 자의 결박을 벗어버리자!"

　　다른 예배 인도자, 이를테면 목회자
4. 하늘에 계신 이가 웃으심이여
　　주께서 그들을 비웃으시리로다;
5. 그 때에 분을 발하며 진노하사
　　그들을 놀라게 하여 이르시기를
6. "내가 나의 왕을 내 거룩한 산 시온에 세웠다."

　　예배에서 공식적으로 중요한 위치를 차지하고 있는 자:
7. 내가 여호와의 명령을 전하노라
　　여호와께서 내게 이르시기를,
　　"너는 내 아들이라. 오늘 내가 너를 낳았도다
8. 내게 구하라 내가 이방 나라를 네 유업으로 주리니
　　네 소유가 땅 끝까지 이르리로다
9. 네가 철장으로 그들을 깨뜨림이여
　　질그릇 같이 부스리라
　　마치 토기장이가 진흙으로 만든 그릇을 다시 만들듯이—"

[모든 회중들이 일어선다]

다시 지혜로운 선창자가 말한다:

10. 그런즉 군왕들아 너희는 지혜를 얻으며

    세상의 재판관들아 너희는 교훈을 받을지어다

11. 여호와를 경외함으로 섬기고-

    떨며 즐거워할지어다-

    그의 아들에게 입맞추라-

    그렇지 아니하며 진노하심으로 너희가 길에서 망하리니

    그의 진노가 급하심이라

모든 회중들이 함께:

12. 여호와께 피하는 모든 사람은 다 복이 있도다.

    여호와께 피하는 모든 사람은 다 복이 있도다.

    여호와께 피하는 모든 사람은 다 복이 있도다.

이 예는 다양한 역할을 맡은 사람들이 읽기에 참여하고 회중들이 함께 일어서는 공연의 요소를 제안함으로써 약간 더 해석을 요구하는 노력을 포함하고 있다. 이 본문에 대한 어떤 설교도 회중에게 이 시편의 내적인 전개, 음성의 전환, 그리고 통치자들과 하나님의 기름부음 받은 자들 사이에 분명히 드러나는 대조를 깨달을 수 있도록 도움을 주는 읽기 방식으로부터 많은 유익을 얻을 수 있을 것이다.

출판된 자료들

시편에 대한 회중 전체의 읽기 방식에 대한 예들을 다음에서 찾아볼 수 있다.

Griggs, Donald L. *Praying and Teaching the Psalms*. Nashville: Abingdon Press, 1984.

Parker, John and Audra. *Psalms for Worship*. Shawnee Press/Harold

Flammer Music.

Perry, Michael. *The Dramatized Old Testament*. Grand Rapids: Baker Books, 1994.

Seerveld, Calvin. *Voicing God's Psalms*. Grand Rapids: Eerdmans, 2005.

교독 또는 교창 방식의 읽기(Responsive or Antiphonal Readings)

시편들은 한 사람과 나머지 회중 전체가 서로 돌아가면서 번갈아 읽거나 또는 회중들을 두 개 또는 그 이상의 그룹으로 혹은 성별로 나누거나 앉아있는 위치로 나누어서 읽게 할 수 있다.[53]

교창 방식 곧 서로 번갈아 가며 읽는 방식은 매일 기도의 주기를 따라 시편을 일종의 수도원에서와 같은 방식으로 표현하는 방법이다. 물론 다른 수도원 공동체들의 경우 대부분의 시편들을 노래하는 방식으로 표현한다. 교독 방식 또한 20세기 개신교에서 회중들이 예배에 더욱 많이 참여하게 하는 대표적인 방법이 되었다. 많은 20세기의 찬송가들이 시편 교독문들과 다른 성경 구절들을 포함시켰다. 시편을 이러한 방식으로 표현하는 것은 미리 연습하거나 사전에 준비하지 않고서도 비교적 쉽게 진행할 수 있는 장점을 지닌다.

그러나 이러한 실천을 잘 해내기는 매우 어렵다. 그리고 많은 음악가들은 회중들이 시편을 노래하기보다 읽게 하는 것에서 음악적 해석의 기회를 상실하고 있는 것을 안타까워한다. 실제로 얼 베넷 크로스Earle Bennet Cross가 통탄할 만한 것으로 규정 지은 것이 바로 이러한 실천이다. 이러한 실천을 잘 감당하기 위해서 최소한 세 개의 장벽들을 넘어야 한다.

---

[53] 일부 자료들은 교독 방식(responsive or responsorial readings, 개인 또는 그룹과 회중 사이에서 교대로 읽는 것)과 교창 방식(antiphonal readings, 회중 안에서 두 개 또는 그 이상의 그룹으로 나누어 읽는 것) 사이를 명확하게 구별한다.

효율적인 교독 방식의 읽기를 위해 넘어야할 첫 번째 장벽은 현대 성경에 새겨진 절 표시들이다. 이것들은 누가 무슨 본문을 읽는지를 결정하는데 종종 사용되고 또는 잘못 사용되기까지 한다. 많은 시편들의 경우에 이미 표기된 절들은 시의 형태와 흐름과 정확히 일치하지 않는다 (그리고 실제로 그러한 절 표시들은 시편이 구성되고 나서 오랜 시간이 흐른 뒤에 붙여진 것이다). 이것은 시편의 절 표기들보다 시적인 구조에 더 부합하는 방식으로 읽는 자들을 위해서 새롭게 정리해서 표시하면 쉽게 보완할 수 있다.

효율적인 교독 방식의 읽기를 위해서 넘어야할 두 번째 장벽은 대부분의 회중들이 습관적으로 함께 읽을 때 드러내는 낮은 톤의 읽기 방식이다. 이것은 정말로 고치기 어려운 습관이다. 하지만 인도자들은 마치 지휘자들이 찬양을 인도할 때 사인을 주며 인도하듯이 읽는 방식에 중요한 가르침을 지시할 수 있는 방법(예를 들어 '매우 힘을 주어 읽을 것' 또는 '긴급한 상황처럼 읽을 것'과 같은 지침)을 고려해볼 수 있다. 주의 깊은 해석을 통해서 읽어 나가도록 요청하기만 해도 회중들의 읽는 방법에 새로운 변화를 이끌어 낼 수 있다.

여전히 남아 있는 마지막 이슈는 회중들이 함께 읽어 나가는 속도에 있다. 많은 수도원 공동체들에서 오랜 시간에 걸쳐 본문을 읽는 가장 아름답고 깊이 묵상하게 하는 속도를 개발하고 있다. 여기에는 절들 사이 또는 단락 사이에 일정한 침묵을 많이 포함시킨다. 일부 다른 수도원 공동체들에서는 모든 시편들을 각각의 시편이 속한 장르와 상관없이 일정한 방식으로 묵상하며 획일적인 속도로 읽어 나가기도 한다. 이것은 비록 많은 찬양 시편들의 풍부함을 일부 상실하게 되는 위험이 있지만 그럼에도 모든 본문들을 향해서 체계적이고 깊이 숙고하는 접근법을 고무시키는 가치를 지닌다. 다른 공동체들은 또한 의도적으로 그룹 읽기를 위한 다양한 방식들을 개발하기도 한다. 이들은 찬양과 감사의 시편들은 더욱 풍부하게 표현하고 깊은 신뢰나 탄식의 시편들은 더욱 깊이 묵상할 수 있도록 표현하기 위해 노력한다. 교독 방식을 거의 사용하지 않는 회중들의 경우 찬양대나 다른 리더십 그룹들로 하여금 미리 시편을 읽도록 연습시키거나 회중들로 하여금 그들이 읽어야 할 부분을 잘 인도하도록 하게 하면 상당한 도움을 얻을 수 있을 것이다.

음악의 후렴구와 함께 읽기

아래의 찬양집들은 회중들이 참여할 부분을 굵은 글씨체로 표시함으로써 교독을 위해서 구분해 놓은 시편들을 포함하고 있다. 각각의 자료는 절 구분 보다는 시편의 시적 구조를 따라서 인도자와 회중들 사이의 역할을 나눈다.

Chalice Hymnal. St. Louis: Chalice Press, 1995, pp. 726-68.

Come, Let Us Worship: The Korean-English Presbyterian Hymnal and Service Book. Louisville: Geneva Press, 2001. 한국어와 영어 모두, pp. 393-537.

The Covenant Hymnal: A Worshipbook. Chicago: Covenant Publications, 1996. pp. 779-861.

Sing! A New Creation. Grand Rapids: Faith Alive, 2002. the Reformed Church in America, the Christian Reformed Church, 그리고 the Calvin Institute of Christian Worship의 출판물.

United Methodist Hymnal. Nashville: United Methodist Publishing House, 1989. United Methodist Church의 공식적인 교단 찬양집으로 1983년 Common Lectionary에 의해서 정해진 각각의 시편을 포함해서 100개의 교독 읽기 방식이 포함되어 있다. pp. 736-862.

Voices United. Etobicoke, ON: United Church Publishing House, 1996. United Church of Canada의 교단 공식 찬양집. pp. 724-875. 이 부분 역시 몇몇 음악적으로 구성해 놓은 시편들을 포함하고 있다.

읽기 방식만 포함한 자료들

Hymnal: A Worshipbook. Brethren Press, Faith and Life Press, Mennonite Publishing House, 1992 the Church of Brethren, the General Conference Mennonite Church 그리고 the Mennonite Church in North America의 찬양집. 811-25 장.

Trinity Hymnal. Atlanta: Great Commission Publications, 1990. Presbyterian Church in America와 Orthodox Presbyterian Chruch 의 찬양집. 대부분의 시편들에 해당하는 교독 방식을 포함하고 있다. pp. 785-841.

Voices in Worship: Hymns of the Christian Life. Christian Publications, Inc., 2003. Christian and Missionary Alliance 회중들을 위한 찬양집. 시편의 각 유형별 예들에 근거해서 60개가 넘는 교독 방식을 포함하고 있다.

분류의 어려움들

시편 노래의 유형들을 구분하는 어떠한 방식도 작사자들과 작곡가들이 그들 마음대로 결정한 다양한 가능성들을 다 담아서 전달하기에는 부적절할 것이다. 필자는 이러한 자료들을 제시하기 위해서 네 개의 기본 유형들(노래, 화답 방식, 시편의 운율적 표현, 그리고 성경의 합창)을 선택했다.

여기서의 어려움은 바로 일부 노래가 회중의 응답을 포함하고 있고, 일부 화답 방식이 음악적으로 표현되는 구절들을 사용하며, 시편의 음악적 표현들이 대중적인 음악 스타일로 이루어지고 더 나아가 그런 것들이 성경의 합주 방식으로 알려져 있다는 것이다. 실제로 엄격히 말하면 "노래"chant라는 용어는 실제로 멜로디를 지닌 스타일을 가리킨다. "화답 방식"responsorial이라는 말은 일종의 리더십의 유형을 가리킨다. "운율적"metrical이라는 말은 본문을 차용하는 방식을 가리킨다. 그리고 "합창"chorus이라는 말은 음악의 스타일을 가리킨다.

이 네 개의 유형들은 북미의 많은 회중들 가운데서 가장 기본적이고 주된 방식으로 사용되는 음악적 장르를 반영하는 것으로서 여전히 시편 유형들을 구분하는 가장 효율적인 방식으로 보인다. 이러한 구체적인 어려움들을 받아들이고 인내하며 이 글을 읽는 독자들에게 감사한다.

노래(Chant)

시편 읽기가 창의적인 다양성을 열어주고 또 가능하게 하지만, 예배에서 시편을 표현하는 가장 중요하고 주된 방식을 제시하는 자료들은 주로 노래와 관련한다. 시편들은 노래로 표현되기를 기다린다. 실제로 지난 3000여 년 동안 무수히 많은 음악적 기교들과 표현들을 통해서 시편을 노래로 불러왔다. 시편을 노래로 표현한 가장 오래된 전통들은-그 가운데 일부는 여전히 지금도 살아있는 전통으로서- 일종의 'chant'의 형태를 지닌다. chant 방식으로 시편을 표현하는 것에는 두 가지 중요한 유익들이 있다. 첫 번째는 찬양대든 전체 회중이든 공동체 전체의 참여를 유도하는 것인데, 공동 기도의 표현으로서 매우 적합한 방식이다. 두 번째는 운율 시편가metrical Psalmody와는 달리 시편가에 포함되지 않은 다른 시편 본문들도 자유롭게 노래할 수 있도록 허용해주는 것이다.

노래하는 방식에 낯선 회중들의 경우 비교적 쉬운 곡조로 전체가 함께 노래하도록 배우는 과정조차 쉽지 않을 수 있다. 그러나 실제로는 숙련되고 인내심을 지닌 음악 인도자가 있다면 매우 쉽게 배울 수 있다.

실제로 에릭 루틀리Erik Routley는 chant에 대해서 "[시편을] 전체 회중들이 부를 수 있는 가장 실제적이고 단순한 방법"[54]이라고 말한 바 있다. 지난 십여 년 동안 필자는 다양한 전통들에 속한 목회자들, 음악 인도자들, 그리고 예배자들이 다음과 같이 말하는 것을 듣고 감사할 뿐 아니라 놀라기까지 했다. 이들은 "시편을 노래하는 것을 많이 주저했는데 사실은 그렇지 않다. 일단 시작하고 나면 매우 자연스럽게 확대되고 발전했으며 지금은 마치 숨 쉬는 것처럼 자연스럽게 받아들인다"고 말한다. 전형적으로 가장 성공적인 방식으로 시편을 노래하는 것은 chant의 기본적인 운율을 강화하고 그러한 곡조를 잘 통합시키기 위해서 먼저 그것을 연습하는 그룹들이나 찬양대를 지니고 있는 공동체들에서 나타난다.

시편을 노래하는 것과 관련해서 역동적으로 살아있는 몇몇 전통들이 있다. 아래와 같은 chant 방식들은 몇몇 방법들을 통해서 실천할 수 있는 것들이다.

- 모든 회중들로 하여금 시편 본문 전체를 노래하게 하는 것이다.
- 독창자(또는 작은 앙상블)가 한 구절을 노래하고 전체 회중이 다음 구절을 화답하는 방식으로 노래하게 하는 것이다. 이것은 물론 화답 방식이라는 말이 시편가의 맥락에서 서로 다른 의미를 지니고 있지만 기본적으로 화답 방식의 chant로 알려진 것이다.
- 회중을 두 개의 서로 다른 그룹으로 나누고 각각의 그룹이 한 절 또는 반절씩 나눠서 부르게 하는 것이다. 이것은 종종 교창법antiphonal chant이라 부른다.

---

[54] Routley, *Musical Leadership in the Church*, p. 67.

간증

가톨릭 교회에서 제2차 바티칸 공의회의 예배 음악에 대한 토마스 데이 Thomas Day가 행한 예리한 비평은 잘 알려져 있다. 이러한 맥락에서 시편 노래의 새로운 발견은 훨씬 더 놀랄 만한 것이다. 그가 여기서 이끌어낸 교훈들은 사람들의 노래와 관련한 모든 지도자들에게 중요한 교훈을 가르쳐준다.

나는 아주 왕성하게 성장하고 있는 교외에 위치한 한 교회를 방문한 적이 있는데 가톨릭 교회에서 그렇게 형편없는 방식으로 노래하는 보편적인 모습을 다시 접한 것은 전혀 놀랄 만한 일이 아니었다. 하지만 아주 짧게 모든 교회가 시편을 노래하며 밝게 빛나는 것처럼 보이는 모습을 화답 방식으로 표현하는 것을 접했다. 그 회중의 강한 소리는 정말 놀라웠다. 얼마의 시간이 지나서 나는 오르간 연주자에게 그녀의 성공적인 연주에 담긴 비밀을 밝혀 달라고 물었다. 그녀는 성공회의 평범한 노래라고 생각하며 아주 단순한 멜로디를 연주한 것이라고 나에게 답변했다. 같은 멜로디에 가사는 매주 조금씩 달랐다. 하지만 회중들은 똑같은 멜로디를 반복해서 들었다. 얼마간의 시간이 지난 후 이 멜로디는 아주 편안한 오래된 신발처럼 느껴졌다. 회중들 가운데 일부는 그들이 마치 오래된 교회의 노래를 부르고 있다는 잘못된 생각을 갖고 있는 자들도 있었다.

이러한 성공적인 이야기에 담긴 보편적인 내용은 아주 미묘한 것이다. 이 음악-특별하고 구별된 음악-은 주인의식에 담긴 자긍심을 일깨워줬다. 그 노래는 아주 쉬운 특징을 지니고 있었다. 특별히 의식적으로 무엇인가를 드러내지 않고서도 그 음악은 그 의식 가운데 자연스럽게 스며들었다. 그 음악은 의식의 한 부분인 것처럼 보였고 모든 이들을 바쁘게

> 들었다. 그 음악은 의식의 한 부분인 것처럼 보였고 모든 이들을 바쁘게 움직이도록 어색하게 추가된 무엇인 것처럼 보이지도 않았다. 어떠한 강제적인 것도 없었다("이제 우리가 모두 이 찬양을 부르고 있고 아주 쉽게 참여하게 된다"). 멜로디는 마치 오래 전부터 영원히 존재하고 있었던 것처럼 강력하게 들려졌다. 마치 기억에 담겨져 있는 것처럼 친숙한 곡조를 지녔다. 아마도 이러한 성공을 가져다 준 내적인 비밀은 그 음악이 마치 그냥 자연스럽게 발생한 것처럼 보이는 것일 것이다. 그 음악은 회중들에게 의도적으로 표현된 무엇인가처럼 들려지지 않았다.
>
> 토마스 데이(Thomas Day), *Why Catholics Can't Sing: The Culture of Catholicism and the Triumph of Bad Taste*

어떤 시편 전통들은 회중들로 하여금 선창자의 생각을 마무리짓도록 하는 방식을 사용하며 선창자와 회중들 사이에서 절반씩 나누어 부르는 방식을 제안하고 있다는 것을 주목하라. 이것이 기술적으로 가능하긴 하지만 그것은 동시에 시편을 많은 작은 부분들로 나눌 수도 있다. 그것은 또한 그 구절에 포함된 시적 대구법의 뉘앙스를 해석하는데 어렵게 할 수도 있다(위에서 언급한 대구법에 대한 논의를 참조하라). 모든 방식에서 chant를 다른 형태들과 구별해주는 것은 음악이 지닌 인간 화법과의 유사성이다. Chant는 높은 어조의 화법 형태다. 에릭 루틀리Erik Routley는 chant를 "음악에서 줄어든 형태"가 아니라 "읽는 법에서 새로운 것을 더한 것"으로 생각하라고 조언한 바 있다.

다음에서 제시하는 분석은 몇몇 chant의 형태들을 묘사해준다. 음악적 부호들을 포함한 시편의 음률, 성공회의 chant, 젤리노 시편곡Gelineau Psalmody, 그리고 단율 성가Plainchant와 같은 것으로 음률을 형성한다.

시편의 음률과 음악적 부호를 포함한 본문

가장 간단한 방식은 인쇄된 본문에 포함된 "부호" 표시들과 함께 팔음계로 구성되는 시편의 음률을 사용하는 것이다.

음악

팔 음계는 그 길이와 상관없이 어떤 본문에도 적용할 수 있는 단순한 멜로디의 방식을 제시한다. 전형적으로 팔 음계는 네 음계로 구성되는 두 부분으로 나누어지는데, 여기서는 뒤 부분은 첫 부분을 음악적으로 만족시켜주는 역할을 한다. (좀 더 기술적인 용어를 사용해서 표현하면 첫 부분은 선행구라고 하고, 두 번째는 부분은 결과구라고 한다.)

이러한 네 음계의 연속적인 흐름에서 처음 음높이를 조정하는 것은 각각의 구절에 속한 처음 몇 단어들을 음악으로 부를 때 거기서 결정한다. 일부 예배 자료들은 (두 개 보다는) 네 개의 네 음계 단락들로 이중 음을 제시해준다. 이것은 하나의 시편 구절보다는 두 개의 구절에 음을 제공해주는 것이다.

부호가 표시된 본문

시편 본문 자체에 포함된 부호 표시들은 음악적 표기들을 적절하게 본문들에 배열함으로써 노래하는 사람들을 안내한다. 이것은 주어진 구절이 얼마나 짧든지 길든지 상관없이 가능하다. 각각의 구절은 두 부분으로 나뉘는데, 특별히 *표시로 구분된다. 이 표시는 구절의 처음 절반 부분은 시편 음률의 첫 부분을 따라 노래 부르는 것이고, 나머지 절반은 시편 음률의 두 번째 부분을 따라 부르는 것을 뜻한다. 보통 점으로 표기하는 아주 단순한 표식은 서창 방식에서 남은 음으로 전환하는 단락 위에 표시한다.

노래하는 이들은 시편 음률의 처음 음을 따라서 첫 단락을 노래하고 그리고 나서 나머지 세 단락을 마지막 세 개의 음률 표를 따라서 노래한다. 여기서 점은 음 높이를 전환하는 시점을 말해준다. 점은 보통 강음절 위에 표기하고 때로는 강음절이 마지막 부분에서 강조하며 노래될 때를 나타내는 구절에 표기하기도 한다. 가장 효율적으로 불려지는 chant는 보통 연설하는 화법과 거의 유사하다. 하나의 본문을 노래하는 어조는 마치 그것을 큰 소리로 읽는 것과 흡사하다. 강조된 음절들은 마치 말할 때 자연스럽게 드러나듯이 노래할 때도 자연스럽게 강조된다.

다행이도 대부분의 회중들은 본문에 대한 강조, 선행절과 후행절, 그리고 본문의 표기들에 대한 전문적인 지식이 없이도 이러한 chant 방식을 배울 수 있다. 어떻게 행해지는지를 듣고 인도자를 따라서 하면 된다. 다음은 이러한 형태를 담고 있는 시편가에 대한 자료들이다.

Evangelical Lutheran Worship. Minneapolis: Augsburg Publishing House, 2006. Evangelical Lutheran Church in America 교단의 새로운 공식적인 찬양과 예배서.

Lutheran Book of Worship. Minneapolis: Augsburg Publishing House, 1978. Evangelical Lutheran Church in America의 공식적인 찬양집. 모든 시편(pp. 215-89)에 부호를 표기한 본문과 함께 10개의 시편 음률들(p. 291)을 포함하고 있다.

Lutheran Worship. St. Louis: Concordia Publishing House, 1982. pp. 313-68. Lutheran Church-Missouri Synod의 공식적인 찬양집. 전체 시편의 부호를 포함한 본문들, 10개의 시편 음률들, 그리고 시편의 chant를 위한 안내를 포함하고 있다.

A New Hymnal for Churches and Schools. Jeffery Rowthorn and Russell Schulz-Widmar, eds. New Haven, CT: Yale University Press, 1992. 대부분의 시편 본문들에 부호를 표기하고 있으며 다섯 개의 시편 음률과 여덟 개의 교창을 담고 있다. 또한 열 세 개의 시편가들

과 시편에 근거한 스물 네 개의 찬양을 포함하고 있다.

Hymns and Psalms. London: Methodist Publishing House, 1983. British Methodist Conference의 작품으로서, chant 방식으로 구성된 몇몇 시편들에 한정해서 멜로디를 포함하고 있다.

Libro de Liturgia y Cántico. Minneapolis: Augsburg Fortress. 1998. pp. 151-79. Evangelical Luteran Church in America의 스페인어 찬양집으로서 몇몇 스페인어 시편들에 부호와 다양한 시편 음률들을 포함하고 있다.

Rotermund, D. *Intonations and Alternative Accompaniments for LBW Psalms Tones.* St. Louis: Concordia Publishing House.

성공회 Chant

성공회 chant는 위에서 언급한 예와 같이 시편의 음률과 부호로 표기된 본문을 사용한다. 하지만 사부 음계가 전체로 하나를 구성하는 시편의 음률을 나타낸다. 이러한 하모니를 사용하는 것은 종종 오르간 연주와 함께 시편을 아주 풍부하고 아름답게 표현하는 방식을 만들어냈다.

성공회 chant의 가장 대표적인 예들은 주어진 시편 음률을 그 본문의 각 구절에 담긴 의미에 적합하게 적용하는 모습에서 볼 수 있다. 예를 들어, 표현력이 풍부한 오르간 연주자들은 시편 23편을 "여호와는 나의 목자시니"와 같은 표현을 위해서 부드럽고 섬세한 연주를 하고, "사망의 음침한 골짜기"와 같은 표현을 위해서는 어둡고 침울한 연주를 드러내며 "내가 주의 전에 영원히 거하리로다"와 같은 표현을 위해서는 승리의 느낌을 드러내는 방식으로 연주하기도 한다. 또 다른 예로 표현력이 풍부한 찬양대의 인도자들은 아마도 노래 부르는 자들에게 시편 24편을 매우 집중하는 긴장감("여호와의 산에 오를 자가 누구며"와 같은 표현들의 경우)과 동시에 위대한 선포의 방식("강하고 능한 여호와시요 전쟁에 능한 여호와

시로다"와 같은 표현들의 경우)을 사용해서 부르라고 요청하기도 한다. 반복된 조화로운 멜로디와 찬양대와 오르간 연주를 위한 드라마틱한 연주의 기회를 조합시키는 것은 시편가의 형태를 가장 표현력이 풍부하게 드러나는 것으로 만들어 준다. 필자는 또한 시편가에 대한 이와 같은 접근 방식이 영국 성전의 찬양대와 오르간 연주와는 전혀 다른 음악적 표현법들을 사용하는 재즈 기법과 함께 어떻게 잘 조화롭게 표현될 수 있는지를 개발한 회중들이 있다는 것도 알고 있다.

음악

The Anglican Chant Psalter. Edited by Alec Wyton. New York: Church Publishing 1987.

Hymnal 1982: Service Music. Accompaniment Edition. Volume 1. New York: Church Publishing, 1982, nos. S 408-445.

The RSCM Chant Book. Croydon, UK: The Royal School of Church Music, n.d.

음반

성공회 chant의 아름다움과 대중성은 쉽게 접할 수 있는 매우 많은 음반들을 통해서 잘 나타난다.

Psalms. 2 volumes. Westminster Abbey Choir, Martin Neary, director. Virgin Classics.

The Psalms of David. 10 volumes. Priory.

Psalms from St. Paul's. 11 volumes. Hyperion.

The Psalms of David from Kings Choir of King's College. 3 volumes. EMI Records Ltd.

일반적으로 이 chant 형태는 많은 연습 시간을 가질 때 찬양대와 오르간 연주자들에게 적합한 것이다. 에릭 루틀리Erik Routley가 다음과 같이 말한 바 있다. "성전에서 기대할 수 있는 이보다 더 섬세하게 시편을 노래하는 방법은 없다: 하지만 회중들은 이러한 방식을 너무 많이 상실했다."[55] 이러한 chant 형태는 또한 현대 음반사들에 의해서 만들어진 음반을 사용하며 경건의 목적으로 이용할 때 매우 가치를 지닌다.

젤리노 시편가(Gelineau Psalmody)

회중들이 사용하기에 적합한 노래로 부를 수 있는 시편가의 형태를 만들기 위해 노력한 로마 가톨릭 예배 개혁자 죠셉 젤리노Joseph P. Gelineau는 1950년대 초반에 일종의 chant를 개발했는데, 이것은 규칙적인 박자를 유지하고 동시에 본문에 나타난 일정한 음절들이 반복되는 규칙적인 박자를 따라가며 노래로 부르는 방식이다. 젤리노 chant에 담긴 기본적인 의미는 규칙적인 박자를 제공하는 것이 회중들로 하여금 함께 따라 부르기 쉽게 해준다는 것이다. 이러한 시편가의 형태는 프랑스어 성경과 관련해서 만들어 졌다. 그리고 영어에서는 특별히 영어 본문에 나타난 절의 강조 방식에 특별한 주의를 기울이는 번역본인 그레일 시편가Grail Psalter와 매우 밀접한 관련을 지니고 있다.

잘 인도할 경우 이 chant 방식은 참여를 고무시키는 아주 훌륭한 방법이 될 수 있다. 하지만 잘못 인도할 경우 너무 복잡해서 부적절하게 보이고 본문에다 지나치게 인위적인 방식으로 음을 부여하는 것으로 비추어질 수 있다. 출판된 젤리노 시편가들을 보면 시편 전체를 통해서 반복되는 합창구가 나타난다. 젤리노 chant는 회중들이 반복적으로 응답하는 후렴구와 함께 부른다. 이것은 화답송으로 표현되는 시편가를 다

---

55   Erik Routley, *Twentieth Century Church Music* (New York: Oxford University Press, 1964), p. 108.

루는 부분에서도 다시 언급되는 내용이다. 필자는 이것이 본문을 노래하는 독특한 방식이라는 점에서 여기에 포함시켰다.

Carroll, J. Robert. *A Guide to Gelineau Psalmody*. Chicago: GIA Publications. 시편을 이런 방식으로 노래하는 것을 안내하는 내용.
Lectionary Psalms: Grail/Gelineau. Chicago: GIA Publications. 렉셔너리에 나타난 각각의 시편을 젤리노 방식으로 소개함. GIA는 또한 젤리노 방식의 시편들과 몇몇 개별적인 시편들을 그 방식에 맞추어 작은 사이즈의 책자들로 출판하기도 한다. 이러한 개별적인 시편들은 특별한 예배에서 젤리노 방식으로 노래하기 위한 실험을 할 수 있도록 성가대가 사용하기에 유용한 것들이다.

음반

Joseph Gelineau: Psalms of David. With the Cathedral Singers, Richard Proulx, conductor. Chicago: GIA Publications, 1995.

단율 성가(Plainchant)

많은 단율 성가들은 위에서 언급한 첫 번째 방식의 새로운 변화로 이해되지만 각각의 시편 음률 방식을 끝내는 것과 관련해서는 좀 더 세부적인 표현 방법을 지닌다. 복잡한 chant 방식들이 각각의 시편 구절에 따라 독특한 음색의 멜로디를 사용해서 표현한다. 출판된 또는 음반으로 제작된 예들을 보면 서방뿐만 아니라 동방의 예배 의식에서 사용된 거의 중세 시대에까지 거슬러 올라가는 멜로디를 보여준다. 가장 복잡한 chant의 형태들은 인도자가 주어진 chant 스타일에서 즉흥적으로 인도하는 것인데 종종 이러한 방식을 가리켜 캔틸레이션(Cantillation)이라 부른다.

출판된 자료들

By Flowing Waters: Chant for the Liturgy. Collegeville, MN: Liturgical Press. 회중들, 음악 인도자들, 그리고 찬양대원들을 위해 마련된 무반주의 노래 모음집으로 폴 포드(Paul F. Ford)에 의해서 편집된 것으로 102개의 시편들을 포함하고 있다.

Hymnal 1982: Service Music. Accompaniment Edition. Volume 1. New York: Church Publishing, 1982, no. S 446.

The Plainchant Psalter. Edited by James Litton. New York: Church Hymnal Corporation, 1988. 시편을 노래하는 실천에 대한 중요한 서론을 포함하고 있다. 또한 150 편의 시편 전체에 부호 표기와 함께 단율 방식의 음률을 포함하고 있다.

Psalterium monasticum. Chicago: GIA Publications. 바티칸 공의회에서 승인한 Thesaurus liturgiae horarum monasticae에 기초한 매일 기도 예배에서 사용하는 시편들의 그레고리안 음악을 포함하고 있다.

화답의 시편가(또는 회중의 후렴 또는 교창을 포함한 시편가)

"화답의 시편가"responsorial Psalmody라는 용어는 인도자 또는 소그룹의 노래하는 자들과 회중 전체 사이에서 시편을 주고받는 방식 또는 선창하고 응답하는 방식으로 표현하는 시편가의 명칭이다. 하지만 종종 화답의 시편가라는 용어는 회중의 후렴구 또는 시편을 낭독자 또는 음악 인도자나 찬양대가 읽거나 노래하는 것에 대한 반응과 연결해서 후렴구 또는 응답의 표현으로 사용하는 것에 더욱 많은 관련을 갖고 발전해왔다.

시편 본문을 구성할 때 이러한 후렴구들은 매우 중요한 해석의 역할을 한다. 회중에게 본문에 담긴 핵심 주제나 이미지로 이끌어준다.[56] 종종 시편의 핵심 구절이나 중심 절이 교창 구절 또는 후렴구로 선택된다. 일부 출판된 자료들에 따르면 시편에서 직접 가져오지 않고 시편을 노래로 부르는 예배 안에서의 정해진 순서나 절기에 따라서 주어지는 교창 구절이나 후렴구를 선택하기도 한다. (여기서 주목할 것은 "후렴구"라는 용어는 시편에서 직접 주어지는 구절의 활용을 가리키는 반면에 "교창"이라는 용어는 시편의 의미를 재진술하거나 요약하는 것을 가리킨다.)

이러한 시편가의 형태는 특별히 그 자체로 후렴구를 가지고 있는 시편들에게 더욱 적합하다. 예를 들어, 시편 42, 46, 59, 80, 107, 그리고 136편에서 볼 수 있는 경우와 같다. 이것은 특별히 처음 읽을 때 쉽게 파악되지 않는 후렴구를 지닌 시편의 경우에 더욱 잘 나타난다. 시편 99:3, 5, 9에 나타난 "하나님은 거룩하시니"와 같은 선포에서 볼 수 있는 경우를 말한다.

이와 같이 시편을 노래하는 방법은 회중들에게는 쉬운 것이기에 아주 유용하다. 회중들에게 단지 필요로 하는 것은 하나의 음악적 표현 구절을 배우는 것이다. 반면에 시편 본문을 표현하는 좀 더 어려운 일들은 솔로, 선창자, 또는 찬양대에 속한 자들의 몫이 된다. 이 방법은 또한 지역의 필요와 문화적 상황에 특별히 적절하게 반응하는 방식일 수 있기 때문에 더욱 가치를 지닌다. 후렴구들은 어떤 음악적 스타일에서도 이끌어낼 수 있다. 클래식, 재즈, 포크, 포크 락, 가스펠, 그리고 다른 음악적 기교에서도 모두 가능한 모습으로 후렴구들을 드러낸다.

이와 같이 시편을 노래하는 방법은 또한 지난 두 세대 동안에 상당히 주목할 만큼 에큐메니칼 영역에 영향을 미쳐왔다. 몇몇 중심 개신 교단들, 로마 가톨릭, 그리고 심지어 일부 복음주의 계열의 출판사들도 화답

---

56 다음을 참조하라. J. Michael McMahon, *Singing Our Worship: A Pastoral Musician's Guide to the General Instruction of the Roman Missal 2000* (Silver Spring, MD: NPM Publications, 2003), pp. 12-14.

의 시편가들을 상당히 출판해왔다. 복음주의와 오순절 계열의 교회들도 다양한 포크 음악 스타일들로 화답의 시편가들에 대한 최근의 많은 출판물들에 영향을 받아서 이러한 전통에 이끌려지고 있다고 볼 수 있다. 실제로 몇몇 찬양의 코러스들(종종 시편의 한 구절에 기초를 두고 있는 표현들)을 시편을 읽기 전, 읽는 중간, 그리고 읽은 후 회중들의 후렴구로 사용할 수도 있다.

화답의 시편가는 실제 본문을 사용한다는 장점을 지닌다. 이것은 비록 간혹 솔로이스트나 선창자들을 위해서 시편 본문을 재구성하는 작업을 종종 요구할 수도 있지만 성경 본문과 관련해서 새로운 창조적인 작업을 요구하는 것이 아니다. 숙련된 작곡가들과 음악 인도자들의 손에서 이러한 화답의 시편가는 성경 학자들에 의해서 주의 깊게 연구된 시편의 시적 측면에 주의를 기울인다. 이것은 또한 가장 상황화된 시편가의 형태를 만드는 방식을 통해서 지역 음악인들이 그 지역의 필요에 따라 형성되는 방식으로 시편 후렴구들을 구성하는 일을 가능하게 한다.

출판된 자료들

The Basilica Psalter: Responsorial Psalms for the Parish Church. Editd by Jay Hunstiger. Collegeville NM: Liturgical Press.

Book of Psalms. Presbyterian Church in Canada, 1995. 시편 150편 전체에 각각의 후렴구와 시편 음률의 두 가지 서로 다른 선택 사항들을 포함해서 화답의 방식으로 구성해 놓은 책이다.

Daw, Carl P., Jr., and Kevin Hackett. *A Hymn Tune Psalter*. New York: Church Publishing. Book 1: Advent-Pentecost, 1998. Book 2: Sundays After Pentecost, 1999. 단순화시킨 성공회 chant로 시편을 정해 놓고 친숙한 찬양의 음률에서 이끌어낸 교창 방식을 지닌 화답곡의 시편들이다.

Lead Me, Guide Me: The African American Catholic Hymnal.

Chicago: GIA Publications, 1987. 아프리칸 아메리칸 가스펠 방식의 음악으로 구성된 20개가 넘는 화답곡의 시편(nos. 499-545)과 20개의 시편 음률을 지닌 시편가들(nos. 546-65)을 포함하고 있다.

Life Every Voice and Sing II: An African American Hymnal. New York: Church Hymnal Corporation, 1993. 아프리칸 아메리칸 가스펠 스타일의 음악과 함께 여덟 개의 화답의 시편을 포함하고 있다(pp. 273-80).

Mil Voices para Celebrar: Himnario Metodista. Edited by Raquel M. Martinez. Nashville: United Methodist Publishing House, 1996. 스페인어로 된 화답곡 방식의 시편곡가를 포함하고 있다(pp.87-140).

The New Century Psalter. Cleveland: Pilgrim Press, 1999. 150편 시편 전체의 화답곡 방식을 포함하고 있다.

Psalms and Ritual Music. Three volumes (year A, B, C), in multiple editions. World Library Publications.

Psalms for Praise and Worship. Edited by John C. Holbert, S. T. Kimbrough Jr., and Carlton R. Young. Nashville: Abingdon Press, 1992. 시편 150편 전체에 부호를 달아 놓았고 127개의 음악적 교창 방식과 많은 시편 음률을 포함하고 있다.

Psalms for the Church Year. 10 volumes. Chicago: GIA Publications, 1988-2002. 포크 예배 음악 스타일로 선창자와 회중 전체를 위한 화답곡의 시편들을 포함하고 있다.

The Psalter: Psalms and Canticles for Singing. Louisville: Westminster John Knox Press, 1993. 화답곡의 시편들과 다양한 방식과 스타일로 시편의 음률을 포함하고 있는 방대한 자료다.

Psalter for Worship. 3 volumes (Cycles, A, B, C). Minneapolis: Augsburg Fortress.

Singing the Psalms. 5 volumes. Oregon Catholic Press.

This Far by Faith: An African American Resources for Worship. Minneapolis: Augsburg Fortress, 1996. Numbers 1-36. 아프리칸 아메리칸 가스펠 스타일로 된 음악과 함께 화답곡의 시편과 시편의 음률들을 담고 있다.

United Methodist Hymnal. Nashville: United Methodist Publishing House, 1989. the United Methodist Church의 교단 찬양집으로서 100개의 화답곡 선곡들이 있고 1983 Common Lectionary에 의해서 정해진 각각의 시편에 해당하는 화답곡들을 모두 포함하고 있다(pp. 736-862).

재즈 방식들

Jazz Psalms-Sheet Music. Grand Rapids: Calvin College, 2004. 이러한 재즈 시편의 음반 제작은 칼빈 대학에서도 진행한다.

Swing a New Song to the Lord: Resources for Jazz Worship. Ed. Bill Carter. Presbybop Music (www.presbybop.com을 참고하라). 아홉 개의 시편 음악을 포함하고 있다.

개인 저자 또는 개인 작곡가의 작품들

Alonso, Tony, Michael Mahler, and Lori True. *As Morning Breaks and Evening Sets: Psalms, Canticles and Hymns for the Liturgy of the Hours.* Winona, MN: St. Mary's Press, 2004. 포크 예배 음악 스타일로 선창자와 회중을 위해서 10개의 화답곡 시편을 포함하고 있다. 이 책 내용의 음반을 GIA Publications에서도 제작한다.

Bolduc, Ed. *A Collection of Songs and Psalms.* World Library Publications.

Burkhardt, Michael. *Psalms for the Church Year.* MorningStar Music Publishers.

Consiglio, Cyprian, OSB. *Lord, Open My Lips: Music for the Hours*. Portland, OR: Oregon Catholic Press. 아홉 개의 시편곡이 포함되어 있다. 이 내용의 음반이 또한 같은 출판사에 의해서 제작되기도 한다.

Cooney, Rory. *Cries of the Spirit*. 2 volumes. Portland, OR: Oregon Catholic Press. 포크 예배 음악 스타일로 선창자와 회중을 위한 화답곡 시편들을 포함하고 있다.

Cotter, Jeanne. *We Are God's People: Psalms for the Family of God*. Chicago: GIA Publications. 포크 예배 음악 스타일로 선창자와 회중을 위해 10개의 화답곡 시편들을 포함하고 있다. 이 책의 음반을 또한 GIA Publications에서도 제작한다.

Gerike, Henry V. *Psallite: Psalms Settings for the Church Year*. St. Louis: Concordia Publishing. 23개의 시편가들.

Guimont, Michel. Guimont Psalms. Chicago: GIA Publications. 음반도 같은 출판사에서 제작된다.

_____. *Lectionary Psalms*. Chicago: GIA Publications. 음반도 같은 출판사에서 제작된다.

_____. *Psalms for the Revised Common Lectionary*. Chicago: GIA Publications. 음반도 같은 출판사에서 제작된다.

Haas, David. *Light and Peace: Morning Praise and Evening*. Chicago: GIA Publications. 포크 예배 음악 스타일로 선창자와 회중을 위한 네 개의 화답곡 시편을 포함하고 있다. 이 책의 음반을 GIA Publications 에서도 제작한다.

Hawthorne, Robert A. *Portland Psalter. Book One: Liturgical Years ABC*. Church Publishing. Book of Common Prayer 렉셔너리와 the Revised Common Lectionary에 따라 주일 성찬을 위해 정해진 모든 시편들을 위한 음악을 제시한다. Book Two는 회중들의 후렴구를 프린트물로 복사할 수 있는 CD-ROM과 함께 시편 곡을 모두 균형 있게 포

함하고 있다.

Hopson, Hal. *18 Psalms for the Church Year*. Hope Publishing Company. 또한 같은 출판사에서 출판한 그의 *Psalm Refrains and Tones*와 *10 More Psalms*를 참조하라.

Hruby, Dolores. *Seasonal Psalms for Children*. World Library Publications.

Hurd, Bob, Elazar Cortés, Jaime Cortez, Mary Frances Reza, and Donna Peña. *Cantaré Eternamente/For Ever I Will Sing: Bilingual Psalms for the Liturgical Year*. 2 volumes. Portland, OR: Oregon Catholic Press. 46개의 이중 언어로 된 시편들을 포함하고 있다. 이 자료의 음반을 같은 출판사에서 제작하기도 한다.

Kelly, Columba, OSB. *Lectionary Psalms for Lent and Easter and Lectionary Psalms for Advent and Christmas*. Chicago: GIA Publications. 선창자, 회중, 그리고 키보드를 위한 자료다.

Kreutz, Robert. *Psalms*. Portland, OR: Oregon Catholic Press.

Psalm Songs. 3 volumes, ed. David Ogden and Alan Smith. London: Cassell, 1998. 또한 1998년에 Augsburg Fortress에서 출판되기도 했다. 포크 예배 음악 스타일로 선창자와 회중을 위한 화답곡 시편들을 담고 있다. 또한 단권으로 된 *Psalms Songs: Complete Set*도 가능하다.

Rosas, Carlos. *¡Grita de Alegría! Salmos para el año litúrgico*. Portland, OR: Oregon Catholic Press.

Schiavone, John. *A Lectionary Psalter*. Portland, OR: Oregon Catholic Press. 3년의 렉셔너리 주기에 따라 주일, 의식, 그리고 축제를 위한 시편과 복음서의 찬양을 담고 있다.

Talbot, John Michael. *Chant from the Hermitage*. Portland OR: Oregon Catholic Press. 이 책의 음반을 같은 출판사에서 제작하기도 한다.

Waddell, Chrysogonus. *Psalms for the Advent Season*. World Library Publications.

Willcock, Christopher. *Psalms for the Journey*. Collegeville, MN: Liturgical Press, 1991. 선창자 또는 찬양대와 회중을 위한 12개의 화답곡 시편들을 담고 있다.

화답곡으로 구성된 대부분의 시편들은 회중들이 부르는 후렴구 또는 선창자나 찬양대에 의해서 원래의 시편 본문을 노래하는 부분을 포함한 교창 방식을 사용한다. 하지만 일부는 선창자 또는 찬양대에 의해서 적합한 방식으로 조정된 시편 본문을 노래하는 방식을 포함해서 회중들이 부르는 후렴구를 사용하기도 한다. 이 방식은 특별히 최근에 보편화되기 시작했는데 제 2차 바티칸 공의회 이후 로마 가톨릭 회중들에게서 주어진 상당히 많은 포크 스타일의 시편 사용 방식에서 볼 수 있다. GIA Publications, Oregon Catholic Press, 그리고 World Library Publications와 같은 로마 가톨릭의 출판사들은 선창자들과 회중들을 위한 수많은 시편가들을 제공해주고 있다. 이들이 출판한 찬양집들은 또한 시편가의 핵심 내용들, 단순하지만 포크 스타일의 후렴구나 회중들을 위한 교창법을 포함하고 있으며, 솔로이스트(그리고 기타, 키보드, 또는 작은 악기들로 구성된 세트)를 위해 조절된 시편 본문의 음악도 제공해주고 있다. 다음의 예들을 참조하라.

Catholic Community Hymnal. Chicago: GIA Publications, 1999 특별히 19-48을 참조하라.

The Collegeville Hymnal. Collegeville, MN: Liturgical Press, 1990. Numbers 104-60.

Flor y Canto. Portland, OR: Oregon Catholic Press, 1989: pp. 494-579 (음악적 후렴구들)

Gather Comprehensive. Chicago: GIA Publications, 1994. Numbers

18-152.

Glory and Praise. Portland, OR: Oregon Catholic Press, pp. 167-285.

One Faith, Una Voz. Portland, OR: Oregon Catholic Press. 이중 언어로 된 많은 회답곡의 시편들을 포함하고 있다.

Ritual Song. Chicago: GIA Publications, 1996. Numbers 28-200.

Worship: A Hymnal and Service Book for Roman Catholics. 3rd edition. Chicago: GIA Publications, 1998. 교창, 시편음률, 그리고 젤리노 스타일의 음률을 담고 있는 대부분의 시편들과 관련해서 Numbers 24-100을 참조하라.

음악인도자들은 전체적인 음악 연주를 위해서 이러한 찬양집들의 음악 인도자용을 구해서 사용할 필요가 있을 것이다.

음반의 예들

Haugen, Mary. *Come, Let Us Sing for Joy*. Chicago: GIA Publications, 2000. 포크 예배 음악 스타일로 된 선창자와 회중을 위한 화답곡 방식의 시편을 11개 포함하고 있다.

Sing Out! A Children's Psalter CD. World Library Publications.

공연을 자료

Harmon, Kathleen. *The Ministry of Cantors*. Collegeville, MN: Liturgical Press.

운율 시편가(Metrical Psalmody)

운율로 된 시편들은 악센트를 지닌 또는 지니지 않은 음절의 규칙적인 방식을 제공해서 찬양의 곡조로 노래할 수 있도록 시편 곧 성경의 본문을 시적으로 재구성한 것이다.

운율 시편가의 장점은 음악적 장치를 쉽게 사용할 수 있는 점인데, 이것은 16세기 종교개혁가들에게 중요한 역할을 했다. 운율 시편가는 마틴 루터에 의해서 장려되었는데, "하나님의 말씀이 노래라는 수단을 통해서 사람들 가운데 살아나게 해주는 역할을 했다."⁵⁷ 요한 칼빈은 교회 음악을 회중들을 위한 운율 시편가로 제한시켰는데 다음과 같이 주장했다. "시편들은 우리의 마음이 하나님을 향할 수 있도록 고무시키고, 하나님 이름의 영광을 찬양하며 높여드릴 뿐만 아니라 그러한 열정을 자극시켜줄 수 있다."⁵⁸ 에밀리 브링크Emily Brink가 결론적으로 말하고 있듯이, "운율로 된 노래의 가장 큰 장점은 일정한 본문과 곡조를 훈련받지 못한 회중들의 커다란 모임에서조차 쉽게 사용할 수 있고 또 기억할 수 있게 하는 특징이다."⁵⁹

운율 시편가는 제네바와 스코틀랜드 시편가의 뚜렷한 전통으로서 초기 개혁주의와 장로교 회중들의 음악을 위한 구별된 방식이었다. 청교도들도 미국으로 발전한 새로운 공동체를 발견했을 때 유럽으로부터 *Ainsworth Psalter*를 가져왔고 *The Bay Psalm Book*을 미국에서 출판한 가장 초기의 출판물로 인쇄해서 보급함으로써 시편을 노래했다. 아

---

57 Martin Luthers Werke: Kritische Gesamtausgabe, Weimarer Ausgabe: Briefe, vol. 8, p.220; 영어 번역본: *Luther's Works: American Edition*, ed. J. Pelikan and H. T. Lehmann (St. Louis and Philadelphia: Concordia Publishing House, 1955-86), vol. 53, p. 221.

58 "1537 Articles for the Organization of the Church," *Joannis Calvini Opera Selecta*, ed. Peter Barth, Wilhelm Niesel, and Dora Scheuner, 5 vols. (Munich: Chr. Kaiser, 1926-52), vol. 1, p. 375; 영어 번역본: *Calvin: Theological Treatises*, trans. J. K. S. Reid, Library of Christian Classics, vol. 22 (Philadelphia: Westminster Press, 1954), p. 53.

59 Emily R. Brink, "Metrical Psalmody: A Tale of Two Traditions," *Reformed Liturgy and Music* 23, no. 1(1989): 3. 역사적으로 전해져 오는 운율로 된 시편곡의 음률과 내용에 대한 기본적인 안내와 관련해서는 다음을 참고 하라. Paul Westermeyer, *Let the People Sing: Hymn Tunes in Perspective* (Chicago: GIA Publications, 2005), 83-122; Erik Routley, *A Panorama of Christian Hymnody*, ed. Paul A. Richardson (Chicago: GIA Publications, 2005), pp. 13-38; John D. Witvliet, "The Spirituality of the Psalter in Calvin's Geneva," in *Worship Seeking Understanding* (Grand Rapids: Baker Academic, 2003), pp. 203-30.

이작 왓츠Isaac Watts는 무수히 많은 운율 시편가들을 직접 곡으로 썼다. 그가 쓴 곡들 가운데 일부는 독특한 방식으로 그리스도를 언급하고 묘사했다. 예를 들어, "햇빛을 받는 곳마다"(138장)는 시편 72편을 왓츠가 운율 시편가로 만든 것이다. 이 찬양은 아주 분명하게 예수님을 이 시편에서 언급한 왕으로 부르고 있다. 왓츠의 시편가는 영어로 된 거의 모든 찬양들에 영향을 주었고 미국 내 많은 아프리칸 아메리칸 교단들의 음악 곡들을 형성하는데 특별히 중요한 역할을 했다.60

운율 시편가는 또한 몇몇 다른 기독교 전통에서도 실천해 왔다. 19세기 후반에 초기 아프리칸 아메리칸 오순절 교단 비숍이었던 존스C. P. Jones는 미시시피 잭슨에 있는 그의 회중들이 사용할 수 있도록 몇몇 운율 시편가를 만들었다. 1970년대 몇몇 갱신 단체들은 좀 더 대중적인 음악에 의해서 구성된 다양한 표현들로 노래할 수 있는 운율 시편가를 만들기 시작했다. 아이오나 공동체Iona Community는 특별히 운율 시편가의 영향력 있는 찬양집들을 만들었다. 운율 시편가는 또한 로마 가톨릭 예배의 개회 의식에 회중들이 참여하는 공식적인 방식으로도 특별히 이름이 붙여진 것이기도 하다.61

운율 시편가에 있는 곡들이 성경 본문과 얼마나 밀접하게 부합하는지에 대해서는 매우 광범위한 측면을 보인다.62 일부 시편가들은 시편 본문의 논리, 사본, 이미지, 그리고 심지어 대구법에 이르기까지 매우 밀접하게 따르고 있으며, 동시에 다른 시편가들은 주어진 본문의 기본 내용

---

60 Gilber I. Bond, "Psalms in a Contemporary African American Church," in *Psalms in Community: Jewish and Christian Textual, Liturgical, and Artistic Traditions*, ed. Harold W. Attridge and Margot E. Fassler (Atlanta: Society of Biblical Literature, 2003), pp. 313-23.
61 다음을 참조 하라. McMahon, *Singing Our Worship*, p. 8; 또한 다음을 참조 하라. Christoph Tietze, *Hymn Introits for the Liturgical Year: The Origin and Development of the Latin Texts* (Chicago: Hillenbrand Books, 2005), pp. 100-119.
62 Henrietta Ten Harmsel, "Verifying the Psalms for Singing," *Reformed Worship* 4 (June 1987): 14-15.

을 폭넓은 자유를 갖고 재구성하기도 한다. 또한 일부 시편가들, 특별히 긴 시편들의 경우에 더욱 그러한데 주어진 시편의 몇몇 내용들, 이미지들, 또는 반복되는 표현들을 생략하기도 하며, 다른 경우에는 음악적으로 기대되는 박자를 맞추기 위해서 이미지나 새로운 내용들을 추가해서 시편 본문을 보완하기도 한다.

일부 잘 알려진 찬양들 가운데 몇몇 구체적인 시편들에 의해서 영감을 받은 것들이 있다. 하지만 그것들은 운율 시편가가 아니라 찬양으로 분류되어 시편가와는 명백하게 구분한다. 이러한 찬양들 가운데 유명한 예들은 다음과 같다. "내 주는 강한 성이요"(시편 46편에 기초한 마틴 루터의 찬양), "예부터 도움 되시고"(시편 90편에 기초한 아이작 왓츠의 찬양), "Praise, My Soul, the King of Heaven"(시편 103편에 기초한 찬양), "O Worship the King"(시편 104편에 기초한 찬양). 회중들(그리고 찬양 편집자들)은 찬양과 성경의 시편 사이의 관련성, 곧 대부분의 예배자들이 간과하는 그 관련성을 명백하게 규명할 수 있어야 한다.

시편을 규정할 때 특별히 중요한 것은 운율을 정하는 것이다. 시의 운율을 세우는 것은 시인들이 시의 본문을 설정할 때 사용하는 강조 방식이다. 두 개의 가장 보편적인 방식들은 약강격iambic 방식과 강약격trochai 방식이다. 어스틴 러블리스Austin Lovelace의 말에 따르면, 약강격의 시(약한 어조로 시작하는 절과 함께 약한 어조와 강한 운율을 반복적으로 사용하는 시)는 "항상 마지막 강조점과 중심 사상을 향해서 소리와 의미를 지향해 가는 것이고" 반면 강약격의 시(강한 어조로 시작하는 절과 함께 약한 어조와 강한 운율을 반복적으로 사용하는 시)는 "강조점을 즉각 제시하고... 주의를 집중시키며... 즉각적으로 표현한다."[63]

시편 23편에 기초한 약강격의 방식을 비교해 보라.

---

63 Austin C. Lovelace, *The Anatomy of Hymnody* (Chicago: GIA Publications, 1965), p. 63. 러블리스는 또한 별로 잘 사용하지 않는 운율과 다양한 리듬 구조들을 간략히 소개해주기도 한다.

"The King of love my shepherd is,
Whose goodness faileth never;
I nothing lack if I am His
And He is mine forever."

또한 시편 103편에 기초한 강약격의 방식을 비교해보라.

"Praise, my soul, the King of heaven.
To his feet your tribute bring.
Ransomed, healed, restored, forgiven,
Evermore his praises sing."

이러한 악센트 부호의 방식들(약강격, 강약격, 그리고 흔히 사용하지 않는 다른 방식들)은 시의 한 연에 얼마나 많은 음절이 있는지에 따라서 결정되는데 매우 다양한 방식들로 나타날 수 있다. 가장 보편적인 운율 가운데 하나는 흔히 영어로 "LM"으로 알려져 있는데, 보통 강약격 8음절 4행으로 된 찬미가조다. 러블리스의 정확한 평가에 따르면 이것은 "장엄하고 당당한 표현 방식을 제공해주는" 음조다. 하지만 다소 따분한 음조로 이끄는 경향의 위험을 지닌다. 아이작 왓츠의 시편 72편이 바로 대표적인 예가 될 수 있다.

햇빛을 받는 곳마다
주 예수 다스리시고
이 세상 끝날 때까지
그 나라 왕성하리로다.

서구 찬송가에 나타난 가장 편만한 예 곧 보편 운율 Common Meter[CM]

은 본문의 네 행으로 이루어지는데, 처음과 세 번째는 여덟 절로, 두 번째와 네 번째는 여섯 절로 구성된다(86 86). 러블리스는 이것을 가리켜 "찬송의 내구력"the workhorse of hymnody이라 부르는데, 단순하고 직접적인 표현 특별히 "사실을 가르치고 전달"하는데 적합한 것일 뿐만 아니라 "시를 사용하는데 믿을 수 없을 정도로 쉽게 속일 수 있는 운율"이기도 하며, 실제로 쉽게 부를 수 있는 음악과 함께 용이하게 짝을 이룰 수 있다.[64] 이러한 운율의 가장 좋은 예를 시편 23편의 익숙한 방식에서 찾아볼 수 있다.

> 여호와는 나의 목자시니; 내가 부족함이 없으리로다.
> 그가 나를 푸른 풀밭에
> 누이시며; 쉴 만한 물가로
> 인도하시는도다

러블리스가 주목하고 있듯이, 이 1787년 본문은 각각의 행이 강조를 하지 않는 음절로 마무리하며 부드러운 느낌을 이끌어낸다.

거의 모든 시편들이 발라드 곡조의 보편 운율 (86 86) 방식으로 설정된 영국과 스코틀랜드의 시편가 전통과는 달리 제네바 시편가는 150편의 시편 전체를 구성하기 위해서 110개의 서로 다른 운율들을 사용했다! 제네바 시편가에는 특이한 운율들을 사용해서 설정한 것들도 있다. 시편 81편의 경우 56 55 56 방식으로 이루어져 있으며, 강력한 긴장과 무호흡 방식을 이끌어내는 짧은 시적 구절들을 포함시키고 있다. 시편 43편은 98 99 86 방식으로 이루어져 있으며, 본문의 내용과 같이 일종의 침묵을 요구하는 긴 구절을 포함시키고 있다. 이러한 짧은 예들은 시편을 운율로 구성하는 기술의 일부만 살펴보기에도 부족하다. 최상의

---

64 Lovelace, *The Anatomy of Hymnody*, pp. 25,35. 러블리스는 도한 많은 다른 보편 운율에 나타난 교훈적인 예들을 제시해준다.

운율 시편가는 노래를 부르는 자들이 단순하지만 심오한 방식으로 본문에 참여할 수 있도록 돕는 탁월한 시적 장치들을 바탕으로 구성된다.

최근에 운율 시편가들이 일부 장로교단들의 유일한 교회 음악으로 계속해서 사용되어 지고 있고(예를 들어, the Reformed Presbyterian Church 교단), 다른 교단들(예들 들어 the Orthodox Presbyterian Church, the Christian Reformed Church, the Associate Reformed Presbyterian Church)의 경우 교회 음악의 중요한 수단으로 지속되고 있으며, 몇몇 다른 교단들(예를 들어, 1990년 the Presbyterian Church USA 교단의 찬송가)에서는 새로운 관심을 갖고 주목하고 있다. 무수히 많은 최근의 출판물들도 운율 시편가의 출판을 드러내며 이에 대한 관심을 재기하고 있다. 최근 출판된 본문들과 운율들은 비록 회중의 의도에 따라 그 영향력이 달라질 수 있지만 그럼에도 이전에 출판된 어떤 것들보다 쉽게 접근할 수 있고 창조적으로 사용할 수 있는 것들이다.[65]

운율 시편가가 지닌 하나의 단점은 예배자들이 시편 자체보다는 본문의 변형된 형태(이 형태들 가운데 일부는 원래의 본문에서 많이 달라지기도 한다)를 노래하는 것에 있다. (모든 번역이 곧 변형된 형태라고 볼 수 있지만 운율로 된 시적 형태로 본문을 재구성하는 것은 이 책에서 제시한 시편곡들과 관련한 다른 형태들보다 훨씬 더 많은 변화를 시도한다.) 이런 이유로 인해서 몇몇 영향력 있는 자들은 개혁교회와 장로교 회중들에게 운율 시편가를 벗어나서 오히려 매주 예배에서 성경 읽기에 대한 응답의 형태로 사용하는 시편의 화답가 방식

---

[65] 다음을 참조하라. Darryl G. Hart, "In the Shadow of Calvin and Watts: Twentieth-Century American Presbyterians and Their Hymnals," in *Singing the Lord's Song in a Strange Land: Hymnody in the History of North American Protestantism*, ed. Edith L. Blumhofer and Mark A. Noll (Tuscaloosa, AL: University of Alabama Press, 2004), pp. 92-121; Emily R. Brink and John D. Witvliet, "Contemporary Developments in Music in Reformed Churches Worldwide," in *Christian Worship in Reformed Churches Past and Present*, ed. Lukas Vischer (Grand Rapids: Eerdmans, 2003), pp. 324-47. 이 논문은 네덜란드, 헝가리, 스위스, 스코틀랜드, 그리고 일본에서 현재 사용하고 있는 운율로 된 시편곡들의 간략한 리스트를 포함하고 있다.

을 더욱 바람직한 것으로 제시하기도 한다. (이런 이유로 UCC와 PCUSA 교단에서 출판된 각각의 시편가는 운율로 된 시편곡보다는 화답의 시편곡을 더 포함시켰다). 그러나 화답의 시편가가 성경 읽기에 대한 응답으로 사용될 때 조차도 운율 시편가는 회중들이 성찬을 시행할 때를 포함해서 찬양을 노래하는 모든 시간에 풍부한 자료로 역할을 수행할 것이라는 것을 마지막으로 덧붙이고 싶다.

각 교단의 찬양집(찬송가)들

Book of Praise. Quebec City: Presbyterian Church in Canada, 1997. the Presbyterian Church in Canada 교단의 찬송가로서 108개의 운율 시편곡들을 포함하고 있다.

Book of Praise: Anglo-Genevan Psalter. Winnipeg, MB: Premier Printing, 1984. the Canadian Reformed Church 교단의 시편가로서 제네바 음률로 사용할 수 있는 시편 150편에 대한 영어로 된 운율을 포함하고 있다.

The Book of Psalms for Singing. Pittsburgh: Board of Education and Publication, Reformed Presbyterian Church of North America, 1973. the Reformed Presbyterian Church of North America 교단의 시편가.

Praise! Psalms, Hymns, and Songs for Christian Worship. Praise Trust, 2000. 각각의 시편에 대한 운율을 다양한 방식들과 함께 제시하고 있다.

Presbyterian Hymnal. Louisville: Westminster John Knox Press, 1990. the Presbyterian Church USA 교단의 찬송가. 158-258 부분은 다양한 형태들(운율, chant, 그리고 화답 방식)의 시편곡들을 제시해주고 있는데, 그 가운데 가장 주된 방식은 운율로 된 방식이다. 같은 찬송가가 *Hymns, Psalms, and Spiritual Songs*(Westminster John Knox Press, 1990)의 이름으

로 에큐메니칼 진영에서 사용할 수 있도록 출판되었다.

Psalter Hymnal. Grand Rapids: CRC Publications, 1987. the Christian Reformed Church in North America 교단의 찬송가. 150개의 시편 전체의 운율로 된 곡들로 시작해서 시편의 주제 분류에 따라 추가된 운율 시편곡들을 포함하고 있다.

Rejoice in the Lord. Grand Rapids: Eerdmans, 1985. the Reformed Church in America 교단의 찬송가. 81-141 부분에서 시편 전체 가운데 약 3분의 1정도 운율로 된 시편곡을 포함하고 있다.

Trinity Hymnal. Atlanta: Great Commission Publications, 1990. the Presbyterian Church in America와 Orthodox Presbyterian Church 교단의 찬송가로서 주제 분류에 따라 구성된 일부 시편들 가운데 운율로 된 곡들을 포함하고 있다.

Trinity Psalter. Presbyterian Church in America, 1994. 시편 150편 전체에 대한 운율 방식을 언어로만 포함시키고 있으며 좀 더 친숙한 찬양 곡조를 따라 사용하도록 제시하고 있다. 운율을 포함시킨 것과 그렇지 않은 두 종류의 찬송가가 Crown and Covenant Publications에서 출판되었다. 이 출판사는 the Reformed Presbyterian Church in Japan, the Free Church of Scotland, the Presbyterian Church of Eastern Australia, 그리고 the Irish Reformed Church의 시편가를 보급한다.

개인 저작 자료들

Anderson, Fred R. *Singing Psalms of Joy and Praise*. Philadelphia: Westminster Press, 1986. 53개의 운율 시편곡들이 각각의 시편에 부합하는 운율과 간략한 기도와 함께 주어져 있다.

Bell, John. *Psalms of David and Songs of Mary*. Chicago: GIA Publications, 1993. 7개의 시편들이 운율로 된 방식으로 포함되어 있으며, 음반도 GIA Publications에 의해서 제작되었다.

_____. *Psalms of Patience, Protest, and Praise*. Chicago: GIA Publications, 1993. 이 노래들의 음반도 GIA Publications에 의해서 제작되었다.

Bringle, Mary Louise. *Joy and Wonder, Love and Longing*. Chicago: GIA Publications, 2002. 시편 42편의 운율시편가를 포함하고 있다.

Daw, Carl P., Jr. *New Psalms, Hymns, and Spiritual Songs*. Carol Stream, IL: Hope Publishing Company, 1996.

Duck, Ruth C. *Circles of Care*. Cleveland: Pilgrim Press, 1998. 시편 8, 23, 40, 그리고 90편의 음악적 표현과 관련해서 pp. 1-4 참조하라.

Dudley-Smith Timothy. *A House of Praise: Collected Hymns, 1961-2001*. New York: Oxford University Press/Hope Publishing Company, 2003. 45개의 운율 시편곡을 포함하고 있다 (pp. 131-76).

Edwards, Rusty. *As Sunshine to a Garden*. Minneapolis: Augsburg Fortress, 1999. 시편 47, 149, 51, 23, 122, 27, 62, 66, 30, 139, 43, 65, 그리고 121편의 운문 번역을 포함하고 있다.

Grindal, Gracia. *We Are One in Christ*. Kingston, NY: Selah Publishing Company, 1996. 12개의 시편 부분을 포함하고 있다.

Idle, Chrstopher. *Light Upon the River*. London: St. Matthias Press, 1998. 60개가 넘는 운율 시편곡들을 포함하고 있다 (pp. 201-64).

Kaan, Fred. *The Only Earth We Know: Hymn Texts by Fred Kaan*. London: Stainer and Bell: Carol Stream, IL: Hope Publishing Company, 1999. 시편 8, 23, 92, 그리고 130편의 음악적 표현 방식에 대해서 pp. 86-90을 참조하라.

Leach, Richard. *Memory, Take the Hand of Hope*. Kingston, NY: Selah Publishing Company, 2000. 시편들의 운문 번역 부분을 포함하고 있다.

_____. *Over the Waves of Words*. Kingston, NY: Selah Publishing

Company, 1996. 시편 1, 137, 8, 그리고 150편의 운문 번역 부분을 포함하고 있다.

Leckebusch, Martin. *The Psalms*. Keven Mayhew Publishers, 2006. 시편 150편 전체의 운율 곡들을 포함하고 있다.

Morgan, Michael. *Psalter for Christian Worship*. Louisville: Columbia Theological Seminary, Witherspoon Press, and The Office of Theology and Worship, Presbyterian Church (USA), 1999.

Perry, Michael. *Singing to God*. Carol Stream, IL: Hope Publishing Company, 1995. 거의 60 여개의 시편 운문 번역을 포함하고 있다.

Quinn, James. *Praise for All Seasons: The Hymns of James Quinn, S.J.* Kingston, NY: Selah Publishing Company, 1994.

Stuempfle, Herman, Jr. *Awake Our Hearts to Praise!* Chicago: GIA Publications, 2000. 시편 107, 147, 그리고 148의 운문 번역을 포함하고 있다.

_____. *Redeeming the Time*. Chicago: GIA Publications, 1997. 다섯 개의 시편들(139, 138, 130, 31, 그리고 144편)의 운문 번역을 포함하고 있다.

_____. *Wondrous Love Has Called Us!* Chicago: GIA Publications, 2006. 시편 18, 133, 그리고 148편의 운문 번역을 포함하고 있다.

_____. *The Word Goes Forth*. Chicago: GIA Publications, 1993. 시편 24, 46, 90, 107, 그리고 148편의 운문 번역을 포함하고 있다.

Webber, Christopher L. *A New Metrical Psalter*. New York: The Church Hymnal Corporation, 1986.

Vajda, Jaroslav J. *Sing Peace, Sing Gift of Peace*. St. Louis: Concordia Publishing House, 2003. 시편 93, 130, 111, 46, 23, 그리고 133편의 운문 번역을 포함하고 있다.

역사적 인물들에 대한 자료들

The Songs and Hymns of Isaac Watts. Soli Deo Gloria Publications에서 1997년에 재판됨.

The Unpublished Poetry of Charles Wesley. Editided by S. T. Kimbrough, Jr. and Oliver A. Beckerlegge. Volume 2: *The Hymns and Poems on Holy Scripture*. Nashville: Kingswood Books, 1990. 시편에 기초한 예들과 관련해서 pp. 441-51 참조하라.

또한 The Bay Psalm Book (1640)과 Henry Ainsworth의 Psalter (Plymouth Colony에서 사용된)의 팩시밀리를 살펴보려면 미국과 캐나다의 찬송가 공의회의 도움을 받으라.

음반의 예들

Crown and Covenant Publications는 찬양대와 예술가들이 제작한 운율 시편곡들의 열 두개 이상의 음반을 가지고 있다.

Korean Psalter and CD Set. Book of Psalms for Singing의 한국어로 제작된 20개의 CD로서 Crown and Covenant Publications가 제작했다.

Music of the Genevan Psalter. H. Henry Meeter Center for Calvin Studies at Calvin College and Calvin Theological Seminary. www.calvin.edu/worship/psalms에서 확인할 수 있는 자료들이다.

Psalms. Music of the Genevan Psalter로서 Massaki Suzuki-sensei가 지휘한 Japan Bach Collegium에 부른 것이다. www.calvin.edu/worship/psalms에서 확인할 수 있는 자료들이다.

Psalms of the Trinity Psalter. 2 volumes. Savanah, GA: IPC Press, 1999. Ian McCrorie가 이끈 스코틀랜드 축제 가수들이 부른 것이다. Gothic Records를 통해서 음반으로 제작되었다.

Scottish Metrical Psalms. Kathleen R. Wright가 지휘한 Reformed

Presbyterian Church of Ireland의 Northen Presbytery Choir가 부른 것이다. 5개의 CDs로 되어 있으며 Crown and Covenant Publications가 제작했다.

> "무엇보다도 영적으로 노래하라. 당신이 노래하는 모든 말에서 하나님을 향한 눈을 가져라. 당신 자신이나 세상의 어떤 피조물보다 하나님을 기쁘시게 하기 위해 노력하라. 이렇게 하기 위해서 당신이 노래하는 것의 의미를 자세히 살펴보고, 당신의 마음이 그 음악 자체에 따라가지 않고 지속적으로 하나님을 향할 수 있도록 노력하라. 그리하여 당신의 노래가 주님이 바로 이곳에서 인정하실 만한 그러한 노래가 되게 하고 구름타고 다시 오실 때 당신을 칭찬할 수 있도록 하라."
>
> 요한 웨슬리(John Wesley)의 찬송 선곡, 1761

시편에 기초한 개인과 찬양대의 찬양, 오르간과 악기로 연주하는 음악

조지 프레드릭 헨델의 메시야(Messiah, 시편 24편에 기초한 "Life Up Your Heads")와 요하네스 브람스의 독일 진혼곡(A German Requiem, 시편 84편에 기초한 "How Lovely Are Your Dwellings")과 같은 유명한 예들을 포함해서 시편에 기초한 가사를 둔 찬양대와 개인의 찬송들은 그야말로 엄청나게 많다. 거룩한 예배 음악을 출판하는 거의 모든 목록에는 특정한 시편을 기초로 한 수많은 선곡들을 포함하고 있으며 매년 새로운 시편 곡들을 계속해서 추가하고 있다.

개인 또는 찬양대를 위한 많은 시편 곡들이 이른 바 음악가들이 말하는 "온전하게 구성된"through-composed 형태로 만들어진다. 이것은 시편 전체에서 각각의 구절들이 운율의 형태로 기록된 독특한 음악이 찬송가나 시편의 화답곡 방식과 같이 반복하지 않는 나름대로 독특한 방식으로 만들어진다는 것을 뜻한다. 온전하게 구성된 형태는 회중의 노래로서는 바람직하지 않고 사실상 거의 불가능하다. 왜냐하면 회중의 노래는 반복되는 멜로디(찬송의 각 연이 일정한 멜로디를 반복하듯이)나 후렴구(화답의 시편곡에서와 같이)를 많이 활용하기 때문이다. 하지만 좀 더 복잡한 음악의 뉘앙스를 미리 연습할 수 있는 기회가 주어진다면 솔로이스트나 찬양대에게는 매우 바람직한 방식이 될 수 있다.

더 나아가 몇몇 작곡가들은 지난 수세기 동안 가사 없이 시편의 음악적 해석을 담아내는 곡들을 써왔다. 예를 들어 엠마 디머Emma Lou Diemer와 허버트 호웰Herbert Howells은 오르간을 위해 시편에 기초한 몇몇 곡들을 만들었다.

각각의 시편에 기초한 개인과 찬양대의 자리 설정을 위해서는 다음의 자료들을 참조하라.

Laster, James. *Catalogue of Choral Music Arranged in Biblical Order*. Second Edition. Lanham: Scarecrow Press, 1996. Volume1, 보조 자료와 함께.

_____. *Catalogue of Vocal Solos and Duets Arranged in Biblical Order*. Lanham: Scarecrow Press, 1984.

몇몇 출판사들은 음악과 관련해서 온라인 성경 색인을 제공해주기도 한다.

음반들

시편에 기초한 몇몇 연주와 개인 노래 음반들이 있다. 시편의 음악적 활용과 관련해서 특별히 기여하고 있는 음반들의 예는 다음과 같다.

American Psalmody. 3 volumes. Gloria Dei Cantores, Elizabeth C. Patterson, director.

Goostly Psalmes: Anglo-American Psalmody from 1550-1800. Harmonia Mundi, Paul Hillier, conductor, 1996.

Make a Joyful Noise: American Psalmody. Ron Jeffers, conductor. New World Records, 1996.

Psalms. Turtle Creek Choral, 1999.

Thou Art My Refuge: Psalms of Salvation and Mercy. Gloria Dei Cantores, Elizabeth C. Patterson, director.

현대의 새로운 예배에서의 시편들, 시편에 근거한 성경의 노래들, 그리고 대중음악 표현 방식에서의 시편들

예배에서 시편을 사용하는 것과 관련한 대부분의 출판된 자료들은 비록 "현대" 예배와 관련한 포크 스타일 또는 재즈 음악의 방식을 사용하는 경우가 일부 있기는 하지만 많은 사람들이 흔히 생각하는 "전통적인" 또는 "예전적인" 예배에서 사용할 수 있도록 개발되어 왔다. 그 자료들은 목회, 설교, 그리고 예술적 지혜를 풍부히 담고 있으며, 수많은 기독교인들이 지금도 계속해서 사용하고 있다.

하지만 현대 또는 새롭게 떠오르는 예배 전통들에 속한 많은 회중들은 그것들의 의미나 활용을 위해 이러한 자료들이 지닌 풍부한 가능성을 충분히 인지하지 못하고 있는 듯하다. 수많은 회중들이 예배에 대한 다양하고 더욱 새로운 접근법들을 수용해오면서 많은 이들이 시편에 기초한 음악이나 예배 모범서들을 제쳐두고 있다. 하지만 시편은 여전히 영감, 교육, 그리고 예배에서의 활용을 위해 가장 풍부한 자료들을 담고 있다. 실제로 현대 또는 새롭게 떠오르는 예배에 대한 다양한 접근법들을 이끌고 있는 세 개의 중요한 흐름들은 모두 시편가를 수용할 중요한 근거를 공유한다.

- 구도자 예배의 경우, 전도를 목적으로 예배를 특정한 문화적 상황에 적합한 것으로 만들기 위해 노력하는데 시편가에서 인간 경험의 모든 범주를 보여주는 지도를 발견할 수 있다. 시편들은 하나님을 아직 사랑하지 않고, 예배에 참여하지 않으며 또는 교회를 성가신 것으로 간주하는 다양한 자들의 경험을 규정하는 매우 강력한 방법이 될 수 있다.
- 은사주의 예배의 경우, 기도와 예배에서 하나님과의 친밀함을 경험하기 위해 노력하는데 시편가에서 단지 좋은 찬양 가사를 만드는 시편 구절들뿐만 아니라 탄식, 회개, 그리고 감사를 표현하는 성경 본문들을 찾을 수 있다.
- 흔히 이머징 예배라 불리는 새롭게 떠오르는 예배의 경우, 예배에서 신비감과 공동체에서의 개인적인 소속감 그리고 친밀감을 회복하기 위해 노력하는 과정에서 강력한 도움을 주는 이미지들과 비유들을 찾는데 있어서 시편보다 더 나은 곳은 없다.

이러한 가능성들의 많은 경우가 워십 리더Worship Leader 잡지와 다른 최근의 출판물들 안에 소개된 시편에 대한 수많은 저술들에서 잘 나타나고 있다.[66] 오늘날 새롭게 부각되는 회중들 가운데서 시편을 활용하는

---

66   Mark Roberts가 쓴 글들을 특별히 참조하라. 그는 또한 *No Holds Barred: Wrestling with God in Prayer* (Colorado Springs, CO: Waterbrook Press, 2005)의 저자이기도 하다. 이 책은 시편에 근거를 둔 저술이다. 로벗츠의 작품은 메트 레드만(Matt Redmann)과 앤디 파(Andy Park)과 같은 사람들을 포함해서 많은 영향력 있는 작곡가들과 현대 예배 인도자들에게 상당한 영향을 미치며 찬사를 받고 인용되고 있다.

가장 쉬운 방법은 예배 인도자가 기타나 밴드의 간단한 연주를 배경으로 삼아서 시편 본문을 회중들 앞에서 읽는 것일 수 있다. 하지만 시편가에 대한 목회적 창의적 방식들에 대해서 새롭게 알게 되면 예배에서 이것들을 사용하는 창조적 방법들은 수없이 많아질 수 있다. 실제로 이 책에서 서술하고 소개한 여러 시편 곡들을 포함한 시편가와 관련한 유형들(회중들이 함께 읽는 것에서 화답의 시편곡 그리고 운율시편가에서 chant에 이르기까지 다양한 유형들)이 현대의 새롭게 주어지는 음악적 방식들을 통해서 새로운 가능성들을 제시해줄 수 있다.

새롭게 시작할 수 있는 가장 좋은 장소는 이미 많은 부분들을 차지하고 있는 시편에 기초한 성경의 노래들에서 찾아볼 수 있다. 지난 30여년이 넘게 성경의 시편들은 매우 다양한 현대 음악의 형성을 발전시키는데 기여해왔다. 여기에는 경배와 찬양 및 락 음악, 포크 음악, 컨츄리 음악, 그리고 재즈 음악과 같은 다양한 현대 음악적 표현 방법들에 기초하고 있는 예배 음악들을 포함한다.[67] 실제로 CCLI 음반 판권 회사는 시편에 기초를 두고 있는 3500곡이 넘는 예배 음악들의 판권을 관리하고 있다. 이러한 음악들의 거의 대부분이 시편의 단 한 구절 또는 기억하기 쉬운 이미지에 의존하고 있다(예를 들면 "목 마른 사슴이", "경배합니다", "주께 외치세"와 같은 것들이다). 이러한 노래들은 잘 알려진 그리고 널리 사랑받는 시편들의 일부 구절들과 관련해서만 발전해왔다.

앞으로의 작곡과 관련한 간절한 기대 가운데 하나는 위에서 제기한 것에 근거해서 시편 본문의 더욱 넓은 부분들을 음악적으로 발전시키는 것이다. 오늘날 성경 구절들을 사용하는 노래들에 나타난 시편 구절들의 활용은 마치 중세 예배에서 예배의 전환시 사용하던 구절들을 사용

---

67 이 주제에 대한 좀 더 상세한 내용에 대해서는 다음을 참조하라. Greg Scheer, "Singing the Psalms in Modern Worship," www.calvin.edu/worship; 또한 Ron Rienstra, "Singing, Saying, Preaching, Praying: Using the Psalms in Contemporary Worship," *Reformed Worship* 60 (June, 2001): 42-43을 참조하라. 이것은 www.reformedworship.org에서 찾아 볼 수 있다.

하는 것과 거의 흡사할 정도다. 이것은 그 자체로 나쁜 것은 아니다. 하지만 시편의 더 많은 부분들을 읽거나 노래하는 방식으로 충족시키지 않으면 시편의 폭넓은 본문이 지닌 힘과 안목을 접하지 못하게 된다. 아래에서 제시하는 음반의 목록에 담긴 광범위한 규모가 말해주듯이 현대 그리고 새롭게 떠오르는 예배의 방식에서 시편의 전체 본문을 포함시키려는 새로운 시도가 적극적으로 주어지고 있다.

이것을 이룰 수 있는 가장 단순한 방법 가운데 하나는 시편의 한 구절에 기초한 짧은 코러스를 전체 시편 내용을 읽는 것과 연결시키는 것이다. 이것은 위에서 언급한 화답의 시편가를 새로운 방식으로 실천하는 것이다. 예를 들어 달린 쳌(Darlene Zschech)의 "Shout to the Lord"는 시편 65편을 읽는 것과 한 짝을 이룰 수 있다.[68] 또는 마틴 나이스트롬(Martin Nystrom)의 "As the Deer"는 그 주요한 이미지의 기원이 되는 시편 42편을 읽는 것과 한 짝을 이룰 수 있다. 이러한 노래들이 "현대적인" 것으로 간주되는 것에서 좀 더 전통적인 것으로 이해되듯이 특정한 시편 본문에서 주어지는 구절들이나 이미지들을 기초로 한 새로운 구성들이 주어질 것이다.

다른 현대 대중적인 작곡가들은 특정한 시편의 구조를 드러내는 서사시와 같은 노래를 쓰거나 운율 시편가를 현대 음악의 표현 방식으로 차용하기 위해 노력하고 있다. 개별적인 본문의 주목할 만한 예는 그룹 U2의 시편 40편의 노래인데, 이 곡의 제목은 "40"이다("War" 그리고 "Under the Blood Red Sky"의 음반을 참조하라). 보노(Bono)는 실제로 현대 문화에서 시편의 가치를 주장하는 선두적인 음악가다. 그는 시편을 블루스 음악과 비교해왔다.[69]

68　*Sing! A New Creation* (Grand Rapids: Faith Alive, 2002), hymn #222.
69　Bono, *The Book of Psalms* (New York: Grove, 1999)의 서론을 참조하라. 또한 Steve Stockman, *Walk On; The Spiritual Journey of U2*, rev. ed. (Lake Mary, FL: Relevant Books, 2005), pp. 130-132, 169-70에 나타난 논의들도 참조하라.

"현대" 락 음악 또는 포크 락 스타일로 주어지는 음반들이 지난 몇 년 동안 많이 만들어져 왔는데 이 음악들은 개인 회중들 또는 지역의 음반 회사들에 의해서 만들어졌다.

Barnard, Shane, and Shane Everett. *Psalms*. Franklin, TN: Inpop Records, 2002. www.inpop.com 그리고 www.waitingroomministries.com

Becker, Margaret, and David Edwards. *Psalms: Faithfully Yours*. West Monroe, LA: The Select Artist Group/Here To Him Music, 2004.

Brenner, Scott. *King of Glory: Worship from the Book of Psalms*. Franklin, TN: MMV Scott Brenner Music. www.scottbrenner.org

Celtic Psalms: Featuring the Praise and Worship of Eden's Bridge. Brentwood, TN: StraightWay Music (EMI Christian Music Group의 한 부류), 1997.

Field, Paul. *Make a Joyful Noise: Psalms for a New Generation*. Eastbourne: ICC Studios, 2003. www.iccrecords.com (2 CD set).

The Graham Kendrick Psalm Collection. Croydon: Make Way Music, 2002. www.makewaymusic.com

Moss, Brian. *Prayerbook no. 1: New Songs Inspired by the Psalms*. 150 Records, 2005.

Psalms: Series with Kent Henry. 2 volumes. Chesterfield, MO: Kent Henry Ministries, 2000-2001. www.kenthenry.com

Psalms & Hymns: Praying the Bible with Wesley Campbell. Volume 1 produced by Stephen Mullin for YB4 Productions. Kelowna, BC, Canada: Revival Now! Resources Inc. www.revivalnow.com

Sing unto the Lord: The Psalms of David for Daily Living. Brentwood, TN: MMV Martingale Music, LLC. www.martingalemusic.com.

Distributed by CBD. 열 두 작곡가들의 협력 작품.

Sojourn. *These Things I Remember*. Produced by Mike Cosper; co-produced by Eddy Morris. Louisville, KY: The Sojourn Community, 2005. www.sojourncommunity.com

Sons of Korah. 시편을 반영하는 몇몇 음반들. www.sonsofkorah.com/discography를 참조하라.

Sword of the Spirit: The Psalm Series. Chesterfield, MO: Kent Henry, 1999. www.kenthenrymin.org

Talbot, John Michael. *Songs for Worship*, volumes 1-2. Navarre Corporation, 1992. 요한 마이클 탈봇의 다른 음반들 가운데 일부는 시편에 기초한 노래들을 포함하고 있다.

White, Ian. *Psalms*. 6 vol. Little Misty Music. www.littlemistymusic.com을 참조하라.

이러한 음반들에 대한 리뷰와 관련해서는 그렉 쉬어(Greg Scheer), "Sing the Psalms in Modern Worship," www.calvin.edu/worship을 참조하라.

이러한 장르들에서 새로운 출판물과 음반들은 거의 매주 쏟아져 나오고 있다. 더 나아가 매트 레드만Matt Redman과 데이비드 크라우더David Crowder와 같은 주도적인 현대 예배 음악가들에 의해서 출간된 예배와 예배 음악에 대한 최근의 저술들은 시편들이 예배에 관해서 가르치는 것에 대해서 좋은 참고 문헌들을 담고 있다.[70]

---

[70] Matt Redman, *The Unquenchable Worshipper* (Venture, CA: Regal Books, 2001), pp. 27-28; *Blessed Be Your Name: Worshiping God on the Road Marked with Suffering* (Ventura, CA: Regal Books, 2005); *Inside Out Worship: Insights for Passionate and Purposeful Worship* (Ventura, CA: Regal Books, 2005). 이 마지막 책은 월터 브루그만과 요한 칼빈의 연구에 대한 참고 문헌들과 함께 시편에 대한 많은 인용들로 가득하다. 또한 Louie Giglio, *The Air I Breathe: Worship as a Way of Life* (Portland, OR: Multnomah, 2003),

즉흥 기도(Improvised Prayer)를 위한 기초

시편들은 또한 새롭게 준비되는 또는 즉흥 방식의 기도를 위한 기초로도 사용될 수 있다.[71] 이것은 다음과 같은 것들 중 어떤 방식이든 가능한 것이다.

- 그 자체로 기도가 되는 시편의 운문 번역 사용(위에서 예로 든 시편 운문번역 리스트 참고);
- 시편을 기도로 전환하는 방식;
- 매주 시편에서 주어지는 핵심 구절 활용;[72]
- 널리 알려진 성경의 언어를 기도에서 의도적으로 사용.[73]

아래의 예는 시편 121편에 기초한 기도다.

우리가 어디에 있든지, 우리가 어디를 향해 가든지, 우리가 무엇을 하든지,
하나님, 우리는 주님에게서 우리의 도움을 발견할 수 있다는 것을 압니다.
주님은 창조주이시고 지으신 모든 것과 지으실 모든 만물을
지키시는 자이십니다.
창조의 세계가 제아무리 클지라도

---

p. 50; David A Crowder, *Praise Habit: Finding God in Sunsets and Sushi* (Colorado Springs, CO: NavPress, 2005), pp. 40-45를 참조하라.

71   이와 관련한 역사적 예와 관련해서는 다음을 참조하라. Peter Martyr Vermigli, *Sacred Prayer*, trans. and ed. John Patrick Donnelly, S. J. (Kirksville, MO: Sixteenth Century Journal Publishers, 1996).

72   Wallace, *Words to God, Words from God*, p. 128. The Worship Sourcebook.

73   올드(H. O. Old)는 시편을 활용한 것에 기초한 다양한 기도들의 모델들을 제시한다. 다음을 참조하라. "The Psalms as Prayer," in *Leading in Prayer: A Workbook for Worship* (Grand Rapids: Eerdmans, 1995) 그리고 "Praying the Psalms," in *Praying with the Bible* (Louisville: Geneva Press, 1984).

그 안에 있는 모든 사람들을 섬세히 돌보시는 하나님을 지치게 할 수 없습니다.
우리를 향하신 하나님의 돌보심 또한 분명하다는 것을 압니다!
주님은 졸지도 아니하시고 우리를 돌보시며 지치지도 않으십니다.
우리를 부지런히 돌보실 뿐만 아니라
우리가 쓰러지지 않도록 우리를 인도해주시는 주님께 감사합니다.
우리를 결코 넘어지지 않을 것입니다.
우리가 깨어있든지 졸고 있든지 어느 곳에서나 주님은 그곳에 함께 계십니다.
우리의 그늘이 되시고 우리를 상하게 하는 모든 것으로부터 우리를 보호해주십니다.
우리는 주님께서 우리의 모든 삶을 돌보고 계시다는 것을 잘 압니다.
과거에도 그러하셨고 지금도 여전히 그렇게 하고 계시다는 것을 잘 압니다.
주님의 약속은 미래와 영원히 지속되며,
우리는 그것을 감사하고 찬양합니다. 아멘.[74]

또한 시편의 구조 분석(위에서 설명한 분석을 참조하라)이 시편을 즉흥 기도의 구조를 제공해주는 안내 역할을 하는 방식으로 사용할 수도 있다. 누가복음 1장의 마리아의 노래가 사무엘상 2장의 한나의 노래를 연상시켜주듯이 오늘날의 예배자들 또한 시편을 사용해서 우리 자신의 기도를 즉흥적으로 이끌어낼 수 있다. 예를 들어 시편 51을 사용하는 경우를 생각해 보라. 이것은 다음과 같이 즉흥적으로 하는 고백 기도의 기초가 될 수 있다.

---

[74] *The Worship Sourcebook* (Grand Rapids: MI: Faith Alive/Baker Books, 2004), p. 204 (used by permission). 또한 Wallace, *Words to God, Words from God*, pp. 120-21을 참조하라. 본 기도는 영문으로 번역된 것이지만 역자에 의해서 다시 한국어로 재 번역된 것임.

인도자1: 시편 51:1-6: "주여 자비를 베푸소서…"

인도자2: 즉흥 고백 기도

인도자1: 시편 51:1-7: "나의 죄를 씻으시며… 제 안에 정한 마음을 창조하소서."

인도자2: 새로워짐을 위한 즉흥 기도

인도자1: 시편 51:13-19: "내가 범죄자에게 주의 도를 가르치리니..."

인도자2: 헌신을 위한 즉흥 기도

또는 전체 예배, 주중 기도 모임, 또는 추수감사 예배와 같은 경우에 시편 33편을 통해서 기도(pray through)하는 방식을 생각해 보라.[75]

시편을 기도로 활용하는 법에 관한 자료들

Dunnam, Maxie, and John David Walt, Jr. *Praying the Story: Learning Prayer from the Psalms*. Nashville: Abingdon Press, 2005. 특정한 시편들의 사용을 기초로 구성된 기도와 기도 가운데 사용할 수 있는 시편 문구들에 대한 상세한 정보에 대해서 pp. 89-100을 참조하라.

Griggs, Donald L. *Praying and Teaching the Psalms*. Nashville: Abingdon, 1984.

Moore, T. M. *The Psalms for Prayer*. Grand Rapids: Baker, 2002. 기도를 위한 주제를 제공해주는 시편들과 함께 전체 시편을 모두 다룬다. 서론에서는 특별히 시편을 기도하는 여러 방법들 곧 말 그대로 따라하는

---

[75] 예를 들어 다음을 참조하라. Leroy Christoffels, "In the Pit... Waiting: A Service Based on Psalm 40," *Reformed Worship* 34 (Dec. 1994):9-11. 필자는 또한 브라우워(Wayne Brouwer), 크리스토펠(Leroy Christoffels), 말레피트(Norma de Waal Malefyt), 그리고 벤더웰(Howard Vanderwell)의 샘플 예배로부터 많은 도움을 받았다. 이 예배들 가운데 일부는 www.reformedworship.org(Psalms를 검색해보라)와 www.calvin.edu/worship/psalms 에서 찾아볼 수 있다. 다른 예들에 관해서는 다음을 참조하라. Wild Goose Worship Group, *Sweet Honey and Hard Places: Prayer Services Based on the Psalms* (Glasgow: Iona Community Wild Goose Worship Group, 2005).

기도, 운문을 위한 번역을 사용하는 기도, 인도자의 기도를 따라하는 기도, 그리고 화답의 방식을 사용하는 기도 등에 대해서 개괄적으로 설명해준다. 이 책은 복음주의 기독교인들 가운데 "기도 운동"으로 불려온 방식을 통해서 책에 담긴 내용들과 다른 자료들을 연결시키는데 아주 특별한 도움을 준다.

Patterson, Ward. *Under His Wings: Psalms 1-50* 그리고 *Into His Love: Psalms 101-150*. Denver: Accent Books. 개별적인 시편에 기초한 기도서 시리즈.

Stradling, Leslie E. *Praying the Psalms*. Philadelphia: Fortress Press, 1977. 20개가 넘는 시편에 대한 묵상으로 본문의 근거해서 기도할 수 있는 구체적인 방법들을 제공해준다.

Thompson, Marjorie. *Soul Feast: An Invitation to the Christian Life*. 특정한 시편 본문들에 기초한 기도 준비와 관련한 구체적인 제안에 대해서는 pp. 45-46 참조하라.

전체 본문을 운문 형식으로 전환해서 기도하는 것과 함께, 주어진 시편의 한 두 구절들이나 일부분을 시편 136편의 친밀한 표현(그리고 구약 성경의 다른 문구들)과 함께 기도 중에 고백하는 후렴구로 사용할 수도 있다.

> 여호와께 감사하라 그는 선하시며
> 그 인자하심이 영원하리로다.

다음과 같은 시편의 짧은 단락들이 또한 즉흥 기도의 시작과 마지막에서 사용되어질 수도 있다.

> 나의 왕, 나의 하나님이여

내가 부르짖는 소리를 들으소서
아침에 주께서 나의 소리를 들으시리니
내가 주께 기도하고 바라나이다. (시 5:2-3)

또는

내 입의 말과
내 마음의 묵상이
주님 앞에 열납되기를 원하나이다
주님은 나의 반석이시요 구속자이십니다. (시 19:14을 기초로)

> "시편들은 영혼에 불을 붙이기 위해, 참으로 불이 붙도록 우리의 마음을 새롭게 조명해준다. 시편들의 목적은 영혼으로 하여금 일종의 불타는 숲이 되게 하는 것이라고 말할 수 있다."
>
> 스탠리 재키(Stanley Jaki), *Praying the Psalms: A Commentary*

시각적 이미지, 어린이들을 위한 책들, 캘리그라피

예배 인도자들과 계획자들은 시각 예술인들이 특정한 시편들의 의미와 중요성을 전달해줄 수 있는 방식들에도 특별한 주의를 기울여 볼 수 있다. 그것이 전문적으로 그려진 것들이든 혹은 지역 예술인들이나 어린이들에 의해서 만들어진 것이든 시편에 근거한 이미지들이 예배 주보나 안내 책자에 실리거나 다른 방식으로 반영될 수 있다.

Jackson, Donald (예술 감독이자 계몽가). *Psalms*. Collegeville, MN: Liturgical Press, 2006. 일곱 권으로 된 시리즈 가운데 두 번째는 Saint John's Bible을 매 페이지마다 칼라로 표현해서 재구성한 것이다.

Kaai, Anneke. *The Psalms: An Artist's Impression*. Downers Grove, IL: InterVarsity Pres, 1999. 카이(Kaai)는 24 가지가 넘는 색상으로 표현된 개별적인 시편들에 대한 간략한 설명을 제공해준다.

예배 음악과 마찬가지로 출판된 예술품을 활용하기 위해서는 반드시 판권을 미리 허락 받는 일이 필요하다. 일부 시편들은 어린이들에게 적합한 용도로 사용할 수 있도록 출판된 책에서 잘 묘사되어 있는 경우가 있다. 하지만 이런 경우에도 모든 세대의 사람들에게 가르치고 영감을 주기에 적합하다. 이러한 실천 방식은 그러한 책들을 사용해서 어린이 설교를 위해서 새로운 가능성을 제공해줄 수도 있다. 예배당 앞쪽에 모인 어린이들에게 이러한 책들을 읽어주는 것은 성경 본문의 직접적인 언어들을 함께 표현된 그림의 예를 동반해서 더욱 깊이 접할 수 있도록 해주는 것이고 회중들 가운데 있는 다른 이들에게는 그 날 예배에 해당하는 성경 읽기 방식 가운데 하나로 기능을 수행하는 것이다. 이러한 실천은 어린이 설교가 예배의 순서 가운데 잠시 휴식하는 시간이라는 인상을 준다. 아래의 어린이 관련 도서들을 참조하라.

Anderson, Joel. *God Knows Me!* (Psalm 139). Golden Books, 1999.

Bluedorn, Johannah. *Bless the Lord: The 103rd Psalm*, and *The Lord Builds the House: The 127th Psalm*. Trivium Pursuit, 2005.

Chocheli, Niko. *The Praises: Psalm 148*. St. Vladimir's Seminary Press, 2000.

Illustrated Psalms of Praise/Saloms De Alabanza Ilustrados. Illustrated by Amy Ribordy Reese Chicago: Liturgy Training Publications,

2005.

Ladwig, Tim. *Psalm 23*. Grand Rapids: Eerdmans, 1997.

Le Tord, Bijou. *Sing a New Song: A Book of Psalms*. Grand Rapids: Eerdmans, 1997.

Papademetriou, Dorrie. *Celebrate the Earth Psalm 104*. St. Vladimir's Seminary Press, 2000.

Webber, Christopher L., and Preston McDaniels (illustrator). *Psalms for Children Series*. Morehouse Publishing. *Shout for Joy and Sing!: Psalm 65 for Children; Praise the Lord, My Soul: Psalm 104 for Children; the Lord Is My Shepherd: Psalm 23 for Children*.

칼리그라프 또한 시편들의 본문을 기억하고, 가르치고, 그리고 영감을 주는 방식으로 표현하는 수단이 된다. 예를 들어, 다음의 자료들을 참조하라.

Botts, Timothy. *The Book of Psalms*. Carol Stream, IL: Tyndale House Publishers, 1987.

_____. *The Holy Bible, New Living Translation*, Botts illustrated edition. Carol Stream, IL: Tyndale House Publishers, 2000.

시편가에 관한 종합 안내서들

아래의 자료들은 다양한 유형들과 방식들로 시편에 관한 내용을 담고 있는 것들이다.

El Himnario. New York: Church Publishing, 1998. Episcopal Church USA, United Church of Christ, 그리고 Presbyterian Church USA 교

단에 의해서 개발된 스페인어 찬송가. 405-41의 곡들은 운율과 화답 방식으로 편집한 스페인어로 된 시편을 포함하고 있다.

Gather Comprehensive. 2nd edition. Chicago: GIA Publications, 2004.

Journeysongs. 2nd edition. Portland, OR: Oregon Catholic Press.

Leach, Richard, and David Schaap, eds. *The Selah Psalter*. Kingston, NY: Selah Publishing Company, 2001. David Schaap, ed., *New Songs of Rejoicing*. Selah Publishing, 1994에 포함된 몇몇 예들도 같이 참조하라.

Mawby, Colin. *New Psalms for Common Worship*. Kevin Mayhew Publishers.

Perry, Michael, and David Iliff, eds. *Psalms for Today*. London: Hodder & Stoughton, 1990.

Perry, Michael, David Peacock, Christopher Norton, and Chris Rolinso, eds. *Songs from the Psalms*. London: Hodder & Stoughton, 1990.

Psalms Praise. London: Falcon, 1973. 시편 150편 전체의 운율 방식과 chant를 포함하고 있다.

RitualSong. Chicago: GIA Publications, 1996.

Sing! A New Creation. Grand Rapids: Faith Alive, 2003. 운율과 화답 방식으로 표현된 70개가 넘는 시편들을 포함하고 있다.

Tam, Angela, ed. *Hymns of Universal Praise*. Chinese Christian Literature Council, 2002. 다양한 방식들로 편집된 중국어와 영어로 된 시편 30편을 포함하고 있다.

Warren, Norman. *Psalms for the People*. Kevin Mayhew Publishers. 렉셔너리에서 발견되는 시편들 가운데 90개가 넘는 부분들의 음악적 표현 방식들을 포함하고 있다.

Wyatt, Jeff Allan, Paul M. Miller, Lillenas (composite). *The Psalms in*

Worship: Arrangements from the Psalter for Performance and Liturgy.

아래의 자료들은 다양한 스타일과 방식으로 표현하고 있는 시편들을 포함하고 있는 것들이다.

The Jerusalem Psalter. Hänssler, 2000. 가톨릭, 개신교, 그리고 정교회 회중들이 예루살렘 도시에서 만든 시편가를 포함한 네 개의 CD들로 구성되어 있다.

Psalms for the Soul. The Choir of St. John's, Elora, Ontario, Noel Edison, director, Naxos, 2000.

Refuge and Strength: Selections from the Psalter of the Book of Common Prayer. 데이빗 슐러(David Shuler)가 지휘한 St. Luke 교회의 찬양대. New York: Church Publishing.

Spirituality of the Psalms. The Schola Cantorum of St. Peter the Apostle, J. Michael Thompson, director. Collegeville, MN: Liturgical Press.

간 세대(intergenerational) 예배에서 어린이들과 청소년들

필자는 또한 시편가를 어른들에게만 제한해서 사용해야 한다는 것은 아무런 근거도 없는 주장이라는 것을 강조하고 싶다. 시편들은 청소년들이 추구해야 하는 덕목 곧 일종의 정직과 진실을 제공해준다. 시편들은 살아있고, 형성시키는 기능을 하며, 놀라울 정도로 쉽게 접할 수 있는 예배의 언어들을 어린이들에게 제공해준다(위에서 언급한 시편에 기초한 어린이들을 위한 책들을 참조하라).

우리가 시편으로 기도하는 어린이들과 청소년들을 생각할 때 그 본문에 더욱 의미 있게 참여할 수 있도록 돕기 위한 적절한 가르침의 가치를 즉시 제시할 수 있게 된다. 이러한 가르침은 성인들에게도 동일하게 필요로 하는 아주 중요한 것이다! 어린이들과 청소년들이 시편으로 기도하는데 참여하는 것이 지닌 가치는 바로 회중들에게 전체 공동체를 위한 더 나은 가르침을 제공해줄 수 있다는 것이다.

시편가에 대한 일부 자료들 가운데 특별히 어린이들, 청소년들, 또는 간세대의 회중들을 위해서 만들어진 자료들이 있다. 아래의 예들을 참조하라.

Brown, Carolyn C. *Forbid Them Not: Involving Children in Sunday Worship*. 3 volumes. Nashville: Abingdon Press, 1991. 개정된 렉셔너리에 기초해서 매주 주일에 사용할 수 있는 시편 사용 방식들을 제안해주며, 이 제안들 가운데 많은 경우들이 시편 읽기와 관련하고 있다.

Hawn, C. Michael. *Halle, Halle: We Sing the World Round, Songs from the World Church for Children, Youth, and Congregation* (Choristers Guild, 1999), 어린이 찬양대뿐만 아니라 성인 찬양대가 사용할 수 있는 시편 후렴구들을 포함하고 있다.

Witvliet, John D. *A Child Shall Lead: Children in Worship*. Choristers Guild, 1999.

시편들에 기초한 200개가 넘는 어린이들과 청소년들을 위한 찬양들이 Choristers Guild에 의해서 제작 보급되고 있다(www.choristersguild.org/catalog/를 참조하라).

"시편들은 정말 무궁무진하고, 읽고, 말하고, 노래하고, 읊조리고, 마음으로 배우며 심지어 지붕 위에서 소리쳐 불러도 마땅한 가치를 지닌 것이다. 시편들은 우리가 느끼는 모든 감정들(우리가 갖지 못한 것에 대한 소망까지도 포함해서)을 표현하고, 그것들을 하나님 앞에서 순전하고 솔직하게 드러내 놓게 하는데 마치 사냥개가 들에서 이상한 것을 발견할 때마다 그것을 물어다 주인의 발 앞에 가져다 놓는 것처럼 접하게 해준다.

라이트(N. T. Wright), *Simply Christian: Why Christianity Makes Sense*

편수와 절로 시편 익히기

시편들은 회중들이 시편을 노래하고 있다는 것을 알고 있든지 혹은 모르든지 그리고 무슨 시편을 노래하고 있는지 알고 있든지 혹은 모르든지 상관없이 의미 있는 기도로 역할을 감당할 수 있다. 실제로 이런 일들이 보편적으로 이루어진다. 필자가 이 책을 쓰는 작업을 마무리할 시간 즈음에 몇몇 서로 다른 회중들을 방문할 수 있는 기회가 주어졌다. 이들 회중들은 각각 시편 본문을 읽는 것을 듣고 있었고 시편에서 주어진 노래를 부르고 있었지만 그 구체적인 시편이 어디에 있는 것인지에 대해서는 거의 모르고 있었다. 물론 시편의 편수를 아는 것이 엄격한 의미에서 필요한 것이라고 말할 수는 없지만 그것을 아는 것은 상당히 도움이 되고 또 지혜로운 일이다. 회중들로 하여금 그들이 사용하는 시편을 정확히 알 수 있도록 돕고 예배 밖에서도 부를 수 있도록 격려함으로써 시편을 해독하는 능력을 갖게 하는 것은 매우 가치 있는 일이다.

성경을 읽고 이해하는 것은 일부분 성경의 특정한 부분에 해당하는 이름을 정확히 배우는 것에서 주어진다. 이것은 어린이들에게는 더욱 더 그러하다. 어린이가 성경에서 특정한 본문을 찾는 법을 배울 때 성경에 대한 이전의 지식을 사용하게 되고 그것은 좀 더 효율적으로 앞으로의 배움에 도움을 주는 방식으로 이끌어 준다. 본문을 책, 장, 그리고 구절로 배우는 것은 모든 세대에 걸쳐 어린이들에게 있어서 성경을 배우는 방법가운데 하나다.

회중들이 시편의 편수를 정확히 알 수 있게 배우는 일을 돕기 위해서 다음과 같은 쉬운 제안들을 고려해 보라.

· 찬양이나 노래가 시편에 기초하고 있다면 주보나 예배시 사용하는 영상에 그 시편의 편수를 정확히 기록하라. 예를 들어 "여호와를 송축하라"(시편 104편에 기초한 곡)

· 기도가 시편의 한 부분과 통합한다면 주보에 다음과 같이 정확히 기록하라. "오늘 우리의 중보기도는 시편 63편의 통렬한 언어를 사용해서 시작할 것입니다."

· 예배자들에게 개인 기도를 위해서 추천할만한 시편을 찾아보라. 예를 들어 "이번 주 예배의 주제를 지속적으로 묵상하기 위해서 시편 103편을 기도해보시기 바랍니다." 또는 "다음 주 예배를 준비하기 위해서 시편 63편을 묵상해보시기 바랍니다."

· 예배자들이 개인의 성경을 지니고 예배 때 읽거나 노래로 부를 때 시편의 본문(또는 성경의 다른 어떤 부분들도 같이)을 직접 표기하도록 권고하라. 젊고 어린 아이들 또한 이러한 실천을 하도록 제안하지 않을 이유가 없다. 이런 실천을 통해서 그들은 자신이 좋아하는 시편 구절들에 대한 기본적인 내용들을 구축해간다 (아마도 시편 23, 100, 139, 150편 그리고 시간이 흐르면서 점점 더 많은 편들을 자신이 좋아하는 시편 항목으로 추가시키게 된다).

이러한 방법들 가운데서 필요한 것들을 선택하는 법

　시편들은 스타일, 음색, 목소리, 그리고 어조에 있어서 정말 다양하다. 대부분의 회중들과 전통들이 시편들을 표현하는 방식을 단지 하나에 제한시키고 있다는 것은 정말이지 안타까운 일이다. 이상적으로 한 회중은 특정한 본문에 가장 적합한 표현 방식을 선택하기 위해 다양한 시편 표현 방식들, 예를 들어 찬양대의 읽기, 운율 시편가, 그리고 단순한 chant와 같은 방식들 가운데서 필요에 맞게 적절한 것을 사용할 수 있는 융통성을 지녀야 한다. 어떤 본문은 풍부한 기쁨을 요구하고, 다른 본문은 회고를 요구하기도 한다. 어떤 본문은 진부한 표현을 담고 있기도 하고 다른 것들은 그러한 진부함을 깨트리기도 한다. 각각의 회중에서 그리고 각각의 문화적 상황에서 주어진 시편에 가장 적합한 음악적 표현 방식은 서로 다를 것이다.

　이러한 융통성(그리고 이 책)이 지닌 결과는 바로 예배에서 다양한 실험을 하도록 격려하는 것이 될 것이다. 이러한 실험은 아마도 매우 좋은 것일 수도 있고 또는 매우 나쁜 것일 수도 있다. 어떤 공동체들은 창조성과 관련해서 매우 긴 시간 동안의 결핍으로 괴로워할 수 있다. 다른 공동체들은 오히려 끝없는 새로운 시도로 인해서 괴로워할 수도 있다. 목회적 균형을 지닌 사역은 반복과 새로움, 고정된 형태와 자유, 창조와 책임의 분별력 있는 통합을 요구한다. 창조성의 문제는 그 자체로 한 권 책 분량의 주제가 될 수도 있지만 그럼에도 다음과 같은 경우에 새로움을 추구하는 것이 아주 적절할 수 있다는 것을 말해두고 싶다.

- 회중들이 예배 외의 소그룹으로 모이는 경우로 인도될 때(아마도 찬양대 또는 교육을 위한 모임과 같은 경우와 특별히 회중에 속한 어린이들과 함께 모이는 경우)
- 자세히 설명하는 경우(교육 모임에서 또한 회중들에게 보내는 서신이나 예배 주보의 광고란을 통해서)

- 먼저 모델을 보이는 경우(아마도 솔로이스트나 중창단과 같은 경우.) 그리고 나서 전체가 함께 참여하는 경우
- 한번 이상 실천되는 경우(전형적으로 새로운 참여 방식이 자연스러운 과정이 되려면 시간이 걸린다)
- 한 번에 하나의 새로움을 추구하는 경우(대부분의 회중들의 경우 한 번에 여러 방향의 지시를 따라 변화를 수용하는 것은 어렵다.)

지혜롭고 매력 있는 지도력이 바로 회중들로 하여금 시편의 가치를 깨닫고 열린 마음과 자세로 그것들을 기도하도록 돕는데 있어서 가장 중요한 것이다.

자료들 찾기

이 책의 연구에서 언급한 대부분의 찬송가들과 시편가들은 미국과 캐나다의 찬송가 공의회(1-800-THE-HYMN), 개별 출판사들의 홈페이지들, 그리고 아마존 사이트 amazon.com와 같은 인터넷 웹사이트를 통해서 거의 모두 확인 가능한 것들이다. 대부분의 기독교 백화점이나 총판에서는 단지 제한된 자료들만을 취급할 것이다.

목회적 후기
(Pastoral Postscript)

예배에서 시편가를 실천하는 것이 쉽고 또 쉽게 접할 수 있는 방식일 수 있지만 예배에서 시편을 드러내는 일은 그리 만만치 않은 일이라는 것은 분명하다. 이것은 특별히 우리가 성경적 문맹biblical illiteracy의 시대를 살아가고 있기 때문에 더욱 그러하다. 이러한 시대에 우리가 시편가를 예배에서 사용하는 것을 확대하기보다 제한시키는 것은 더욱 힘든 유혹이 된다. 한 목회자는 다음과 같이 말했다.

> 성경이 잘 알려지고 공동체에 속한 이들의 생각을 사로잡을 수 있는 경우에만 시편들이 신자들로 하여금 그들의 영적 생활에 온전히 통합할 수 있는 방식으로 사용될 수 있을 것이다. 시편가는 일종의 구약의 요약과도 같은 것이다. 그것은 율법의 지식, 이스라엘의 역사, 선지자들과 지혜 문학의 가르침을 전제로 이루어진다. 또한 시편가는 신약 성경, 예수 그리스도의 생애, 그리고 구원 역사에서 그분의 역할을 이해하는데 핵심을 차지한다.[76]

렉셔너리를 공부하는 사람들은 이와 똑같은 내용을 파악하게 될 것이다. 렉셔너리에 담긴 시편을 연구하는 것은 우리에게 우리 앞에 주어진 시편과 함께 그 시편 본문이 우리를 이끄는 성경의 다른 본문들이 지닌 의미에 대한 질문도 하게 한다.

---

76 John Eudes Bamberger, Forward to *The Abbey Psalter: The Book of Psalms Used by the Trappist Monks of Genesee Abbey* (New York: Paulist Press, 1981).

그런데 시편들이 더욱 풍부하고 정확한 사용을 위해서 성경의 분명한 이해를 요구하는 것뿐만 아니라 동시에 성경의 분명한 이해를 촉진시켜 주기도 한다. 시편을 노래하는 실천을 다시 소생시키기 위해서 성경 전체의 분명한 이해를 먼저 시도하기 전에 지역 교회 회중들이 시편을 노래하도록 회복시키고 그것을 성공적으로 수행하기 위해서 필요한 교육을 제공해주는 것이 목회적으로 훨씬 더 지혜로운 것일 수 있다. 상황에 적합하게 시편을 노래할 수 있도록 인내하며 지혜롭게 촉진시키는 일은 생명력 있고 신실한 그리고 적실성 있고 깊이 있는 예배를 이끌기 위해 실천할 수 있는 가장 마땅한 방식들 가운데 하나다.

이 주제를 접근하는 또 다른 방법은 시편 기도가 어렵지만 결국에는 상당한 보상을 제공해줄 것이라는 것을 솔직히 인정하는 것이다. 디트리히 본훼퍼(Dietrich Bonhoeffer)는 다음과 같이 입증했다.

> 많은 교회에서 매주, 또는 매일 시편들을 연속적으로 읽고 노래한다. 이러한 교회들은 단지 경건한 기도서를 매일 활용하며 보유하고 있는 것만으로도 엄청난 보물을 소유하고 있는 것이다. 단지 이따금 읽을 경우 이러한 기도들은 그 의도와 능력이 지나치게 버겁게 느껴지게 하고 우리를 원래 즐기던 쉬운 방식으로 되돌아가게 할 것이다. 하지만 시편을 진지하게 그리고 규칙적으로 기도하기 시작하는 사람은 누구든지 곧 다른 사소한 경건한 기도문을 제쳐두며 다음과 같이 말하게 될 것이다. "아하, 내가 시편에서 발견하는 것은 쥬스도, 힘도, 열정도, 불도 아니다. 그것은 마치 입맛으로 말하면 엄청나게 시원하고 또 엄청나게 딱딱한 것이다."(루터).... 시편을 간과하게 되면 비교할 수 없는 보물이 교회로부터 사라지게 되는 것이다. 그것을 회복할 때 엄청난 능력이 같이 주어질 것이다.[77]

---

[77] Dietrich Bonhoeffer, *Psalms: The Prayer Book of the Bible* (Minneapolis: Augsburg, 1970), pp.25-26.

시편 기도는 쉬운 것이 아니다. 하지만 인생의 다른 많은 유익한 경험들과 마찬가지로 그것을 실천하는 것은 마땅한 노력을 할 만한 가치를 지닌다. 예배 인도자들이 직면하는 도전에 접근할 수 있는 가장 의미 있는 방법들 가운데 하나는 기독교의 환대라는 풍부한 실천의 관점에서 그것을 바라보는 것이다.[78] 환대의 실천은 기독교인의 삶과 공동 예배의 실천에서 핵심을 차지한다. 다른 실천들과 함께 신실한 기독교인의 삶은 근본적으로 그리스도의 평안을 모든 동료 순례자들에게 전달하고, 이방인들과 고아들을 받아 안으며, 서로의 영혼 깊은 곳에 있는 필요들을 섬길 수 있는 방법들을 추구한다. 신실한 기독교 예배는 그 깊은 곳에서부터 환대의 실천이 풍부하게 드러나게 하는 장소의 역할을 한다. 이 실천은 무엇보다도 하나님의 실천이다. 곧 하나님께서 세례의 물로, 성만찬의 잔치로, 말씀의 풍성함으로, 그리고 회중의 격려로 우리들을 환영하신 것과 같이 결국 환대는 우리의 실천이 되기도 한다. 우리가 함께 만나서 예수님의 이름으로 인사를 나누고, 서로를 위해서 기도해주고, 말씀에 함께 화답하며, 성찬의 풍요로움을 즐거움과 순종을 통한 섬김의 삶으로 확대하는 것을 말한다.

---

[78] 이 주제에 대한 좀 더 자세한 내용에 대해서는 다음을 참조하라. Reinhard Hütter, "Hospitality and Truth: The Disclosure of Practices in Worship and Doctrine," in *Practicing Theology: Beliefs and Practices in the Christian Life*, ed. Miroslav Volf and Dorothy C. Bass (Grand Rapids: Eerdmans, 2002), pp. 220-22; Christian Pohl, *Making Room: Recovering Hospitality as a Christian Tradition* (Grand Rapids: Eerdmans, 1999), pp. 182-83; John Ferguson, "Hospitality Leadership of Songs for Worship," in *Discerning the Spirit: A Guide to Thinking about Christian Worship Today*, ed. Cornelius Plantinga Jr. and Sue Rozeboom (Grand Rapids: Eerdmans, 2003), pp. 117-19.

> "말씀과 음악은 견고하고 엄격한 종교적 논쟁이 결코 할 수 없는 것을 나에게 해주었고, 나를 하나님께로 인도해주었으며, 단지 하나님을 믿는 것을 넘어서서 하나님을 더욱 깊은 경험에서 느낄 수 있도록 해주었다. 예술, 문학, 이성은 모두 말씀과 음악이 함께 조화를 이루며 내 영혼에 임하는 방식들이다. 결국 시편이 언제나 항상 나에게 열려져 있는 것을 느낀다.
>
> 보노(Bono), Introduction to *The Book of Psalms*.

환대는 손님, 구도자, 약자, 그리고 강한 자 모두의 필요에 깊고 민감하게 반응하는 실천이다. 하지만 최상의 환대 실천은 단순히 우리가 느끼는 필요가 아니라 우리가 궁극적으로 필요로 하는 것에 관심을 갖는다. 예수님께서는 우리에게 단순한 물뿐만 아니라 살아있는 물을 공급해주시고, 단순히 따뜻한 환영뿐만 아니라 어려운 시기에도 우리를 견디게 해주는 실천들을 제공해주신다. 시편들은 인간의 근본적인 필요들을 다룬다. 인간 경험의 모든 영역에 미치는 목소리를 제공한다. 시편들은 우리로 하여금 모든 시간과 장소에 있는 신자들의 경험을 함께 나누게 해준다. 시편들은 그 자체로 영적 향연으로의 초대이다.

초대교회 4세기의 교회 규율서인 사도적 규범the Apostolic Constitutions은 공동 예배의 모든 인도자들에게 적합한 교훈을 제공해준다. "세우는 자, 전환자, 가르칠 수 있는 자, 악을 경계하는 자, 온유한 마음을 지닌 자, 온순한 자, 오래 견디는 자, 권고할 수 있는 자, 위로할 수 있는 자 곧 하나님의 사람이 되라." 반드시 이러한 사람이 되는 조건을 전제로 이 초대 교회의 규범은 다음 단계인 기술에 대해서 언급한다. "당신이 교회 공동체를 한 자리로 불러 모을 때, 그것은 마치 당신이 커다란 배의 선장이 되는 것과 같은 것이다. 모든 가능한 기술을 사용해서 회중들을 위해 마치 집사들을 배의 선원들로 간주하고 승객들을 위한 자리를 마련하며 모든 돌봄과 정성을 다해 섬기게 함으로써 당신에게 주어진 일을 성공적으로 감당하라."[79]

이러한 가르침들은 환대를 사려 깊은 예배 인도자들이 지녀야할 핵심 덕목들 가운데 하나로 지시한다. 예배 인도자로 섬기는 것은 여행 또는 잔치에서 주인으로서 섬기는 것과 같다. 그 목적은 예배의 잔치를 통해서 예배자들이 하나님의 말씀을 먹고, 공동체로서 하나로 잘 연결되어 있고, 그 예배의 모든 순서에 잘 참여할 수 있도록 구체적으로 도움을 주는 안내 역할을 하는 것이다. 우리는 기독교 공동체에서 이러한 제사장적 역할을 탁월하게 수행할 수 있고 신실하고 순종 가득한 섬김을 위해 우리를 형성시켜주는 방식으로 시편을 살아있는 말씀으로 이끌 수 있는 잘 훈련되고, 창의적이고, 열정을 지닌 시인들, 목회자들, 설교자들, 교육가들, 음악가들 그리고 예술가들을 필요로 한다.

성령께서 하나님의 백성들을 인도하는 우리 모두를 강건하게 하시고 우리를 도우셔서 은혜 안에서 자라게 하실 뿐만 아니라 우리의 모든 소망에서 하나님을 영과 진리를 예배할 수 있도록 도우시길 간절히 소망한다.

---

[79] *Anti-Nicene Fathers*, vol. VII (Grand Rapids: Eerdmans, 1979), p. 421.

THE BIBLICAL PSALMS IN CHRISTIAN WORSHIP

후주곡
(Postlude)

현대의 증언들

도로시 데이(Dorothy Day, 1897-1980)

시편들은 내 어린 시절의 한 부분이 되었다. 35번가와 카티지 그로브 에비뉴가 교차하는 곳에 작은 성공회 교회가 있었다. 윌슨 박사님Dr. Wilson은 교회에서 성경을 낭독하는 분이셨는데 나의 아버지가 책을 쓰고 있을 때 직접 집으로 심방을 오셨다. 나의 아버지는 자신의 자리 옆에 둔 담배대와 재떨이로 인해서 적지않게 당황하셨다. 윌슨 박사님은 자신의 교구에 속한 성도들의 집을 일일이 심방하셨다. 그리고 나의 어머니가 성공회 교회에서 자라셨다는 것을 들으셨을 때 어머니에게 아이들을 교회로 보내서 찬양대에서 노래하고 체육관에서 공연하게 하라고 설득하셨다. 나도 역시 매주일 예배에 참여했고 성직자복을 입은 나의 형제들을 보며 감탄했으며, 러셀이라 불리는 소프라노 솔로이스트 형제에 상당히 매료되었다. 나는 시편들과 시편 기도들을 사랑했고 많은 내용들을 마음으로 배웠으며, 그 찬양들은 내 마음을 즐거움으로 가득 채웠다.…

내가 나를 둘러싼 물질 세계에서 세상의 아름다움을 노래나 이야기로 느끼고, 그러한 아름다움을 인간의 사랑에서 엿볼 때마다 즐거움으로

크게 외치고 싶었다. 시편들은 즐거움 또는 슬픔에 대한 이러한 열정을 위한 출구와도 같다. 또한 나는 나의 글쓰기가 나의 마음을 표현하는 출구라고 생각한다. 결국 사람은 생각들을 나누어야 한다. 나는 항상 우리 인간이 지닌 보편적인 연합을 마음에서 느꼈다. 인간의 마음이 갈망하는 것은 바로 이러한 교통 또는 사귐이다. 내가 유일하게 노래할 수 있다면 나는 주님 앞에서 외치고 싶다. 그리고 세상을 향해 나와 함께 다음과 같이 외치라고 요구하고 싶다. "주님의 모든 작품들아, 주를 축복하라. 주님을 찬양하고 그분을 영원히 영화롭게 하라." 천국에 대한 나의 생각은 꽃들과 노래들과 말로 다 표현할 수 없는 멜로디로 가득 찬 들판과 목초지와도 같다. 여기서는 소리 내며 날아다니는 갈매기와 바닷가의 파도조차 아름다운 역할을 하게 된다.

- 도로시 데이(Dorothy Day), *The Long Loneliness* (San Francisco: Harper & Row, Publications, 1952)

토마스 머튼(Thomas Merton, 1915-1968)

교회의 공동 기도에서 시편들을 읽고 노래하는 자들에게 있어서 가능하다면 이러한 위대한 노래들의 시적 내용을 정확히 파악하는 것은 정말로 중요하다. 시적인 은사는 모든 사람들에게 동일하게 아낌없이 주어진 그러한 것이 아니고 시를 쓰는 자들뿐만 아니라 일부는 그것들을 읽는 자들에게 불가피하게 필요로 하는 것이다. 이것은 예배 기도에서 실천하는 낭독이 모든 가능성들이 정교하게 다듬어지고 특별한 미적 작업으로 아름답게 꾸며진 노력에 의해서만 실현될 수 있는 심미적인 재창조가 되어야 한다는 것을 뜻하지는 않는다. 하지만 읽는 자의 미적인 기호가 미국의 고속도로를 달리며 즐기는 리듬으로만 충분히 만족하는 유형에서는 시편에서 주어지는 깊은 의미를 쉽게 발견하지 못한다는 것을 뜻한다. 하지만 나는 수많은 사람들이 시편을 제대로 이해하지 못하는 이유가 단지 집과 교회에서 조용한 상태에 이르지 못한다는 사실 외에 그들에게 시편이 참으로 시라는 것을 가르쳐 줄 수 있는 자들에 의해서 그들의 잠재된 시적 기능들이 심령 안에서 제대로 깨어나지 못하기 때문이라고 생각한다.

• 토마스 머튼(Thomas Merton) *Bread in the Wilderness* (New York: New Directions Publishing Corporation, 1953), p. 53.

시편에서 묘사하지 못하고 삶으로 드러내지 못하는 내면생활의 측면은 없고, 그것에서 벗어난 어떠한 종교적 경험도 없고, 그것에서 다루지 않는 인간의 영적인 필요도 없다. 하지만 그것들을 위해서 직접 무엇인가 하고자 하기 전까지는 절대 이러한 풍요로움에 손을 댈 수 없다. 무엇을 해야 하는지는 이미 위에서 언급했다. 그것은 더 이상 연구의 문제가 아니다. 왜냐하면 이미 수많은 전문가들이 연구를 해왔기 때문이다. 우리는 단지 그들이 우리에게 남긴 자료들이 지닌 유익을 취하고, 그것들을 믿음, 확신, 그리고 사랑으로 사용하는 것뿐이다. 무엇보다도 우리는 열정, 힘, 그리고 오래 참는 노력이 필요하다. 우리는 단지 인간의 재능이나 기술로 시편에 담긴 모든 것을 다 사용할 수 없다. 참으로 우리가 "시편들로부터 무엇인가를 얻고자" 한다면 우리가 기대하는 것에 미치지 못하는 만큼 얻을 것이고 순전한 노력조차 쉽게 지치고 말 것이다. 왜냐하면 그러한 노력이 결국 잘못된 방향으로 우리를 전환시키기 때문이다. 곧 하나님이 아니라 우리 자신을 향하게 하기 때문이다.

마지막 가르침으로서 그 핵심은 우리에게 보상해주는 시편으로부터 우리가 무엇을 얻는가가 아니라 우리가 그 안에 무엇을 담아낼 것인가이다. 우리가 그것을 실제로 우리의 기도가 되게 하면, 우리 안에서 하나님의 말씀으로서 하나님이 직접 기도하게 하기 위해서 다른 어떤 방법이나 수단보다 시편 자체를 더 중요시 여긴다면, 그리고 우리가 진정으로 우리의 기독교 신앙의 이 특별하고 순전한 경외를 하나님께 내어드리기를 원한다면 우리는 시편들의 의미 속으로 들어가게 될 것이고 그것들은 우리가 가장 선호하는 기도가 될 것이다.

- 토마스 머튼(Thomas Merton), *Praying the Psalms* (Collegeville, MN: The Liturgical Press, 1956), pp. 44-45.

따라서 시편의 영적인 이해는 우리에게 기도의 신비적인 기술을 안내해 주는 것도 아니고, 우리의 마음을 어떤 특정한 심리적인 상태로 인도하기 위해서 우리를 이끌어 가지도 않을 것이다. 무엇보다도 시편은 우리에게 단지 우리가 무엇이 되어야 하는지 뿐만 아니라 우리가 이미 되어있는 놀라운 사실조차 말해줄 것이다. 시편은 계속해서 반복적으로 우리가 이 세상에서 그리스도라는 사실을 그리고 그리스도께서 우리 안에서 살아계시다는 사실을 말해줄 것이고, 그리스도에 관해서 말해진 것들이 우리 안에서 이루어져 왔으며 지금도 계속해서 이루어져가고 있다는 사실을 말해줄 것이며, 결국에는 모든 것들의 거의 온전한 성취가 지금 소망에 관한 신학적 덕목에 의해서 우리의 손 안에 주어져 있다는 것을 말해줄 것이다. 따라서 이 땅에서의 예배는 반드시 천국에서의 예배와 하나가 되어야 한다. 우리는 사막과 천국에 동시에 있는 것이다. 시편들은 우리가 출애굽 이후 광야에서 먹는 천국의 양식이다.

- 토마스 머튼(Thomas Merton), *Bread in the Wilderness* (New York: New Directions Publishing Corporation, 1953), p. 38.

디트리히 본회퍼(Dietrich Bonhoeffer, 1906-1945)

이제 성경 안에는 다른 책들과 구별되는 하나의 책이 있는데 그것은 오직 기도들을 포함하고 있다. 그 책은 바로 시편이다. 시편은 성경에 담긴 기도서라는 것이 아주 명백하다. 성경은 우리에게 주어지는 하나님의 말씀이다. 하지만 기도는 사람들의 말이다. 그러면 기도가 어떻게 성경이 될 수 있는가? 이와 관련해서 실수하지 말아야 한다. 곧 성경은 시편에 담긴 하나님의 말씀이다. 그러면 하나님을 향해서 고백하는 이러한 기도들이 또한 하나님의 말씀이기도 하는가? 이것은 이해하기 어려운 것처럼 보인다. 우리는 참된 기도가 오직 우리 인간들과 함께 살고 계신 예수 그리스도 곧 하나님의 아들이 영원히 살아계신 하늘 아버지에게 고백하는 말씀으로부터만 참된 기도를 배울 수 있다는 것을 기억할 때만 이것을 이해할 수 있다. 예수 그리스도는 하나님 앞에 인간의 모든 필요, 기쁨, 감사, 그리고 소망을 내어드리셨다. 그분의 입술을 통해서 인간의 말은 하나님의 말씀이 되고, 우리가 그분과 함께 그분의 기도를 하면, 하나님의 말씀이 다시 인간의 말이 된다. 성경의 모든 기도들은 우리가 예수 그리스도와 함께 기도하는 기도이며, 이 기도에서 예수님은 우리를 참여시키시고, 이 기도를 통해서 예수님은 우리를 하나님의 임재 앞으로 인도해주신다. 이 밖에 다른 참된 기도는 없다. 오직 예수 그리스도 안에서 그분과 함께 할 때만 우리는 참된 기도를 드릴 수 있다.

  그러므로 우리가 성경에 담긴 기도들 특별히 시편들을 읽거나 기도하기를 원하면 우리는 그것들이 우리와 무슨 관계가 있는지를 물을 것이 아니라 그것들이 그리스도와 무슨 관계가 있는지를 먼저 물어야 한다. 우리는 우리가 시편을 하나님의 말씀으로 어떻게 이해할 수 있는지 묻고 나서야 시편을 기도할 수 있게 될 것이다. 이것은 우리가 지금 주어진 상황에서 우리 마음에 무슨 느낌을 갖고 있는지를 시편이 어느 정도 적절하게 표현하고 있는지에 대해서 개의치 않는다. 우리가 바르게 기도해야 한다면 그것은 우리의 마음에 반하는 방식으로 기도해야할 필요가 있다는 것을 말해준다. 중요한 것은 우리가 기도하기를 원한다는 것이 아니라 하나님께서 우리에게 기도하기를 원하신다는 것이다. 우리가 전적으로 우리 자신에게만 의존하게 되면 우리는 주님의 기도 가운데 네 번째 간구만 기도하게 될 것이다. 하지만 하나님은 달리 원하고 계신

다. 하나님 말씀의 부요가 우리 마음의 가난이 아니라 우리의 기도를 결정해야 한다.

따라서 성경 또한 기도서를 포함하고 있다면 우리는 여기에서 그리스도께서 우리에게 하셔야 하는 말씀이 하나님의 말씀에 속한다는 것뿐만 아니라 그 말씀은 그리스도께서 우리에게 듣고자 하시는 말씀이기도 하다는 것을 배울 수 있다. 왜냐하면 그것은 하나님이 사랑하시는 아들의 말씀이기 때문이다. 이것은 곧 하나님이 우리가 어떻게 그분과 함께 말할 수 있는지 그리고 그분과 함께 어떻게 교제할 수 있는지를 말씀해 주시는 온전한 은혜다. 우리는 예수 그리스도의 이름으로 기도함으로써 이것을 직접 할 수 있다. 시편들은 이러한 목적을 위해서 주어진 것인데 그것은 곧 우리가 예수 그리스도의 이름으로 시편을 기도할 수 있는 것을 배우게 하는 것이다.

제자들의 요구에 대한 답변으로 예수께서는 주님의 기도를 가르쳐 주셨다. 모든 기도가 그 안에 담겨 있다. 주님의 기도에 있는 간구에 담긴 모든 내용이 바른 기도이며, 반대로 그 안에 포함되지 않은 것들은 기도가 아니다. 성경의 모든 기도들은 주님의 기도로 요약되고, 그 내용들은 어마어마한 범위로 측량하기 어려울 정도다. 그 기도들은 주님의 기도를 피상적으로 반복하는 것들이 아니다. 오히려 주님의 기도가 마치 그것들의 정점인 것처럼 주님의 기도에 담긴 무한한 풍요로움을 담고 있다. 루터는 시편에 대해서 다음과 같이 말한다. "[시편]은 주님의 기도에 스며져 있고, 주님의 기도는 시편에 스며져 있다. 따라서 이 둘은 어느 하나에 기초해서 다른 것을 이해할 수 있고 아름다운 조화로 드러날 수 있다." 따라서 주님의 기도는 우리가 예수 그리스도의 이름으로 기도하든지 또는 우리 자신의 이름으로 기도하든지 상관없이 우리 기도의 초석이 된다. 결국 시편이 신약 성경과 함께 한 권으로 묶여서 편집되고 출판되는 것은 지극히 당연하고 이해할 수 있는 것이다. 시편은 기독교회의 기도다. 그것은 주님의 기도에 속한 기도다.

- 디트리히 본훼퍼(Dietrich Bonhoeffer), *Psalms: Prayerbook of the Bible* (Minneapolis: Augsburg Publishing House, 1970), pp. 13-16.

유진 피터슨(Eugene Peterson, 1932-)

우리가 시편에 담긴 기도를 살펴볼 때 종종 놀랍게도 참으로 풍요로운 이스라엘의 예배에 참여하고 있는 회중들에게로 안내받고 있다는 사실을 알게 된다. 다윗이 이스라엘 백성들을 예배하는 회중으로 구성했을 때 삼만 팔천 명의 레위인들이 지도하고 필요한 도움을 제공하는 일을 수행하도록 위임받았다(대상 23:3). 이스라엘에서의 기도는 각자 개인이 하도록 내버려두거나 개인의 필요에 따라 느끼는 대로 행하게 하지 않았다. 기도는 엄청난 영역들을 포함하는 공동의 사역이었다. 그것은 개인적인 것도 주변적인 사소한 일도 아니었다. 공동체가 함께 예배하는 것은 개인의 경건보다 훨씬 우선순위에 있었다.

쉘라Shela, 시편 전체에 71회나 여러 곳에 흩어져 나오는 이 표현이 바로 그 증거다. 이 말은 본문 자체 내에서 주어진 것이 아니라 단락의 끝에 일종의 기호처럼 자리잡고 있는 표현이다. 이것이 무엇을 의미하는지는 어느 누구도 정확히 알 수 없다. 학자들은 단지 "축도를 위한 잠시 멈춤"이나 또는 "더욱 큰 소리로-포르티시모!"와 같은 의미를 지닌 것으로 이해한다. 이러한 의미들 외에 한 가지 더 알 수 있는 것은 예배의 명백한 증거를 나타나는 표기로 이해하는 것이다. 우리가 '셀라'라는 표현에서 찾을 수 있는 근거를 통해서 추적해 볼 수 있는 것은 범죄가 아니라 공동체다. 사람들은 이 시편들에 의해서 그리고 그 안에서 함께 기도로 연합했다. 회중들은 예배 안에서 함께 모였다. 이 시편의 기도들은 한적한 신비주의자들의 펜에서 주어진 것들이 아니다. 탄식과 찬양, 간구와 경배를 통해 자신의 목소리를 올려드린 찬양대의 훈련된 음성들이다.

우리에게 기도하는 것을 가르쳐주는 이러한 시편들은 모두가 하나님 앞에서 예배로 모인 공동체의 기도들이다. 일부는 분명히 개인적인 기도에서 비롯되었고 그러한 방식으로 계속해서 지속되기도 했다. 하지만 그러한 기도들이 우리에게 주어진 형태 곧 우리에게 전해진 유일한 형태에 따르면, 그로 인해서 우리의 기도 학교 역할을 하는 것으로 섬기는 그 형태에 따르면 그것들은 예배 가운데 하나님 앞에 있는 공동체의 기도라는 것이 분명하다. 기도는 근본적으로 예배와 관련한다. 셀라, 번역되지 않고 또 번역할 수도 없는 시편에서 주어진 이 표현은 우리로 하여금 그것을 잊지 않도록 해줄 것이다. 만약 그 의미가 수수께끼처럼 남아 있다면 그것의 활용은 명백하다. 셀라는 기도로 함께 모인 사람들을 무엇인가 또는 다른 어떤 것들을 함께 하도록 이끄는 역할을 한다. 우리의 기도서, 지금은 우리가 우리의 손에 직접 쥐고 있는 이 기도서는 그 구석구석마다 이러한 예배의 흔적들을 담고 있다. 성경적으로 보면 개인적인 경건을 위해서 주어진 개별 기도는 어디에도 없다. 기도하는 공동체, 기도하는 개별적인 사람들이 아닌 공동체는 가장 기본적인 것이고 또 우선순위에 있다. 미국화된 기도는 이렇게 명백한 성경적(그리고 인간적인!) 기도 방식과 전혀 반대의 모습을 보이고 있다. 개인들이 공동체를 대신하지 못한다. 오히려 개인은 공동체를 통해서 만들어진다. 시편들은 바로 이러한 시초 곧 인간과 영성의 원래 모습으로 다시 되돌려 준다.

기도는 공동체를 요구한다. 기도는 기도하는 공동체 밖에서, 그와 별도로, 또는 공동체를 대신해서는 불가능하다. 하나님은 백성들에게 주님 앞에 나와 그분의 말씀을 듣고, 그 계명을 따르고 축복을 받으라고 요청하신다. 우리는 그 부르심을 듣고 나온다. 우리는 우리의 손을 들고 우리의 눈을 감는다. 우리는 기도한다. 우리는 눈을 뜨고 주위를 둘러보며, 때로는 놀랍게도 다른 사람들 또한 그 자리에 함께 있는 것을 본다. 헬머 링게른Helmer Ringgren은 우리에게 다음과 같이 솔직하게 말해주었다. "시편들은 개인적인 용도로 사용하도록 기록된 것이 아니다." 우리는 우리의 하나님에게 개인적인 청중으로 반응하도록 부름을 받은 것이 아니다.

　우리가 홀로 있을 때 하는 것이 기도라는 생각은 일종의 하나님 앞에서 홀로 있는 영혼이라는 생각인데 이것은 정말 터무니없이 잘못된 오류다. 우리는 하나님의 영광을 선포하기 위해서 음악을 만드는 언덕 위의 외로운 목자를 생각하곤 한다. 진흙탕에 가라앉는 한 괴로운 영혼의 도움을 요청하는 절박한 부르짖음을 생각하곤 한다. 하지만 우리의 상상력은 우리를 빗겨간다. 우리는 우리가 무엇인가이기 이전에 어떤 것의 한 부분이다. 그리고 우리가 기도할 때도 그 이상 다른 것이 아니다. 기도는 공동체 안에서 시작한다.

- 유진 피터슨(Eugene Peterson), *Answering God: The Psalms as Tools for Prayer* (San Francisco: Harper and Row, 1989), pp. 83-84.

부록 1

교실에서 사용할 수 있는 간략한 실천 방식들

이 책은 구약, 설교, 예배, 그리고 교회 음악 과목에서 사용하기에 적절하다. 교사들은 아래에서 제시하는 일부 방식들을 수업 시간에 활용할 수 있을 것이다.

1. 음악으로 구성된 특정한 시편 두 세를 먼저 찾아라. 그 음악적 구조가 시편의 성경 본문에 얼마나 충실한지 살펴보고 그리고 그 음악적 구조가 회중들에게 그 본문의 독특한 측면에 얼마나 잘 참여할 수 있도록 고무시켜 주는지 비교해 보라.
2. 특정한 시편 본문을 설교하는 경우를 생각해 보라. 그 시편을 설교한 후에 설교하기 전과는 다른 방식으로 예배에서 표현한다면 어떻게 할 수 있을 것인지 설명해보라. 그 시편 전체 또는 일부분이 주어진 예배를 통해서 어떻게 새로운 방식으로 통합될 수 있는지 구체적으로 제시해보라.
3. 주어진 시편을 자유롭게 번역하거나 사용해서 그것을 기초로 한 기도문을 작성해보라.
4. 이 책의 첫 부분에서 제시한 주제들 가운데 하나를 종이 위에 기록하고, 그 주제가 선명히 제시될 수 있는 방식으로 예배에서 시편을 표현할 수 있는 구체적인 방법들을 설명해보게 하라.
5. 병원, 요양원, 감옥과 같은 곳에서 실천하는 예배와 목회적 돌봄을 위해 사용하기에 적절한 시편 두어 개를 선택하고, 그 시편들이 예배와 목회적 돌

봄의 구체적인 실천에서 어떻게 소개할 수 있는지 짧은 소개 문구를 직접 작성해 보라.
6. 예배에서 예배자들이 좀 더 분명한 이해를 갖고 기도할 수 있도록 돕기 위해 표현할 수 있는 시편에 대한 안내 문구를 한 문장으로 기록해보라. 혹은 주보에 인쇄해서 기록할 수 있는 세 문장의 짧은 안내 문구를 작성해보라.
7. 주어진 시편에 대한 주석을 하나 준비해서 어떻게 하면 그 본문을 회중들 가운데서 가장 잘 해석할 수 있는 읽기 방식으로 표현할 수 있는지 제안해 보게 하라. 주석에 달린 각주를 잘 살펴보고 어떻게 하면 학문적인 연구가 구체적인 해석을 위한 구두 표현에 잘 반영될 수 있는지 주목하게 하라.
8. 히브리어 본문을 직접 번역하고 학문적인 주석을 달아 놓은 책을 옆에 두고 주어진 시편에 관해서 적어도 서로 다른 네 개의 번역들 또는 운문 형식으로 새롭게 바꿔 쓴 표현들을 비교해보라. 본문에 적합하고 운문의 방식으로도 탁월한 그 본문의 표현 방식들을 열거해 보라. 또한 본문에 적합하지 않고 운문의 방식으로도 매우 지루한 표현 방식들을 열거해 보라.
9. 특정한 시편을 취해서 교회를 다니지 않거나 알지 못하는 동료에게 그 시편이 그(또는 그녀)의 삶에 대해서 무엇을 말해주고 있는지 설명해주는 짧은 편지를 기록해 보라.

부록 2

예배 갱신에 관한 창의적인 제안

칼빈 예배 연구소의 활동 가운데 지난 수년 간 예배 갱신 수혜 프로그램을 운영할 수 있었던 것은 특권 가운데 하나였다. 지난 수년간 300개가 넘는 수혜 혜택이 다양한 교단의 회중들에게 넓게 전해졌다. 이 혜택을 받기 위해서 각각의 교회 또는 단체가 제안서를 제출할 때 우리는 다음과 같은 내용을 고려하도록 요청한다.

예배 갱신은 단지 일종의 기술에 의해서 이루어지거나 단순히 공식화된 프로그램으로 축소될 수 없다. 우리는 예배 갱신의 원동력과 핵심을 기도하며 깊이 고찰해줄 것을 요구하고 동시에 그러한 과정을 통해서 여러 회중들로부터 지속적으로 배우고자 한다.

· 예배 갱신은 인간의 재주나 창의성이 만들어 내거나 이끌 수 있는 무엇이 아니다. 그것은 하나님의 영이 허락하시는 선물이다. 갱신은 우리가 기도로 받을 수 있는 선물이지 우리가 이룰 수 있는 성취가 아니다.
· 예배 갱신은 성경의 풍부함을 발굴해내고 예배자들로 하여금 복음의 메시지에 더욱 깊이 참여하도록 이끄는 일이다.
· 예배 갱신은 모든 예배자들 곧 젊은이들과 노인들, 힘 없는 자들과 힘 있는 자들, 새로운 신자들과 오랫동안 주님을 믿어온 자들 모두가 총체적이고, 의식적이며, 적극적인 참여(full, conscious, and active participation)를 하는

데서 주어지고 또 그들을 그러한 참여로 지속적으로 인도해준다.
· 예배 갱신은 회중으로 하여금 그들의 영역을 넘어서도록 인도해주는데 지역 공동체와 세상의 필요에 따라 그에 부합하는 사역할 수 있도록 이끈다.
· 예배 갱신은 건강한 공동체에서 가장 잘 나타나는데, 이러한 건강성은 정직, 성실, 연합, 그리고 각 예배자들을 향한 목회적 관심으로 드러난다.

갱신을 갈망하는 목회적 예배 인도자들은 예배의 구체적인 방식이나 스타일을 논하기 전에 먼저 예배의 목적과 의미에 대한 사려 깊은 질문을 통해서 시작한다. 예배 위원회, 팀, 목회자들, 또는 예배 팀은 다음과 같은 질문을 통해서 시작해 볼 수 있다.

· 우리는 우리의 회중들이 우리의 말과 함께 노래를 통해서 더욱 정직하고 깊이 기도할 수 있도록 어떻게 도울 수 있을까?
· 우리는 선포, 음악, 그리고 예술을 통해서 어떻게 복음의 메시지를 더욱 의미 있게 선포할 수 있을까?
· 우리는 예배에서 기독교의 환대를 어떻게 더 의도적으로 실천할 수 있을까?
· 우리는 세례와 성찬을 어떻게 하면 좀 더 깊고 의미 있게 실천할 수 있을까?
· 어떠한 실천들이 우리의 회중들을 기독교 신앙의 틀 안에서 더욱 풍요롭게 형성시켜 줄 수 있을까?
· 우리는 예배 인도자들 간에 그리고 지도자들과 회중 전체 사이의 의사소통을 어떻게 하면 향상시킬 수 있을까?

이러한 질문들은 결국 예배의 실천과 구체적인 스타일에 관한 제안을 하게 할 것이다. 하지만 그러한 구체적인 실천은 예배에 관한 더욱 깊은 문제들을 살펴보는데서 시작된다.

회중으로 하여금 시편을 더욱 의도적으로 기도할 수 있도록 이끌기 위한 모든 협력의 노력은 이러한 기본적인 질문들 모두를 다 다루게 할 것이다. 이 책을 저술하는 동안 필자는 지난 수년 간 예배 연구소가 받은 무수히 많은 갱신 계획안들(거의 1,500개가 넘는 제안들) 가운데 시편을 기도하는 것을 새롭게 시도하고자 하는 내용을 담은 것이 하나도 없었다는 것을 알게 되었다. 하지만 좋은 생각들은 재정적인 지원과 상관없이 주어질 수 있다. 예를 들어 회중의 리더십이 다음과 같이 행하는 경우를 생각해보라.

· 균형 잡힌 수용을 위한 열다섯 개 또는 삼 십 개의 시편을 선택한다.
· 각각의 시편에 상황적으로 적합한 음악적 방식을 찾아본다.
· 6개월 또는 1년 동안 매주 예배에서 하나의 시편을 사용하도록 동의를 구한다.
· 모든 연령대의 회중들을 고려해서 설교와 교육 내용에 그 시편들을 포함시킨다.
· 개인과 가정에서 그 시편들을 기도할 수 있도록 필요한 자료들을 제공해 준다.
· 목회적 돌봄의 구체적인 상황에서 그 시편들을 사용해서 기도한다.
· 구도자들을 위해서 그들의 삶의 정황에 이러한 시편 본문들이 무엇인가 분명히 말해줄 수 있다는 것을 입증할 수 있는 자료들을 만들어낸다.
· 주변의 예술가들, 드라마 관련 종사자들, 그리고 음악가들로 하여금 이러한 시편 본문들을 더욱 사려 깊게 접할 수 있는 방식들을 마련해보도록 기회를 제공한다.

시편을 기도하는 한 방법은 복잡하거나 어려운 과정이 될 필요가 없다. 그것은 단지 의도적이고 목회적인 접근을 요구할 뿐이다.

예배 갱신은 북아메리카 회중들 가운데서 종종 정교한 프로그램 개발에 의해서 이루어져왔다. 우리는 새로운 예배 방식을 더하고, 새로운 장비들을 구입하고, 설교, 기술, 또는 노래부르는 것과 관련해서 좀 더 참여를 이끌어내는 방식을 추구한다. 이러한 모든 노력들은 나름대로 가치 있는 일이다. 하지만 역사가 우리에게 가르쳐주는 것이 분명하다면 우리의 힘을 좀 더 확실하고 강력한 성경의 자료들을 가능하게 하는 방식을 통해서 회중들을 형성시키는데 노력한다면 훨씬 더 많은 열매를 기대할 수 있을 것이다.

종합 도서 목록

광범위한 도서 목록이 이미 이 책의 각주들과 자료를 언급하는 곳에서 많은 부분 소개되었다. 아래에 소개하는 자료들은 시편의 역사, 신학, 그리고 실천 영역에서 중요한 자료들로 간주되는 것들을 보충적으로 소개하기 위한 것이다.

시편의 음악과 공연을 위한 자료들 곧 추천할만한 음반, 설교 자료, 교실에서의 실습, 그리고 새로운 시편 관련 분야의 출판물들에 대해서는 칼빈 예배 연구소The Calvin Institute of Christian Worship의 웹사이트 (www.calvin/edu/worship/psalms)를 참조하라. 출판 기획자들, 작곡가들, 예술가들, 설교자들, 그리고 예배 기획자들 가운데 자신의 소장 자료들을 시편 관련 자료들의 항목에 추가하기를 원하면 다음의 주소로 보내주면 된다. Psalm Resources, Calvin Institute of Christian Worship, 1855 Knollcrest Circle SE, Grand Rapids, MI 49546-4402.

I. 예배에서의 시편

A. 예배에서의 시편의 역사

예배에서의 시편의 역사를 다루는 자료들은 수 백 권이 넘는다. 이 자료들은 가장 접하기 쉬운 자료들에 속하고 그 안에 담긴 참고 문헌 목록들은 수많은 중요한 자료들을 소개해줄 것이다.

역사적 개요

Attridge, Harold W., and Margot E. Fassler. *Psalms in Community: Jewish and Christian Textual, Liturgical and Artistic Traditions*. Atlanta: Society of Biblical Literature, 2003.

Holladay, William. *The Psalms Through Three Thousand Years*. Minneapolis: Fortress Press, 1993.

Lamb, J. A. *The Psalms in Christian Worship*. London: Faith Press, 1962.

Old, Hughes Oliphant. *The Reading and Preaching of the Scriptures in the Worship of the Christian Church*, 5 volumes to date. Grand Rapids: Eerdmans, 1997-. 올드의 색인에 시편을 찾아 따라가면 시편이 기독교 예배의 역사에서 어떻게 설교되었는지를 구체적으로 확인할 수 있다.

Shepherd, Massey H., Jr. *The Psalms in Christian Worship: A Practical Guide*. Minneapolis: Augsburg Publishing House, 1976.

Westermeyer, Paul. Te Deum: *The Church and Music*. Minneapolis: Fortress Press, 1998. 시편과 시편가에 대해서는 색인을 참조하라.

좀 더 일반적인 참고 자료와 관련해서는 다음을 참조하라. *Cambridge History of the Bible*. 3 volumes. Cambridge: Cambridge University Press, 1963, 1969, 1970.

초대 교회와 중세 교회

Fischer, Balthasar. *Die Psalmen als Stimme der Kirche: gesammelte Studien zur christlichen Psalmenfrommigkeit*. Trier: Paulinus-Verlag, 1982.

Heffernan, Thomas J., and E. Ann Matter. *The Liturgy of the Medieval Church*. Kalamazoo: Medieval Institute Publications, 2001.

McKinnon, James. *Music in Early Christian Literature*. Cambridge: Cambridge University Press, 1987. 색인목록에 나오는 시편가와 관련한 많은 자료들을 참조하라.

Stapert, Calvin R. "Singing Psalms from the Bible Times to the Protestant Reformation." In *Psalter Hymnal Handbook*, ed. Emily R. Brink and Bert Polman. Grand Rapids: CRC Publications, 1998.

_____. *A New Song for an Old World*. Grand Rapids: Eerdmans, 2007. 초대 교회의 음악 사상에 대한 자료인데, 특별히 10장을 참조하라.

종교개혁 전통

Brink, Emily R. "Metrical Psalmody: A Tale of Two Traditions." *Reformed Liturgy and Music* 23 (Winter 1989): 3-8.

Brink, Emily R., and John D. Witvliet. "Contemporary Developments in Music in Reformed Churches Worldwide." In *Christian Worship in Reformed Churches Past and Present*, ed. Lukas Vischer, pp. 324-47. Grand Rapids: Eerdmans, 2003.

Davies, Horton. *The Worship of the American Puritans*. Morgan, PA: Soli Deo Gloria Publications, 1999. 특별히 5장을 참조하라.

_____. *The Worship of the English Puritans*. Morgan, PA: Soi Deo Gloria Publications, 1997. 특별히 10장을 참조하라.

Leaver, Robin A. *'Goostly Psalms and Spiritual Songs': English and Dutch Metrical Psalms from Coverdale to Utenhove, 1535-1566*. Oxford: Clarendon Press, 1991. 16세기 운율 시편가와 관련한 가장 깊이 있는 학술서.

Patrick, Millar. *Four Centuries of Scottish Psalmody*. London: Oxford University Press, 1949.

Stackhouse, Rochele. *The Language of the Psalms in Worship*. Lanham, MD: Scarecrow Press, 1997.

Temperley, Nicholas. *The Music of the English Parish Church*. 2 volumes. Cambridge: Cambridge University Press, 1979, 2005.

Wilson, Ruth M. *Anglican Chant and Chanting in England, Scotland, and American, 1660 to 1820*. Oxford: Oxford University Press, 1997.

B. 예배에서의 시편에 대한 신학, 문예, 그리고 경건을 위한 안내서들

시편을 일반적으로 소개하고 있는 많은 자료들 가운데 아래의 목록은 예배에서 시편이 지닌 기능과 역할에 좀 더 특별한 관심을 갖고 있는 것들이다.

Brueggemann, Walter. *Praying the Psalms*. Winona, MN: Saint Mary's Press, 1982.

_____. *The Psalms and the Life of Faith*. Minneapolis: Fortress Press, 1995.

Costen, Melva Wilson. "Liturgy: Praising God." In *Ordo: Bath, Word, Prayer, Table*, ed. Dirk G. Lange and Dwight W. Vogel. Akron: OSL Publications, 2005.

Human, Dirk J., and Cas J. A. Vos, eds. *Psalms and Liturgy*. London: T&T Clark, 2004.

Jinkins, Michael. *In the House of the Lord: Inhabiting the Psalms of Lament*. Collegeville, MN: Liturgical Press, 1998.

Kidd, Reggie M. *With One Voice: Discovering Christ's Song in Our Worship*. Grand Rapids: Baker Books, 2005. 특별히 2-4장을 참조하라.

Leijssen, L., ed. Les *Psaumes: prières de l'humanité, d'Israël, de lÉglise: hommage à Jos Luyten [The Psalms: prayers of humanity, prayers of Israel, prayers of the Church: a tribute to Jos Luyten]*. Leuven: Abdij Keizerberg, 1990.

Merton, Thomas. *Bread in the Wilderness*. New York: New Directions, 1953.

Peterson, Eugene. *Answering God: The Psalms as Tools for Prayer*. San Francisco: Harper and Row, 1989.

_____. *A Long Obedience in the Same Direction: Discipleship in an Instant Society*. Downers Grove, IL: InterVarsity Press, 2000.

Stuhlmueller, Carroll. *The Spirituality of the Psalms*. Collegeville, MN: Lit urgical Press, 2005.

Wallace, Howard Neil. *Words to God, Word from God: The Psalms in the Prayer and Preaching of the Church*. Burlington, VT: Ashgate, 2005.

Ward, Rowland S. *The Psalms in Christian Worship: A Doctrinal, Historical, and Expository Guide*. Melbourne: Presbyterian Church of Eastern Australia, 1992.

C. 예배에서의 시편 실천에 관한 자료들

아래의 책들과 소논문들은 주로 예배에서 시편을 어떻게 표현할 것인지에 관심을 두고 있는 자료들이다.

Bourgeault, Cynthia. *Chanting the Psalms: A Practical Guide with Instructional CD*. New Seeds, 2006.

_____. *Singing the Psalms: How to Chant in the Christian Contemplative Tradition*. Sounds True, 1998.

Box, Reginald, SSF. *Make Music to Our God: How We Sing the Psalms in Worship*. London: SPCK, 1996.

Coddaire, Louise, and Louise Weil. "The Use of the Psalter in Worship," *Worship* 52 (1978): 342-48.

Duba, Arlo. "Liberating the Psalter." *Reformed Liturgy and Music* 14, no. 4 (1980): 27.

Eaton, J. H. *The Psalms Come Alive: An Introduction to the Psalms Through the Arts*. London: Mowbray, 1984.

Frost, David L. *Making the Liturgical Psalter*. Bramcote, UK: Grove Books, 1981.

Hostetter, B. David. *Psalms and Prayers for Congregational Participation*. Lima, OH: C.S.S. Publishing Co., 1982.

The Hymn 33, no 2 (April 1982). 시편가에 대한 주제를 다룬 호로 Paul Westermyer, Virginia Folkerts, Carl Schalk, Oliver C. Rupprecht, Mark Bangert, and Lesile Brandt의 글이 실림.

Johnson, Terry L. "Restoring Psalm Singing to Our Worship," In *Give Praise to God: A Vision for Reforming Worship*, ed. Philip Graham Ryken, Derek W. H. Thomas and L. Ligon Duncan III, pp. 257-86. Philipsburg, NJ: Presbyterian and Reformed Publishing, 2003.

Lamb, J. A. *The Psalms in Christian Worship*. London: Faith Press, 1962.

_____. "The Liturgical Use of the Psalter." *Studia Liturgica* 3 (1964): 65-77.

Leaver, Robin, David Mann, and David Parkes. *Ways of Singing the*

Psalms. Collins, Liturgical Publications, 1984.

Old, Hughes Oliphant. "Praying the Psalms." In *Praying with the Bible*. Louisville: Geneva Press, 1984.

_____. "The Psalms as Prayer." In *Leading in Prayer: A Workbook for Worship*. Grand Rapids: Eerdmans, 1995.

_____. *Worship: Reformed according to Scripture*. Louisville: Westminster John Knox Press, 2002. 색인 목록 가운데 "Psalms"를 특별히 참조하라.

Pilot Study on a Liturgical Psalter. International Commission on English in the Liturgy. Washington, DC, 1982.

Polman, Bert. "Singing the Psalms Anew." In *Sing! A New Creation*. Leader's Edition. Grand Rapids: Faith Alive, 2002.

The Psalter: Psalms and Canticles for Singing. Louisville: Westminster John Knox Press, 1993. 서론을 참조하라.

Reformed Liturgy and Music 23, no. 1 (1980). 시편가에 대한 주제 판.

Reid, Stephen Breck. *Psalms and Practice: Worship, Virtue, and Authority*. Collegeville, MN: Liturgical Press, 2001. 예배에서의 시편의 역할에 대한 일곱 개의 논문이 담긴 제 2 부를 특별히 참조하라.

Routley, Erik. "The Psalms in Today's Church." *Reformed Liturgy and Music* 14 (1980): 20-26.

_____. *Musical Leadership in the Church*. Nashville: Abingdon Press, 1967. 특별히 pp. 67-86를 참조하라.

Shepherd, Massey H., Jr. *The Psalms in Christian Worship: A Practical Guide*. Minneapolis: Augsburg Publishing House, 1976.

"Singing the Psalms and Canticles in Corporate Worship." In *The New Century Psalter*. Cleveland: Pilgrim Press, 1999.

William, Kenneth E. "Ways to Sing the Psalms." *Reformed Liturgy and*

Music 18, no. 1 (1984):12-16.

Witvliet, John D. "Lament." in *Worship Seeking Understanding*. Grand Rapids: Baker Academic, 2003.

D. 동방정교회와 동 서방 수도원 운동에서의 시편들

아래의 자료들은 동방 정교회와 서방 수도원 운동 예배의 풍부한 전통과 시편의 활용에 대한 내용들을 제공해준다(참고로 이 두 주제는 서로 분명히 구별되는 것이지만 그것들을 다루는 문헌들은 종종 함께 통합해서 분석한다).

Bradshaw, Paul F. *Two Ways of Praying*. Nashville: Abingdon Press, 1995.

Dyer, Joseph. "The Psalms in Monastic Prayer." In *The Place of the Psalms in the Intellectual Culture of the Middle Ages*, ed. Nancy Van Deusen. Albany, NY: State University of New York Press, 1999.

Fassler, Margot E., and Rebecca A. Baltzer. *The Divine Office in the Middle Ages: Methodology and Source Studies, Regional Developments, Hagiography*. Oxford: Oxford University Press, 2000.

Guiver, George. *Company of Voices: Daily Prayer and the People of God*. New York: Pueblo Publishing Company, 1988.

Lingas, Alexander. "Tradition and Renewal in Contemporary Greek Orthodox Psalmody." In *Psalms in Community: Jewish and Christian Textual, Liturgical, and Artistic Traditions*, ed. Harold W. Attridge and Margot E. Fassler. Atlanta: Society of Biblical Literature, 2003.

Manley, Johanna. *Grace for Grace: The Psalter and the Holy Fathers*.

Menlo Park, CA: Monastery Books, 1992. 동방교회, 가톨릭, 그리고 성공회의 예배들에서 시편을 어떻게 사용하는지에 대한 구체적인 용어에 대해서는 p. 703을 참조하라.

McKinnon, James W. "The Book of Psalms, Monasticism, and the Western Liturgy." In *The Place of the Psalms in the Intellectual Culture of the Middle Ages*, ed. Nancy Van Deusen. Albany, NY: State University of New York Press, 1999.

Reardon, Patrick Henry. *Christ in the Psalms*. Ben Lomond, CA: Conciliar Press, 2000.

Rouguet, A. M. *The Liturgy of the Hours*. Collegeville, MN: Liturgical Press, 1971.

Taft, Robert. "Christian Liturgical Psalmody: Origins, Development, Decomposition, Colapse." In *Psalms in Community: Jewish and Christian Textual, Liturgical, and Artistic Traditions*, ed. Harold W. Attridge and Margot. E. Fassler. Atlanta: Society of Biblical Literature, 2003.

_____. *The Liturgy of the Hours in East and West: The Origins of the Hours in East and West*. Collegeville, MN: The Liturgical Press, 1986.

Uspensky, Nicholas. *Evening Worship in the Orthodox Church*. Ed. and trans. Paul Lazor. Crestwood, NY: St. Vladimir's Seminary Press, 1985.

Woolfenden, Gregory W. *Daily Liturgical Prayer: Origins and Theology*. Burlington, VT: Ashgate, 2004.

E. 시편가만을 제한해서 사용하는 경우

개혁교회와 장로교회 전통에 속한 일부 교단들과 회중들은 시편에서만 주어진 노래들을 부르는 칼빈의 제네바, 스코틀랜드의 장로교, 그리고 영국과 미국 청교도의 실천을 지금도 유지하고 있다. 이러한 실천을 변호하고 강조하기 위해서 지난 4세기 동안 수많은 자료들이 주어져왔다. 아래의 자료들은 이러한 문헌들에 대한 입문서들과 같다. 좀 더 자세한 추가적인 내용을 위해서는 이 책들에 담겨진 참고문헌 목록을 살펴보라.

Bushell, Michael. *The Songs of Zion: A Contemporary Case for Exclusive Psalmody*. Crown and Covenant Publications, 1993.

McNaughter, John. *The Psalms in Worship*. Pittsburgh: United Presbyterian Board of Publications, 1902, 1992. 지금은 Still Waters Publications에서 출판한다.

Stewart, Bruce C. Psalms Singing Revisited: *The Case for Exclusive Psalmody*. Crown and Covenant Publications, 1999.

Williamson, G. T. *The Singing of Psalms in the Worship of God*. Phillipsburg, NJ: Presbyterian and Reformed Publishing.

II. 시편에 관한 일반적인 참고 문헌들

A. 시편의 개론적 안내

아래의 자료들은 시편에 대한 개괄적인 안내, 본문 해석에 나타난 여러 문제들에 대한 분석, 그리고 시편의 다양한 유형들에 대한 서술을 제공해준다. 이 자료들은 시편 연구와 관련해서 학문적인 지식이 없는 자들을 염두하고 있지만 독자들에게 학문적인 주제와 문헌들까지도 잘 소개해준다.

Anderson, Bernard. *Out of the Depths*, 3rd ed. Louisville: Westminster John Knox Press, 2000.

Bellinger, W. H., Jr. *Psalms: Reading and Studying the Book of Praises*. Peabody, MA: Hendrickson, 1990.

Crenshaw, James. *The Psalms: An Introduction*. Grand Rapids: Eerdmans, 2001.

DeClaissé-Walford, Nancy L. *Introduction to the Psalms: A Song from Ancient Israel*. St. Louis: Chalice Press, 2004.

Hopkins, Denise Dombrowski. *Journey through the Psalms*. St. Louis: Chalice Press, 2002.

Interpretation: A Journal of Bible and Theology (April 1992). 시편에 관한 특별판.

Longman, Tremper, III. *How to Read the Psalms*. Downers Grove, IL: InterVarsity Press, 1999.

Mays, James Luther. *The Lord Reigns: A Theological Handbook to the Psalms*. Louisville: Westminster John Knox Press, 1994.

McCann, J. Clinton, Jr. *A Theological Interpretation to the Book of Psalms: The Psalms as Torah*. Nashville: Abingdon Press, 1993.

Miller, Patrick D., Jr. Interpreting the Psalms. Philadelphia: Fortress Press, 1986.

Murphy, Ronald E. *The Psalms Are Yours*. Mahwah, NJ: Paulist Press, 1993.

Pleins, J. David. *The Psalms: Songs of Tragedy, Hope, and Justice*. Maryknoll, NY: Orbis Books, 1993.

Reid, Stephen Breck. *Listening In: A Multicultural Reading of the Psalms*. Nashville: Abingdon Press, 1997.

Seybold, Klaus. *Introducing the Psalms*. Edinburgh: T&T Clark, 1990.

B. 시편 주석들

아래의 자료들은 개별적으로 출간된 시편에 관한 주석들이다.

Brueggemann, Walter. *The Message of the Psalms: A Theological Commentary*, Minneapolis: Augsburg Publishing, 1984.

Davidson, Robert. *The Vitality of Worship: A Commentary on the Book of Psalms*. Grand Rapids: Eerdmans, 1998.

Jaki, Stanley L. *Praying the Psalms: A Commentary*. Grand Rapids: Eerdmans, 2001. 각각의 시편에 대한 짧은 서술로 기도를 이끄는 방향으로 설명한 내용을 담고 있다.

Kraus, H. J. *Psalms 1-59, 60-150*. 2 vols. Minneapolis: Augsburg, 1988, 1993.

Limburg, James. *Psalms*. Louisville: Westminster John Knox, 2000.

Mays, James Luther. Psalms. Interpretation Series. Louisville: Westminster John Knox, 1994.

McCann, J. Clinton, Jr. *1 & 2 Maccabees, Job, Psalms*. New Interpreter's Bible, 4. Leander Keck, gen. ed. Nashville: Abingdon Press, 1996.

NIV Study Bible. Zondervan, 2002. John Stek의 설명이 함께 포함되어 있다.

Psalms. Word Biblical Commentary, 19-21. Waco, TX: Word, 1983. Peter C. Craigie, Marvin E. Tate, Leslie C. Allen이 저술한 주석이다.

Terrien, Samuel. *The Psalms: Strophic Structure and Theological

Commentary. Grand Rapids: Eerdmans, 2003.

Weiser, Arthur. *The Psalms: A Commentary*. Trans. Herbert Hartwell. London: SCM Press, 1971.

C. 회중과 소그룹 활용을 위한 성경 공부 자료들

아래의 자료들은 회중들을 위한 교육 목적으로 사용할 수 있는 수많은 커리큘럼들 가운데서 일부 발췌한 것들이다. 이 자료들은 학문적인 배경을 갖지 않은 자들을 대상으로 한 것들이다.

Futato, Mark D. *Joy Comes in the Morning: Psalms for All Seasons*. Phillipsburg, NJ: Presbyterian and Reformed Publishing, 2004.

_____. *Transformed by Praise: The Purpose and Message of the Psalms*. Phillipsburg, NJ: Presbyterian and Reformed Publishing, 2002.

Griggs, Donald L. *Passion, Promise, and Praise: Discovering the Psalms*. The Kerygma Program, 1993.

Kaiser, Walter. *Psalms: Heart to Heart with God*. Grand Rapids: Zondervan, 1995.

Peterson, Eugene. *A Long Obedience in the Same Direction*. Downers Grove, IL: InterVarsity Press, 1996.

Rudie, Carol Veldman. *Discover God in the Psalms*. Grand Rapids: CRC Publications, 2000.

Smit, Harvey A. *Psalms: Speaking Honestly with God*. 2 vols. Grand Rapids: CRC Publications, 2002.

Vander Ark, Daniel. *Honest to God: A Study of the Psalms*. Grand Rapids: Biblical Crossroads/CRC Publications, 1988.

감사의 글

학문적인 탁월함과 교회 생활에 깊이 헌신하는 대학과 신학교에서 일하는 것은 정말 큰 특권이다. 이러한 탁월한 공동체에 속해서 일하는 필자는 이 책을 저술하는데 도움을 준 수많은 사람들에게 감사하고 혹 도움을 준 모든 이들의 이름을 포함시키지 못하는 것에 대해서 미리 죄송스럽게 생각한다. 필자는 특별히 다음의 사람들에게 감사한다.

칼 보스마Carl J. Bosma는 나에게 시편 연구의 즐거움을 처음으로 소개해주었다.

에밀리 브링크Emily R. Brink, 존 해머스마John Hamersma, 버트 폴만Bert Polman, 칼빈 쉬어빌트Calvin Seerveld, 하워드 슬랭크Howard Slenk, 칼빈 스테펏Calvin Stapert, 그리고 존 스텍John Stek은 각각 지난 수십 년 간 그들의 가르침과 연구에서 시편의 가치를 충실하게 입증해준 분들이다.

나단 비어스마Nathan Biersma, 조이스 볼거Joyce Borger, 칼 보스마Carl J. Bosma, 에밀리 브링크Emily R. Brink, 폴 데터만Paul Detterman, 마이클 혼Michael Hawn, 스캇 호이제Scott Hoezee, 롤프 제이콥슨Rolf Jacobsen, 레이첼 클롬프메이커Rachel Klompmaker, 버트 폴만Bert Polman, 데브라 리엔스트라Debra Rienstra, 론 리인스트라Ron Rienstra, 레스터 루스Lester Ruth, 폴 라이언Paul Ryan, 그렉 쉬어Greg Scheer, 에드 실리Ed Seely, 벳지 스틸 할스테드Betsy Steele Halstead, 케리 스틴윅Carrie Steenwyk, 폴 웨스터메이어Paul Westermeyer, 그리고 조이스 짐머만Joyce Zimmerman은 이 책의 원고를 살피고 좋은 조언을 해주었다.

조이 버그Joy Berg, 리 카우치Lee Couch, 미미 파라Mimi Farra, 카린 가곤Karin Gargone, 댄 그림저Dan Grimminger, 샐리 하트Sally Hart, 조 헐Joe Herl, 히터 조슬린-크렌슨Heather Josselyn-Cranson, 제닛 로만Janet Loman, 데이빗 뮤직David Music, 버트 폴만Bert Polman, 마이클 실해비Michael Silhavy, 루안 스테이너LuAnn Steiner, 아담 타이스Adam Tice, 로빈 왈레스Robin Wallace, 그리고 에스더 위디아시Ester Widiasih는 찬양 교육에 대한 2006년 칼빈 대학 교수 세미나에 참여한 자들이고 모두가 이 책과 관련한 유익한 조언을 해주었다.

매트 그리터Matt Gritter, 케이티 릿세마Katie Ritsema, 그리고 특별히 케리 스틴윅Carrie Steenwyk은 연구 조교로 도움을 주었다.

칼 보스마Carl J Bosma, 놀마 드 왈 메일핏Norma de Waal Malefyt, 그리고 하워드 벤더웰Howard Vanderwell은 이 책을 저술하는 동안 시편에 기초해서 사순절 예배의 연속적인 기획을 개발했다. www.calvin.edu/worship/psalms을 참조하라.

월터 브루그만Walter Brueggemann, 스테판 브릭 리이드Stephen Breck Reid, 엘렌 데이비스Ellen Davis, 클린톤 맥칸Clinton McCann, 그리고 패트릭 밀러Patrick Miller는 칼빈 대학과 칼빈 신학교에서 지난 몇 년간 시편에 대한 강의를 제공해주었고, 시편에 대한 최근의 학문뿐만 아니라 시편 자체에 대한 훌륭한 시각들을 풍부하게 제공해주었다.

에밀리 브링크Emily Brink, 신디 드 종Cindy de Jong, 놀마 드 왈 메일핏Norma de Waal Malefyt, 엘리자베스 홀문드Elizabeth Holmund, 브룩스 카이켄달Brooks Kuykendall, 로버트 노들링Robert Nordling, 조디 맥린Jodi MacLean, 그리고 로라 스밋Laura Smit은 이 책이 거의 완성되는 시점에 칼빈 대학 공동체의 시편 기도회를 준비하는데 도움을 주었다(이 기도회는 아름다운 가을 밤 거의 8시간이 넘는 시간에 걸쳐 시편 150편 전체를 모두 사용해서 기도에 포함시켰다).

메리 헐스트Mary Hulst, 두앤 캘더만Duane Kelderman, 닐 플란팅가Neal

Plantinga, 잭 로다Jack Roeda, 플래밍 룻트릿지Fleming Rutledge, 클레이 슈밑Clay Schmit, 로라 스밋Laura Smit, 레어나드 밴더 지Leonard Vander Zee, 그리고 존 브트빌릿John Witvliet은 나의 생각을 변화시키고 나의 믿음에 새로운 도전을 주는 방식으로 시편을 설교해준 사람들이다. 지미 아빙톤Jimmie Abbington, 안톤 암스트롱Anton Armstrong, 랜디 앵글Randy Engle, 존 퍼거슨John Ferguson, 데이빗 푸엔테David Fuentes, 마티 호이겐Marty Haugen, 로이 홉Roy Hopp, 조지 락워드Jorge Lockward, 멀 머스텃Merle Mustert, 조엘 나바로Joel Navarro, 돈 셀리어스Don Saliers, 찰시 소이어Charsie Sawyer, 펄 샹쿠안Pearl Shangkuam, 그렉 쉬어Greg Scheer, 그리고 마르시아 반 오옌Marcia Van Oyen은 모두 예배에서 사용하는 시편을 노래로 만들거나 직접 인도함으로써 나에게 새로운 가능성을 바라볼 수 있도록 해줬다.

손자 아레발로Sonja Arevalo, 피오나 베이커Fiona Baker, 신디아 드보어Cynthia DeBoer, 나단 비어스마Nathan Biersma, 조이스 볼거Joyce Borger, 에밀리 브링크Emily Brink, 에밀리 쿠퍼Emily Cooper, 켄트 드영Kent DeYoung, 놀마 드 왈 메일핏Norma de Waal Malefyt, 베티 그릿Betty Grit, 버트 폴만Bert Polman, 폴 라이언Paul Ryan, 그렉 쉬어Greg Scheer, 에드 실리Ed Seely, 캐티 스미스Kathy Smith, 캐리 스틴윅Carrie Steenwyk, 카니 반 그로닝겐Connie Van Groningen, 하워드 벤더웰Howard Vanderwell, 크리스틴 벌허스트Kristen Verhulst, 그리고 앤 자키Anne Zaki는 같이 일을 하면서 매일 격려해준 이들이다.

칼빈 브론다이크Calvin Brondyke, 매트 그리터Matt Gritter, 켄트 핸드릭스Kent Hendricks, 코트니 헥스햄Courtney Hexham, 브렌다 젠슨Brenda Janssen, 레이첼 클롬프메이커Rachel Klompmaker, 조안나 쿠옌가Joanna Kooyenga, 스티븐 코스터Steven Koster, 에셔 마인스Asher Mains, 베다니 메이어Bethany Meyer, 베키 오슈너Becky Ochsner, 그리고 케이티 렛세마Katie Ritsema는 CICW에서 학생 조교들로 일했고 동시에 매우 의미 있는 질문

들을 통해서 필자에게 귀한 가르침을 제공해준 이들이다.

크렉 다익스트라Craig Dykstra와 릴리 인다우먼트Lilly Endowment는 많은 격려와 재정적인 지원을 해주었고, 그러한 도움이 없었더라면 이 책은 거의 완성될 수 없었을 것이다.

로저 반 하른Roger Van Harn은 Eerdmans Lectionary Commentary와 연계해서 이 책을 출판할 수 있도록 기회를 주었다.

나의 아내 샬롯Charlotte의 사랑스러운 격려, 동행, 그리고 매일의 삶에서 보여준 지원에 감사한다.

쉴라 그레이스Sheila Grace, 메들린Madeline, 캐서린Katherine, 그리고 누가Luke 곧 이 책을 헌정하는 사랑스런 네 자녀들은 하나님이 우리에게 주신 선물로 생명의 활력을 날마다 보여주는 귀한 가족들이다. 이들이 그들의 할아버지 할머니가 그랬듯이 시편의 아름다운 유산을 접할 수 있기를 소망한다.

판권 허락

Basil the Great, *Homilia in psalmum i, 2, Patrologiae cursus completus, series graeca*, ed. J. P. Migne, vol. 29 (Paris, 1857-1866), col. 209-212; trans. in James McKinnon, ed., *Music in Early Christian Literature* (New York: Cambridge University Press, 1987), p. 65. Copyright © 1987 Cambridge University Press. Reprinted with the permission of Cambridge University Press.

Ambrose, *Explanatio psalmi i, 7, 9*; in *Patrologiae cursus completus, series latina*, ed. J. P. Migne, vol. 14 (Paris, 1844-1864), col.923-925; trans. in James McKinnon, ed., *Music in Early Christian Literature* (New York: Cambridge University Press, 1987), p. 126. Copyright © 1987 Cambridge University Press. Reprinted with the permission of Cambridge University Press.

John Chrysostom, *In psalmum xli*, 1-2, in *Patrologiae crusus completus, series graeca*, ed. J. P. Migne, vol. 55 (Paris, 1857-1866), col. 157-158; trans. in James McKinnon, ed., *Music in Early Christian Literature* (New York: Cambridge University Press, 1987), pp. 80-81. Copyright © 1987 Cambridge University Press. Reprinted with the permission of Cambridge University Press.

Athanasius, *St. Athanasius on the Incarnation: The Treatise* De Incarnatione Verbi Dei, trans. and ed. a Religious of C.S.M.V., rev. ed. (Crestwood, NY: St. Vladimir's Orthodox Theological Seminary, 1953-1978), pp. 103, 105-6. Copyright ⓒ 1953/1978 St. Vladimir's Seminary. Reprinted by permission of St. Vladimir's Seminary Press, 575 Scarsdale Rd., Crestwood, NY 10707-1699. 800/204-2665.

Niceta of Remesiana, *De utilitate hymnorum 5*, in C. Turner, "Niceta of Remesiana II: Introduction and Text of *De psalmodiae bono*," *Journal of Theological Studies* 24 (1922-23): 235-37; trans. in James McKinnon, ed., *Music in Early Christian Literature* (New York: Cambridge University Press, 1987), pp. 135-36. Copyright ⓒ 1987 Cambridge University Press, Reprinted with the permission of Cambridge University Press.

Cassiodorus Explanation of the Psalms, vol. 1, trans and ann. P. G. Walsh (New York/Mahwah, NJ: Paulist Press, 1990), pp. 24-26.

Martin Luther, Preface to the Psalms (1528), in *The Reformation Writings of Martin Luther*, vol. II, *The Spirit of the Protestant Reformation*, trans. and ed. Bertram Lee Woolf (London: Lutterworth Press, 1956), pp. 267-71. Copyright ⓒ 1956 Lutterworth Press. Used by permission of James Clarke and Co., Ltd.

John Calvin. *Calvin's Commentaries*, vol. 1 (Grand Rapids: Eerdmans, 1949), pp. xxxvi-xxxix.

John Calvin, "Articles concerning the Organization of the Church and of Worship at Geneva Proposed by the Ministers at the Council, January 16, 1537," in *Calvin: Theological Treatises*, ed. J. K. S. Reid (Philadelphia: Westminster Press, 1977), pp. 53.

Dorothy Day, *The Long Loneliness: An Autobiography* (San Francisco: Harper & Row Publishers, 1952), pp. 28-29.

Thomas Merton, *Bread in the Wilderness* (New York: New Directions Publishing Corporation, 1953), p. 53.

Thomas Merton, *Praying the Psalms* (Collegeville, MN: The Liturgical Press, 1956), pp. 44-45.

Thomas Merton, *Bread in the Wilderness* (New York: New Directions Publishing Corporation, 1953), p. 38.

Dietrich Bonhoeffer, *Psalms: The Prayer Book of the Bible*, trans. James H. Burtness (Minneapolis: Augsburg Publishing, 1970), pp. 13-16. Copyright © 1970 Augusburg Publishing. Used by permission of Augsburg Fortress.

Eugene Peterson, *Answering God: The Psalms as Tools for Prayer* (San Francisco: Harper & Row, 1989), pp. 83-84. Copyright © 1989 Eugene H. Peterson. Reprinted by permission of HarperCollins Publishers.

옮긴이의 글

한국 기독교는 경건과 영성을 추구하는 아주 탁월한 장점을 지니고 있습니다. 기독교 예배에서 경건을 고취시키고 영적으로 자라갈 수 있도록 하게 하는 오래된 그러나 가장 성경적인 방법 가운데 하나는 시편을 사용하는 것이었습니다. 기독교 신앙 안에서 기도와 예배를 발전시킨 초대 교회 교인들은 함께 모여서 시편을 읽고 묵상하고 노래하고 그리고 그것을 가슴에 새기는 깊은 기도를 실천했습니다. 이러한 시편은 하나님에게 고백하는 아름다운 찬양과 기도일 뿐만 아니라, 동시에 그 시편을 고백하고 노래하는 이들의 삶을 새롭게 형성하는 귀중한 유산으로 발전해왔습니다. 하지만 안타깝게도 오늘날 시편을 우리의 찬양과 경건 형성에 사용하려는 노력은 그리 적극적이지 못합니다. 20세기 경배와 찬양 운동은 새로운 방식으로 새로운 내용들을 노래하는 찬양의 발전에 큰 기여를 했지만 원하지 않게 시편의 자리와 기능을 기도와 예배에서 주변으로 밀어버렸습니다. 음악은 주관적이고 감정적인 측면에 많은 부분 의지하기 시작했으며, 예배를 위한 음악보다는 음악을 위한 예배를 지향하게까지 했습니다. 결국 성경적 예배에서 중요한 원리인 예배에서의 성경 활용에 대해서 가장 안전하고 탁월한 방식인 시편 사용이 어색한 전통으로 밀려나 버렸습니다.

한편 시편을 애써 예배의 구성 요소로 사용하기 위한 노력은 이른바 '교독문'을 함께 읽는 것으로 남아 있습니다. 동시에 시편의 한 두 구절을 예배 음악의 주제나 가사로 포함시켜서 만든 곡들을 사용하기도 합니다. 교독문의 한계는 시편의 전체를 모두 포함하고 있지 않다는 것입니다. 특별히 시편의 많은 부분을 차지하고 있는 탄식시들은 교독문에서 제외되었습니다. 또한 한 두 구절의 시편 본문을 포함하고 있는 예배 음악의 경우 시편의 노래라고 할 수 있지만 시편은 전체 또는 큰 단락들로 의미를 구성하고 있기 때문에 시편이 원래 의도한 내용들을 모두 이해하고 경험하기에는 제한적입니다.

이러한 현실에서 우리의 예배를 갱신하는데 가장 필요한 과제 가운데 하나는 시편을 좀 더 온전하게 예배 안에서 사용하는 것입니다. 시편은 단지 교독문의 방식처럼 사회자와 회중이 무미건조하게 순서를 따라 읽거나 한 두 구절을 근거로 또는 직접 사용해서 노래하는 것 이상의 폭넓은 방식들로 사용되어 왔습니다. 윗트빌릿 교수는 이 책을 통해서 시편이 지닌 찬양과 경배의 역할뿐만 아니라 예배자의 경건과 삶의 형성을 이끌어내는 다양한 방식들을 폭넓게 제시해주고 있습니다. 윗트빌릿 교수는 음악적 전문 기술을 지니고 학문적으로 연구한 학자입니다. 동시에 북미에서 최고의 학문성을 자랑하는 곳에서 기독교 예배학을 연구한 학자이기도 합니다. 그의 깊은 실천적 관심에 근거한 시편에 대한 이 저술은 또 하나의 학문적 연구가 아니라, 예배 공동체가 직접 기도하고 노래하고 또 설교하고 직접 표현하는 다양한 방식들을 제공해주는 구체적인 안내서입니다. 이 책의 많은 참고문헌들이 비록 영문으로 기록된 것들이지만 그가 소개하고 제시하는 다양한 시편 활용법들은 오늘날 한국 교회의 예배에서도 직접 사용할 수 있는 구체적이고 실제적인 내용들로 가득합니다.

제가 기독교 예배학을 공부하고 지금껏 연구하는 과정에서 윗트빌릿 교수와 만나 배우고 또 교제를 지속하는 것은 귀한 은혜입니다. 제가 박사 과정을 처음 시작할 때 그리고 그 과정에서 저는 윗트빌릿 교수가 이끄는 2주간의 세미나에 두 번 참여했고, 북미예배학회North American Academy of Liturgy에서는 같은 분과에서 함께 연구한 것들을 나누기도 했습니다. 그리고 그가 지난 2011년 제가 공부한 미국의 학교에서 안식년을 가졌을 때, 제게 자신이 쓴 이 책을 한국의 독자들에게 소개할 수 있도록 번역을 부탁했었습니다. 그 후 저는 케냐와 우크라이나에서 선교 사역을 했고, 지금 총신대학교 신학대학원에서 가르치는 일을 하면서도 여전히 윗트빌릿 교수와 예배와 관련한 동역을 지속하고 있습니다. 이 모든 여정에서 그의 부탁은 늘 제 마음에 남아 있었습니다. 이제 기회를 얻어서 번역을 마무리하고 솔로몬 출판사의 도움을 얻어 출판하게 된 것은 개인적으로 큰 기쁨입니다. 이러한 과정에 직접적으로 도움을 주신 박영호 대표님께 감사를 드립니다. 번역의 과정에서 그가 쓴 표현들을 정확하게 그리고 분명하게 드러내지 못한 부분이 있다면 모두 옮긴이의 부족함에서 비롯된 것입니다. 특히 음악적 용어들을 한국어로 정확히 표현하는 과정은 어려운 과제였습니다. 비록 번역의 제한에도 불구하고 저자가 원래 의도했던 귀한 내용들이 한국의 기독교 예배 인도자들과 예배자들에게 귀하게 사용될 수 있기를 소망합니다.

THE BIBLICAL PSALMS IN CHRISTIAN WORSHIP